Dziewczyny z Syberii

Anna
Herbich

Dziewczyny z Syberii

Prawdziwe historie

Znak Horyzont
Kraków 2015

Projekt okładki
Katarzyna Ewa Legendź

Fotografia na pierwszej i czwartej stronie okładki
Agnieszka Rzymek, www.agarzymek.com

Sesja zdjęciowa
modelka Urszula Kania
wizaż Weronika Gwiazda
stylizacja Katarzyna Piszczek, www.fiufiuanulala.blogspot.com
stylizacja włosów Bogusława Chmiest, www.chmiest.pl

Fotografie na stronach tytułowych
Rafał Guz

Opieka redakcyjna
Ewelina Olaszek

Wybór ilustracji
Małgorzata Urszula Fortuna

Indeks
Tomasz Babnis

Adiustacja
Irena Gubernat
Bogusława Wójcikowska

Korekta
Bogusława Wójcikowska
Grażyna Rompel

Łamanie
Edycja

ISBN 978-83-240-3053-8

Znak Horyzont

znak

Książki z dobrej strony: www.znak.com.pl
Społeczny Instytut Wydawniczy Znak, 30-105 Kraków, ul. Kościuszki 37
Dział sprzedaży: tel. (12) 61 99 569, e-mail: czytelnicy@znak.com.pl
Wydanie I, Kraków 2015. Printed in EU

Cioci, która przeszła przez osiem sowieckich więzień,
aby umrzeć na tyfus w Teheranie

Spis treści

Prolog

Bohater nie musi walczyć z bronią w ręku. Nie musi być żołnierzem. Bohaterem może być kobieta, której jedyną bronią są silna wola i determinacja. Dowodem na to mogą być losy Polek, które podczas II wojny światowej znalazły się na Syberii. W dwóch wielkich falach deportacji (w latach 1939–1941 i po roku 1944) w głąb Związku Sowieckiego wywieziono ich kilkaset tysięcy.

Każdy dzień zesłania był walką o przetrwanie – swoje, swoich dzieci, mężów, rodziców. Ścierały się w śmiertelnym boju z dziką syberyjską przyrodą, głodem, chorobami i najgorszym wrogiem człowieka – drugim człowiekiem. Pracowały w kołchozach i kopalniach, cierpiały w lochach NKWD i nieludzkich łagrach. Były upokarzane, bite, okradane. Na ich rękach umierali najbliżsi. Nigdy się jednak nie poddały. Ich losy to opowieść o klęsce, nadziei i heroicznej walce zwieńczonej zwycięstwem. Poprosiłam dziesięć z nich, aby opowiedziały o swoich dramatycznych losach. Oto one...

JANINA
OCHOTNICZKA NA SYBIR

Najgorsza rzecz na zesłaniu? Głód. Komuś, kto nigdy go nie zaznał, trudno jest to wytłumaczyć. I tak nie uwierzy i nie zrozumie. Gdy jest się naprawdę głodnym, człowiek zaczyna przypominać zwierzę. Wszystkie myśli i działania koncentrują się tylko wokół jednego – jedzenia.

Przez cały pobyt w Kazachstanie, przez długie sześć lat, znajdowałam się na granicy śmierci. Przez cały ten czas nie widziałam własnych stóp, tak bardzo z głodu miałam obrzęknięty brzuch. Byłam cała spuchnięta. Żywiłam się tym, co udawało mi się ukraść. Sowieci mieli taki zwyczaj, że jak zboże dojrzało i nie zdążyli go przed zimą ściąć, to puszczali całe pole z dymem. Wiosną, gdy zaczynał topnieć śnieg, chodziłyśmy więc z siostrzyczką szukać tych czarnych plam. Zbierałyśmy na wpół zgniłe, spalone kłosy i jadłyśmy pszenicę czy żyto. Na stepie szukałyśmy zeschniętych kości zwierząt i padliny.

Głód powodował straszliwe choroby. Dwa razy przechodziłam tyfus, miałam czerwonkę, krwawą biegunkę. Przeszłam ataki ślepej kiszki. Z powodu braku witamin i niedożywienia cierpiałam na kurzą ślepotę. Gdy tylko zachodziło słońce, przestawałam widzieć. Wzrok wracał dopiero o wschodzie. Do tego szkorbut. Choroba ta albo osiada na zębach, albo wchodzi do środka, w kości. I w jednym, i w drugim przypadku człowiek prędzej czy później umiera. U mnie choroba ta przyjęła wyjątkowo drastyczną formę – zarosły mi usta. Zamiast nich miałam jeden wielki strup. Nie byłam w stanie jeść, mogłam tylko pić, i to przez słomkę. Wydawało się, że to już koniec. O żadnej opiece medycznej w naszym kołchozie oczywiście nie było mowy. Szczególnie dla polskich zesłańców. Ktoś poradził jednak mojej siostrze, żeby zaprowadziła mnie do kowala.

To był potwornie brudny facet, który prowadził rozpadający się warsztat w zapuszczonej ziemiance. Przyglądał mi się długo, mrucząc coś pod nosem. Wreszcie wziął z podłogi brudną szmatę i namoczył ją w starym wiadrze – znajdująca się w nim ciecz kolorem i konsystencją przypominała błoto. Chwycił mnie za głowę i z całej siły wcisnął mi tę szmatę w usta. Ze strachu zrobiłam pod siebie, przeraźliwie wyłam. Powiedział, że nazajutrz mamy przyjść znowu. Powtarzało się to trzy czy cztery razy. Po kilku dniach strup w końcu odpadł, nie było po nim śladu.

Nie wiem, jak to wytłumaczyć, ale ten stary kowal mnie wyleczył. Przeżyłam, przynajmniej na razie. Śmierć na zesłaniu czyhała jednak na każdym kroku.

Spacery z ojcem

Urodziłam się w 1930 roku w majątku Kożany na Białostocczyźnie. Niedaleko płynęła Narew. Dzieciństwo miałam bardzo wesołe, ale niestety, zdecydowanie za krótkie.

Dziś często można przeczytać, że przed wojną relacje na linii dwór – wieś układały się w sposób sielankowy. W Kożanach było nieco inaczej. Ojca chłopi nie lubili ze względu na to, że był srogi i nigdy się z nimi nie ciągał po sądach. Liczne spory załatwiał sam, w sposób zdecydowany.

Inaczej sytuacja miała się z mamą. Ją włościanie wręcz uwielbiali. Kiedy ktoś z nich był chory albo wydarzyło się jakieś inne nieszczęście, mama robiła wszystko, by pomóc. Uważała, że jesteśmy zobowiązani opiekować się nimi.

A jak było z nami? Ojciec oczywiście zabronił nam utrzymywać kontakty z dziećmi fornali. Ale jak tylko wyjeżdżał gdzieś w interesach, natychmiast biegłyśmy z siostrą do znajdujących się w pobliżu dworu czworaków i całymi godzinami bawiłyśmy się z mieszkającymi w nich dzieciakami.

Od urodzenia byłam bardzo chorowita, dlatego rodzice nie posłali mnie do szkoły. Uczyła mnie w domu bona. Byłam też ogromnym strachajłem. Bałam się wszystkiego, co się ruszało. Każdego indyka, kury, nawet najmniejszego zwierzęcia. Lękałam się też wejść do gabinetu ojca, bo cały był obwieszony bronią. Najgorsze było jednak to, że czułam strach przed końmi! A przecież wtedy wszędzie jeździło się bryczką albo powozem. Ojciec samochód kupił dopiero tuż przed wojną.

Aby oduczyć mnie tego strachu, ojciec postanowił zastosować dość specyficzną kurację. Pewnie dzisiaj wywołałoby to przerażenie u psychologów. Otóż brał mnie na wieczorne spacery po lesie. Szedł z fuzją i od czasu do czasu znienacka strzelał w powietrze. Efekty tej terapii były mizerne, bałam się jeszcze bardziej. Dopiero po latach ojciec przyznał się, że te nasze spacery miały również cel praktyczny. Otóż chłopi potajemnie wyrąbywali nasz las i kradli drzewo. Huk wystrzałów ich odstraszał.

Starsza o rok siostra, Ala, była moim całkowitym przeciwieństwem. Zachowywała się trochę jak chłopak. Biegała po pastwisku, jeździła konno na oklep, prowokowała rozmaite psoty. Miała swoją fuzję, z której strzelała do wróbli. Ojciec ją uwielbiał. A te wszystkie jej umiejętności bardzo się nam później przydały na zesłaniu.

Rodzice prowadzili dom otwarty. Organizowali bale, polowania. Stosunków z sąsiednim dworem jednak nie utrzymywaliśmy. Mieszkała w nim siostra ojca, która wyszła za mąż za pewnego majora

Rodzina Szrodeckich w swoim majątku, Kożanach na Białostocczyźnie w 1914 roku. Na zdjęciu: pierwszy z prawej stoi Jerzy, ojciec Janiny, następnie jego rodzice – Stefan i Maria, córka księcia Karola Giedroycia, oraz siostry – Maria i Melania

o poglądach mocno endeckich. Ten człowiek po prostu nie cierpiał Piłsudskiego. Zanim zabrał się za czytanie gazety, jego syn musiał ją przejrzeć i sprawdzić, czy przypadkiem nie ma czegoś o Marszałku, „żeby papa się nie denerwował". Mój ojciec natomiast był zagorzałym piłsudczykiem. Panowie się nie cierpieli.

Babcia ze strony ojca była córką księcia Karola Giedroycia. Siostry ojca zadzierały z tego powodu w towarzystwie nosa i niezbyt przychylnym okiem patrzyły na jego małżeństwo ze zwykłą szlachcianką. Ale mama była za to bardzo ładna, a ciotki jędzowate.

Rodzice zakochali się w sobie od pierwszego wejrzenia. Ojciec zobaczył mamę podczas polowania i już jej nie wypuścił. Myślę, że byli ze sobą szczęśliwi.

Wywózka

Ojciec był inwalidą wojennym. W 1920 roku bolszewik ciął go szablą przez głowę i przestrzelił prawą rękę – do końca życia nie mógł jej podnieść ponad bark. Gdy jednak w 1939 roku wybuchła wojna, natychmiast zgłosił się do wojska. Nie przyjęli go i wrócił do Kożan.

Białostocczyzna została najpierw zajęta przez Niemców. Byli tu jednak bardzo krótko. Tylko raz ich widziałam. Przyjechali do naszego majątku po owies. Kiedy chcieli zapłacić, ojciec nie przyjął pieniędzy. Potem Niemcy się wycofali. W wyniku podpisanego przez Trzecią Rzeszę i Związek Sowiecki porozumienia nasza część Polski przypadła bolszewikom.

Niemal od razu pojawili się u nas w majątku. Pamiętam, że na podwórzu stacjonowała cała bateria artyleryjska i czołgi. Kręciło się wokół niej wielu obdartych i zabiedzonych Kałmuków. To byli żołnierze „niezwyciężonej i wyzwolicielskiej" Armii Czerwonej. Pierwszy raz w życiu widziałam, jak człowiek brał wodę do ust, wypluwał ją na ręce i mył nią twarz. W ten sposób bolszewicy załatwiali poranną toaletę. Widziałam też, jak piekli kurę – z pierzem, wnętrznościami, łapami i głową. Nie wiedzieli, że trzeba ją oprawić.

Codziennie były u nas rewizje, dwór został rozkradziony. Ojciec przeczuwał, że może zostać aresztowany. Nie mylił się, najpierw spędził miesiąc w więzieniu w Bielsku Podlaskim. Wrócił do nas, ale wkrótce zamknęli go już na dobre. Tym razem w Mińsku. Musiał być tam bardzo torturowany, bo po pewnym czasie po jego aresztowaniu przyszli do dworu bolszewicy i pokazali list napisany jego ręką. Treść była krótka: „Reniu, oddaj broń". Mamy jednak w domu nie było, gdyż ukrywała się razem ze mną w Bielsku. Enkawudzista zastał tylko babcię, którą z miejsca znieważył. Potem poszedł do gabinetu ojca i odkręcił ze ściany lustro. Wydobył z niego jakąś listę, jakiś dokument. Co to było? Nie wiem. Kiedy pytałam o to ojca po wojnie, natychmiast ucinał rozmowę: – Dziecko drogie, do tych czasów już nie wracajmy.

W końcu mama postanowiła, że wracamy do domu. Było to w lutym 1940 roku. Po drodze spotkałyśmy popa. Zapytał zdziwiony, dokąd idziemy. Mama powiedziała, że do Kożan. Wtedy pop powiedział, że dom został zapieczętowany, a babcia z Alą zostały wywiezione na Sybir. Gdy to usłyszałam, oblał mnie zimny pot. Mama musiała przeżywać prawdziwą mękę. Przecież była mowa o jej ukochanej córeczce i matce.

Szybko podjęła dramatyczną decyzję. Miała już dość ukrywania się, była zrezygnowana, zrozpaczona, zaszczuta. Postanowiła to wszystko przeciąć, nie chciała dopuścić do rozdzielenia rodziny. Udałyśmy się na stację, gdzie stały wagony z ludźmi przeznaczonymi do deportacji. Pociągu pilnowali uzbrojeni bojcy. Poszłyśmy prosto do nich.

– *A wy kuda?*

– Tam jest moja matka i córka. Chcemy jechać razem z nimi – odparła mama.

W tym samym momencie usłyszałyśmy krzyk Ali:

– Babciu, mama idzie!

Dojrzała nas przez małe okienko w wagonie. Bolszewik podrapał się po głowie, przejrzał jakąś listę i spytał:

– *Twoja familia?*

Mama odpowiedziała, a on pokręcił z niedowierzaniem głową.

– *Durnaja Polaczka, sama na Sybir jedziet.*

Odryglowali drzwi i wepchnęli nas do środka. Byłyśmy razem.

Na stepach Kazachstanu

Wagon był napchany ludźmi jak beczka śledziami. Na pryczach po jednej i po drugiej stronie siedziało po kilkadziesiąt osób. Babcię i Alę znalazłyśmy wciśnięte w kąt z małym bagażem. Nie zdążyły wiele spakować, gdyż Sowieci niemiłosiernie je popędzali. Wkrótce poczułyśmy szarpnięcie. Ruszyłyśmy w nieznane. Rozpoczęła się nasza gehenna.

Cóż nowego można powiedzieć o transporcie? To są przecież rzeczy powszechnie znane. Był to jeden wielki koszmar. Brud, wszy, ciągły mróz. Dla mnie najbardziej upokarzające było załatwianie potrzeb fizjologicznych. Za toaletę miała służyć nam zwykła dziura, wyrżnięta w podłodze na środku wagonu. Bez parawanu ani żadnej innej osłony. Dla kobiet i dziewczynek to było niebywale krępujące. W ogóle dzieci znosiły to wszystko fatalnie. Nie rozumiałyśmy, co się dzieje.

Pamiętam, że dzień czy dwa przed końcem podróży wybuchła wśród nas panika. Miało to związek z plotką, że chcą nas wszystkich pomordować, wystrzelać. A zaczęło się od tego, że Sowieci nagle zatrzymali pociąg i wyprowadzili w las trzy czy cztery wagony ludzi. Mijały godziny, a oni nie wracali.

Po pewnym czasie popędzili tam również nas. W lesie znajdował się budynek, w którym kazano nam rozebrać się do naga. Po raz pierwszy w życiu widziałam wtedy gołych ludzi. Kobiety zasłaniały jedną ręką piersi, a drugą łono. Mężczyźni także próbowali się zakryć. Wszyscy starali się na siebie nie patrzeć, byli potwornie zażenowani. W polskiej kulturze coś podobnego było nie do pomyślenia. Ku naszej olbrzymiej uldze okazało się, że ten budynek to rosyjska bania. Mężczyzn wreszcie oddzielono od kobiet i zaprowadzono nas do mycia. Każdy dostał po małym kawałeczku mydła, który potem należało przekazać dalej. Chociaż wszystko to odbywało się w niezwykle prymitywnych warunkach, trzeba przyznać, że po miesiącu spędzonym w podróży takie mycie było ogromną przyjemnością. Gdy skończyliśmy, czekały na nas nasze ubrania wyparzone ze wszy. Były jeszcze gorące.

Następnego dnia stanęliśmy w szczerym polu. Wszystkich wygoniono z pociągu. Było nas tysiące, tak przynajmniej wydawało się małemu dziecku. Staliśmy na gołym stepie. Zapanowała całkowita cisza, nikt nic nie mówił. Czy to możliwe, że to tutaj jest kres naszej podróży?

– No, teraz możecie sobie uciekać do swojej Polski – zadrwił jeden z bolszewików.

Inny dodał:

– *Budiesz żyt', paka nie padochniesz.*

W ten sposób dowiedzieliśmy się, że wywieziono nas do Kazachstanu.

Trzymano wszystkich pod gołym niebem przez wiele godzin. Dopiero o zmroku przyjechały samochody. To były otwarte platformy. Strażnicy rzucili się na nas i zaczęli siłą wpychać na te ciężarówki. Mama kurczowo nas przy sobie trzymała i tylko dzięki temu nie zostałyśmy rozdzielone. W ogólnej szamotaninie i zamieszaniu straciłyśmy jednak połowę bagażu.

Nie wszystkie rodziny miały tyle szczęścia. Na naszej platformie znalazła się dwójka małych dzieci – dziewczynka miała pięć lat, a chłopczyk osiem. Strasznie płakały i wołały: „Mamo, mamo!". Okazało się, że podczas załadunku zostały rozłączone z matką. Moja mama przygarnęła te dzieci i przytuliła je. W końcu, łkając, usnęły.

Nad ranem dojechaliśmy do kołchozu, w którym mieliśmy się osiedlić. Nazywał się Nowodworówka. Ustawili nas na dużym placu, gdzie przemówił do nas przewodniczący kołchozu. Powiedział, że sami musimy sobie znaleźć jakiś kąt do mieszkania. Kołchoźnicy zgodzili się przyjąć nas w zamian za ubranie. Dali nam do spania słomę, w której gnieździły się pluskwy i myszy.

Cały czas była z nami dwójka małych dzieci z ciężarówki. Historia tej rodziny zakończyła się wielką tragedią. Ich mama przeszła pół Kazachstanu, zanim w końcu do nas dotarła. Była tak wyczerpana, że wkrótce zmarła. Potem jedno po drugim umarły z głodu jej dzieci. Pochowano ich obok siebie na obcej sowieckiej ziemi. Podobnych polskich grobów pozostało tam tysiące.

W jednym z nich spoczęła moja babcia. Umarła kilka tygodni po naszym przyjeździe. Ta straszliwa podróż, a potem warunki panujące w kołchozie wykończyły ją. To było ponad jej siły. Śmierć babci była dla nas strasznym ciosem... Straciłyśmy jedną z najbliższych osób. A przecież to był dopiero początek.

Mamę popędzili do pracy razem z pozostałymi zesłańcami. Musiała gracować chwasty z szosy i z ciągnących się po jej obu stronach rowów. Dzienna norma: czterdzieści pięć metrów. Nawet koń by tego nie zdołał wykonać! Szczególnie, że latem żar dosłownie lał się z nieba. A o żadnym cieniu nie było mowy. To był goły, spękany od słońca step.

Mama wychodziła do pracy bladym świtem, ale i tak do wieczora nie była w stanie wykonać normy. Za karę obniżano jej – i tak głodową – rację żywnościową. Pamiętam, jak raz pobiegłam do niej do pracy. Wyglądała strasznie. Włosy lepiły się jej do brudnej od drogowego pyłu twarzy. Miała spękane usta, słaniała się na nogach. Nie była przyzwyczajona do tak ciężkiej pracy fizycznej, była delikatną kobietą z polskiego dworu. Ta praca była dla niej prawdziwą torturą. Trudno mi było na to patrzeć.

Na stepie, kiedy jest skwar, ma się wrażenie, że trawa faluje. Często pojawiają się wówczas fatamorgany. Pewnego dnia zobaczyłam na horyzoncie małą plamkę. Najpierw myślałam, że to iluzja, ale wkrótce okazało się, że w moją stronę jedzie wóz. Siedział na nim

Rodzice Janiny zakochali się w sobie od pierwszego wejrzenia. Spotkali się na polowaniu i Jerzy już nie spuścił z oka swojej wybranki. Na zdjęciu: Irena z domu Wyrzykowska i Jerzy Szrodeccy, 1929 rok

jakiś dziki Kazach. Gdy mnie zobaczył, zaczął krzyczeć, że mnie podwiezie, i pogonił konia. Ogarnęło mnie śmiertelne przerażenie, mama opowiadała przecież, że Kazachowie porywają polskie dzieci. Zaczęłam okropnie wrzeszczeć. Widocznie głos dobrze się niesie po stepie, bo usłyszał mnie – wywieziony razem z nami – ojciec księdza z naszej parafii. Człowiek ten nie miał jednej ręki i bolszewicy pozwolili mu czyścić szosę bliżej naszego kołchozu. On mnie uratował. Zauważył z oddali całą scenę, zaczął krzyczeć i biec w moim kierunku, wymachując przy tym łopatą. Kazach spłoszył się, zawrócił konia i rozpłynął się w stepie. A ja długo po tym incydencie nie mogłam dojść do siebie.

W Zielonym Gaju

Mama dowiedziała się, że w wiosce Zielony Gaj przebywają nasi znajomi, państwo Mazurowie. Pan Mazur był kierownikiem szkoły w Bogdankach, do której chodziła Ala. Mama postanowiła się tam przenieść. Nie wiem, jak zdołała to załatwić, ale dostała pozwolenie.

Wbrew nazwie w Zielonym Gaju niemal nie było roślinności. Taki sam step i jakieś karłowate, suche krzaki. Był to oczywiście kołchoz. Co ciekawe, zamieszkiwali go Polacy wywiezieni do Kazachstanu w latach trzydziestych. Pochodzili z tak zwanej Marchlewszczyzny, czyli polskiego rejonu autonomicznego w sowieckiej Ukrainie. Rejon ten został przez bolszewików rozwiązany, a wielu jego mieszkańców zamordowanych lub deportowanych w głąb Związku Sowieckiego.

Mama znalazła dla nas kąt w mieszkaniu przy łaźni. W dwóch pokojach wegetowało tam trzydzieści osiem osób. Plus my. Miałyśmy ze sobą nocnik, który babcia zabrała z Polski. Biały, z niebieskim rąbkiem. Mama wystawiła go na noc na zewnątrz i następnego ranka już go nie było. Ktoś go ukradł.

W Związku Sowieckim panowało niebywałe złodziejstwo, które było skutkiem nędzy panującej w tym „raju robotników i chłopów". Ludzie żyli w prymitywnych warunkach, wiecznie głodni, pozbawieni nawet najbardziej podstawowych przedmiotów. Niczego nie można było dostać. Dla nas, przybyszy z Zachodu, było to zdumiewające. Jak można tak żyć? Szybko miałyśmy się przekonać, że jednak można.

W palenisku zrobionym z dwóch cegieł ze słomy i gliny, czyli tak zwanego *samanu*, paliło się kiziakiem. Były to wysuszone zwierzęce odchody, które zbierałyśmy w stepie.

Pewnego dnia pożyczyłyśmy wózek, żeby móc zebrać większy zapas kiziaku. Gdy już wracałyśmy do domu, mama zaczęła się chwiać. Zasłabła. Nie była w stanie dalej iść. Powiedziała, że musi się na chwilę położyć, bo bardzo ją rozbolała głowa. Wzięłyśmy ją z Alą pod ręce i jakimś cudem przyprowadziłyśmy z powrotem do Zielonego Gaju.

Nie odzyskała już przytomności. Po trzech dniach zmarła w łóżku. Miała trzydzieści jeden lat.

Nie ma słów, które mogłyby oddać to, co wtedy się we mnie działo... Byłam jak w transie, wstrząsało mną przeraźliwe łkanie. Nie mogłam uwierzyć. Błagałam Boga, aby to był tylko zły sen. Aby mamusia wstała, przytuliła nas, powiedziała, że wszystko jest w porządku... Że razem z tego wyjdziemy, wrócimy do domu. Że wszystko zakończy się dobrze, jak w bajkach, które nam opowiadała.

Pochowałyśmy mamę w stepie, wśród pasących się krów. Przykryłyśmy ją słonecznikami, które rosły opodal. Mając niewiele ponad dziesięć lat, utraciłam ukochaną matkę... Ona była dla mnie wszystkim. Zostałyśmy z siostrą teraz same w wielkim, wrogim kraju.

W latach osiemdziesiątych Ala pojechała do Kazachstanu, żeby postawić pomnik na grobie naszej matki. Mieszkałam już wtedy w Anglii. Akurat byłam na przyjęciu i opowiadałam o tym kilkorgu przyjaciołom.

– Podziwiam Alę, że zdobyła się na coś podobnego – mówiłam. – Ja nigdy nie mogłabym wrócić w tamte strony. Za nic w świecie nie pojechałabym znowu do Zielonego Gaju.

Jeden ze znajomych, gdy usłyszał tę nazwę, zbladł i wtrącił się do rozmowy.

– O czym ty mówisz? Jaki Zielony Gaj? Kim ty jesteś?

Znał mnie jako Janinę Kwiatkowską, pod nazwiskiem mego męża.

– Jak się nazywasz z domu? – dopytywał.

Gdy odpowiedziałam, że Szrodecka, pobladł jeszcze bardziej. Okazało się, że on również – jako siedemnastoletni chłopak – był zesłany do Zielonego Gaju. I to on został wyznaczony do pochowania mojej matki. Żeby zrobić jej trumnę, wyrwał kilka desek ze stropu naszego mieszkania koło bani... A teraz, po czterdziestu latach, spotkaliśmy się w takich okolicznościach.

Spotkanie z mamą

Niedługo po śmierci mamy wszystkich Polaków wcielili do trudarmii. Były to specjalne bataliony pracy, które zostały sformowane po wybuchu wojny między Niemcami a Związkiem Sowieckim. Był już rok 1941.

Byłyśmy za małe, żeby służyć w tych formacjach. Nie miałyśmy również żadnej opieki, bo państwo Mazurowie zmarli z wycieńczenia wkrótce po mamie. Decyzja władz mogła być tylko jedna: sierociniec. Trafiłyśmy do pobliskiego zakładu dla sierot. Nawet jak na warunki sowieckie panowała tam wręcz przerażająca nędza. A ponadto nas szykanowano. Na przykład jedzenie dawano w kotłach. Najpierw jadły inne dzieci, a nas, „wrogów ludu", dopuszczano na samym końcu, gdy na dnie zostawały już tylko nędzne, rzadkie resztki.

Kiedy Ala skończyła dwanaście lat, zdecydowała, że musimy zamieszkać same. Uciekłyśmy i wróciłyśmy do naszego kołchozu. Wybrałyśmy sobie opuszczoną ziemiankę. Nasz nowy dom miał dach zrobiony ze słoneczników, patyków, słomy i błota. Po każdym deszczu trzeba było go lepić od nowa. Latem nie stanowiło to wielkiego problemu, ale jak przyszła zima, zaczęłyśmy straszliwie marznąć. Klepisko czyściłyśmy nawozem, wierząc, że w ten sposób zdechną wszystkie pluskwy. Nie zdawało to egzaminu. Wieczorem sypały się na nas z sufitu. A na domiar złego biegały po nas myszy i szczury. Przymierałyśmy głodem, a ja zaczęłam straszliwie chorować. To właśnie wtedy dostałam tego straszliwego szkorbutu i moją twarz pokryły wielkie strupy. Boże, przez co myśmy wtedy przeszły. Aż trudno uwierzyć, że małe dziewczynki mogły okazać się tak wytrzymałe!

W zimie nie miałyśmy czym palić. A to oznaczało śmierć. Jacyś dwaj chłopcy postanowili w nocy wykraść z kołchozu furę i pojechać w step, aby wydobyć słomę spod śniegu w miejscu, gdzie latem pracowały kombajny. Zabrałam się z nimi. W drodze powrotnej siedziałam na wozie z tyłu, a oni poganiali woły, siedząc na przedzie.

Było czterdzieści stopni poniżej zera, a ja byłam lekko ubrana. Na nogach miałam tylko trepy, zrobione z kawałka gumy, wyciętej ze starej opony traktora. Nie czułam rąk, nóg, ust i nosa. Nie miałam nawet siły otworzyć oczu. Czułam się zmęczona, senna. Resztką świadomości czułam, że tym razem już nieuchronnie zbliża się koniec.

Wydarzyło się wówczas coś niesamowitego. Wiem, że trudno w to uwierzyć, ale przyszła do mnie wtedy mama. Widziałam ją bardzo wyraźnie. Stanęła przede mną w białej sukni, wykończonej liliową wstążką – w tej samej, w której ją pochowałyśmy – i powiedziała, żebym się nie martwiła, bo zaraz zrobi mi się ciepło. Uśmiechała się do mnie. Było mi tak dobrze, spokojnie. Błogo.

Nikt nie potrafił później wytłumaczyć, jak to się stało, że fura nagle wywróciła się na prostej drodze. Ja spadłam na ziemię i chłopcy natychmiast zauważyli, w jakim jestem stanie. Długo rozcierali mnie śniegiem, potem nie pozwolili mi już usiąść, musiałam iść obok wozu, trzymając się sznura. Co ciekawe, po całej tej przygodzie nie miałam odmrożonego nawet palca. Nic mi się nie stało.

List od ojca

Na zesłaniu musiałyśmy borykać się nie tylko z chorobami, głodem i nieżyczliwymi ludźmi, ale również z dziką przyrodą. Ala pracowała w polu na kołchozowym kombajnie i pewnego razu udało jej się ukryć trochę ziarna. Poszłyśmy po nie nocą i już miałyśmy wracać, kiedy nagle zobaczyłyśmy wpatrujące się w nas z daleka świecące ślepia. To były wilki! Błyskawicznie dobiegłyśmy do sterty słomy – miejscowi nazywali ją *myczka* – i cudem się na nią wdrapałyśmy. Wilki wyły i ujadały dobrą godzinę. Kręciły się na dole. Dopiero po dłuższym czasie sobie poszły. Ile ja się wtedy strachu najadłam.

Aby przeżyć, próbowałyśmy też sobie jakoś dorabiać. Kilka kilometrów od Zielonego Gaju było słone jezioro Bałchasz. Pożyczałyśmy wózek i na dwóch kółkach przywoziłyśmy z niego dwanaście wiader wody. Wygotowywałyśmy tę wodę i w ten sposób pozyskiwałyśmy trochę soli.

Po drodze do jeziora musiałyśmy minąć kazachski czambuł. Sowieci kazali jego mieszkańcom hodować świnie. Nie wiedzieli – albo było im wszystko jedno – że dla Kazachów świnia jest zwierzęciem nieczystym. W efekcie wszystkie zwierzęta pozdychały, bo nikt nie mógł ich dotknąć, nawet nakarmić. Strasznie piszczały z głodu. Ten pisk długo nas prześladował. Było to wydarzenie typowe dla tamtejszej gospodarki.

Widok na jezioro zapierał dech w piersiach. Słońce wysoko, niebo bez jednej chmurki, step aż po horyzont. I spokojna, niczym niezmącona tafla wody. Mocne, intensywne kolory. Rozbierałyśmy się do naga i wskakiwałyśmy do wody. Kładłyśmy się na powierzchni i leżałyśmy plackiem, nie ruszając ręką ani nogą. Wyporność była zupełnie jak w Morzu Martwym. Jak wychodziłyśmy na brzeg, byłyśmy całe białe. Nie było tego jak umyć, ale wszystkie strupy, ranki, rozjątrzone wrzody, których miałyśmy na sobie mnóstwo, ta sól doskonale wygryzała.

Tymczasem doszło do podpisania paktu Sikorski-Majski i Sowieci ogłosili amnestię dla Polaków. Wypuścili między innymi naszego ojca, który – o czym dowiedziałyśmy się dopiero później – został deportowany do Tobolska na Syberii. W armii Andersa ojciec

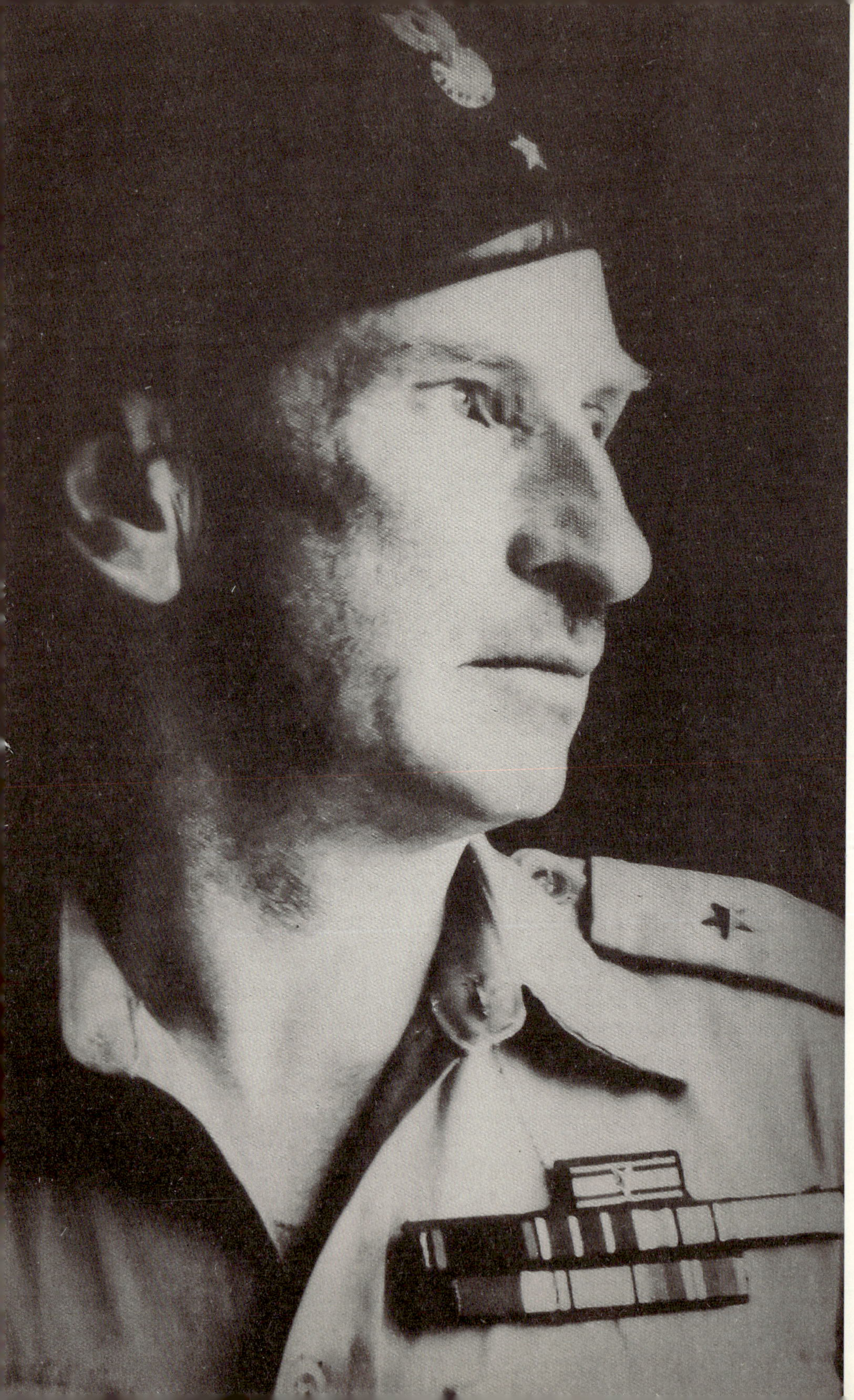

spotkał człowieka, który razem z nami pracował w kołchozie. Od niego dowiedział się o śmierci mamy i naszym losie.

Ojciec przysłał do nas list i trzysta rubli, żebyśmy miały pieniądze na podróż do niego. Lokalne władze oznajmiły nam jednak, że aby dostać te pieniądze, musimy... zapłacić osiem rubli. Takiej sumy oczywiście nie miałyśmy. W związku z tym nic nam nie dali i zapowiedzieli, że dopiero teraz będą nas naprawdę pilnować. To byli bezwzględni, bezlitośni ludzie.

Po tym jednym liście kontakt z ojcem się urwał, podejrzewałyśmy, że umarł. Nic nie wiedziałyśmy o wojsku generała Władysława Andersa, o tym, że wyprowadził ze Związku Sowieckiego ponad sto dwadzieścia tysięcy Polaków, w tym naszego ojca. Żyłyśmy dalej w kołchozie. Spędziłyśmy w nim jeszcze cztery straszliwe głodne lata.

Praszczaj Rossija

Aby przeżyć, musiałyśmy żebrać. Chodziłam od ziemianki do ziemianki z jednym rublem, który nam pozostał, w nadziei, że może ktoś sprzeda nam coś do jedzenia. Wszyscy wiedzieli, że zdychamy z głodu. Ktoś dał kartofla, inny skórkę chleba, a jeszcze inny kopniaka. Ten rubel się zachował i znajduje się dziś w zbiorach Instytutu Sikorskiego w Londynie.

Zapamiętałam taką scenę: wchodzę do kolejnej ziemianki, zmarznięta i zmęczona, zaglądam do środka i widzę, że jakaś baba w naszym nocniku gotuje mleko. W tym samym nocniku

---

Janina i Ala dopiero po powrocie do Polski dowiedziały się, że ich ojciec przeżył zesłanie i wyszedł z ZSRS z Armią Andersa. Na zdjęciu: Jerzy Szrodecki w Egipcie, 1942 rok

z błękitnym szlaczkiem, który podczas pierwszej nocy w Zielonym Gaju nam ukradli. I ja, ten wielki tchórz, stoczyłam wtedy o nasz nocnik prawdziwą bitwę. Mleko się wylało, ale ja wyszłam z tej walki zwycięsko z nocnikiem w ręku. Inaczej nie mogłam postąpić, bo przecież jakbym poszła do władz kołchozu ze skargą, nawet nie kiwnęliby palcem.

Nocnik, niestety, na niewiele nam się przydał, skoro nie miałyśmy nic do jedzenia. Wreszcie doszłyśmy do wniosku, że kolejnej zimy w Sowietach już nie przeżyjemy. Nie miałyśmy żadnego ubrania, żadnych zapasów, nic do sprzedania. W tej sytuacji poszłam na służbę do pewnej Polki. Była to historia niezwykła. Otóż ta pani nazywała się Frania i jej matka... sprzedała ją buchalterowi miejscowego kołchozu. W zamian za to on załatwił jej pozwolenie na powrót do Polski z młodszymi dziećmi. Mężczyzna ten ożenił się z Franią, a ona urodziła mu dziecko. Ja się teraz tym dzieckiem miałam zajmować. Mały chłopczyk cały czas płakał, a ja, sama będąc jeszcze dzieckiem, nie miałam pojęcia, co w takiej sytuacji należy zrobić. Kobiety z wioski poradziły mi, żeby zaparzyć mu maku. Wtedy na pewno szybko uśnie. Oprócz tego zajmowałam się kuchnią, nosiłam wodę z odległej studni, oporządzałam bydło, sprzątałam.

Pani Frania miała dwie krowy i świnię. Jak na sowieckie warunki, rodzinie tej powodziło się wspaniale. Mąż Frani mógł sobie wypisać z kołchozu wszystko, co chciał. Chleb, miód, mięso. Poza tym rodzina mieszkała w domku – a nie w ziemiance – składającym się z dwóch pokojów z kuchnią. Była to czerwona arystokracja.

Pani Frania udawała przede mną wielką damę. Traktowała mnie źle. Spałam na niewygodnym, twardym kuferku, chodziłam boso, bez ciepłego ubrania. Wreszcie wiosną zdecydowałam się odejść. Wróciłam do siostry i Zielonego Gaju.

W ogóle z Polakami bywało różnie. Jedni byli wobec siebie bardzo solidarni, inni zaś zachowywali się okropnie. Zesłanie wyciągało z ludzi ich najgorsze cechy. Jednego razu udałyśmy się do pewnej Polki, która zajmowała się dystrybucją paczek z UNRRY, czyli pomocy humanitarnej z Zachodu. Paczki te były przeznaczone dla Polaków w potrzebie. Czyli dla nas. Kiedy po wielokilometrowym marszu zapukałyśmy wreszcie do jej drzwi, usłyszałyśmy opryskliwe: „Czego?". Gdy wytłumaczyłyśmy, że jesteśmy polskimi sierotami, które nie mają się w co ubrać, krzyknęła na nas: „Poszły won, żebraczki!" i zatrzasnęła nam drzwi przed nosem. Wróciłyśmy z pustymi rękami.

Potem obie te panie – Franię i kobietę od paczek – spotkałyśmy w pociągu do Polski. Wyjaśniło się wtedy, dlaczego nie dostałyśmy ubrań. Ta pani wiozła ze sobą całą walizę wypchaną ciuchami z amerykańskich paczek. Ala nie wytrzymała i wobec całego wagonu ją skompromitowała. Zresztą obu wygarnęła, co o nich myśli. Później w Białymstoku Frania omijała Alę szerokim łukiem. Zamieszkała tam razem z dzieckiem i swoim sowieckim mężem, którego do Polski przemyciła w skrzyni. On, jako Rosjanin, nie miał pozwolenia na wyjazd.

Z deszczu pod rynnę

Nasza wioska była odcięta od świata, nie wiedziałyśmy nawet, że wojna dobiegła końca. Jakie więc było nasze zdziwienie, kiedy któregoś dnia wgramolił się do naszej ziemianki urzędnik i powiedział, żebyśmy się zbierały z rzeczami:

– Wracacie do Polski!

Oczywiście nie było czego zbierać, bo nie miałyśmy dosłownie nic oprócz nocnika i naszej króliczki. Nazywała się Kluska. Mieszkała w małej norce pod naszym barłogiem i dzieliłyśmy się z nią nędznym jedzeniem. A kiedy przychodziły dni, w których głodowałyśmy, królik nie wyściubiał z nory nosa. Kluska była bardzo mądra i bała się, że ją zjemy. Oczywiście nie było o tym mowy. Traktowałyśmy ją jak członka rodziny, ale musiałyśmy ją zostawić. Zapewne nazajutrz po naszym wyjeździe została zeżarta przez kołchoźników. W drogę powrotną wybrałyśmy się tylko z nocnikiem pod pachą.

Gdy wyjeżdżałyśmy, cały kołchoz szedł za naszym wozem, wszyscy rzewnie płakali. Oczywiście nie dlatego, że nas tak bardzo lubili. Płakali z żalu, że my jedziemy ku wolności, a oni muszą tu zostać.

Bolszewicy zawieźli nas na stację, na której było już wielu Polaków. Wisiały na nich obok siebie flagi Związku Sowieckiego i Polski. Na krótko przed odjazdem przyjechał wielbłądem jakiś Kazach i przywiózł ze sobą krzyczące niemowlę. Powiedział, że to polskie dziecko, którego matka zmarła przy porodzie, i on zdecydował się je przywieźć, odstawić. Od razu ktoś się nim zajął.

Nakarmili nas i wkrótce zapakowali do pociągu. Gdy ruszaliśmy, siedziałam w drzwiach z nogami wiszącymi na zewnątrz i śpiewałam *Praszczaj Rossija*. Był rok 1946. Wracałam do domu po sześciu latach koszmarnych przeżyć.

Jechaliśmy do Brześcia trzy tygodnie. Długo staliśmy na bocznicach, przepuszczając wojskowe pociągi. Jak zwykle w Sowietach – całkowity bałagan. Zapowiadali na przykład, że będziemy stać pięć godzin, a pociąg ruszał już po kwadransie. Ludzie, którzy porozchodzili się w poszukiwaniu jedzenia, musieli przerażeni biec za składem. Jedna kobieta goniła pociąg, w którym zostały jej dzieci, i kiedy chciała wskoczyć do wagonu, przewróciła się na tory. Ucięło jej obie nogi. My trzymałyśmy się pociągu, wolałyśmy zdechnąć z głodu, niż zostać w Związku Sowieckim.

Powitanie z krajem było straszne. Po drugiej stronie Bugu, na terytorium Polski Ludowej, na peronach kłębiły się tłumy wściekłych, złych ludzi. Wszyscy chcieli jechać na Zachód. Oczywiście

Janina wracała do zniszczonej wojną komunistycznej Polski. Jej rodzinny dom zamieniono na PGR. Wkrótce przeniosła się do Białegostoku, gdzie zdała maturę i rozpoczęła studia medyczne. Na zdjęciu: Janina, lata 50.

rzucili się do naszego pociągu, ale ich nie wpuszczono. Ktoś powiedział, że to wracają Polacy z Sybiru. Wtedy usłyszałam następujące słowa:

– A czemu oni tam nie powyzdychali?

Tak przywitała nas ojczyzna w nowym, komunistycznym wydaniu. Od jakiegoś Polaka, któremu udało się dostać do naszego wagonu, dowiedziałyśmy się, że Polska nie tylko została pozbawiona swoich ziem wschodnich, ale w dodatku znajduje się pod sowiecką okupacją. To był dla nas prawdziwy wstrząs. Chciałyśmy uciec do kraju przed bolszewikami, a oni byli także tutaj.

Zawieziono nas do Warszawy. Widok był straszny – zamiast miasta morze ruin. Gdy stałyśmy na dworcu, podeszła do nas kobieta handlująca bułkami. Musiałam strasznie wyglądać, bo nie chciała ode mnie pieniędzy. Pierwszy raz od sześciu lat jadłam białą bułkę. To był pierwszy ludzki odruch, z którym spotkałam się od bardzo dawna.

Z Warszawy pojechałyśmy do Białegostoku. Ala zostawiła mnie na dworcu, który był jedną wielką ruiną, a sama poszła szukać mieszkającej w tym mieście ciotki Meli. Usiadłam pod ścianą na gołej ziemi, obok postawiłam nasz uratowany nocnik, wszy po mnie chodziły, byłam brudna i obdarta. Podszedł do mnie nieznajomy pan, miał pod pachą jakiś pakunek.

– Co ty tu robisz, dziecko?

– *Żdu*? – zapytałam po rosyjsku.

– Skąd ty?

– Z Kazachstanu – odpowiedziałam.

– A gdzie mama? – pytał dalej.

– *Umierła.*

Rozumiałam wszystko, co do mnie mówił, ale nie potrafiłam odpowiedzieć po polsku. Zapomniałam ojczystego języka. Mężczyzna położył obok mnie zawiniątko i odszedł. W środku były najpiękniejsze pod słońcem buty. Czarne, na koturnie. Niestety, o numer za małe. Mogłam je włożyć dopiero, kiedy zeszła mi z nóg opuchlizna. To był najpiękniejszy prezent, jaki dostałam w całym życiu.

Wkrótce przyszła Ala z Hanką, córką cioci Meli. Była w mundurku i kapelusiku. Bała się do mnie podejść, chyba nie chciała się ubrudzić. A może brzydziła się wszy? Nie mogłam jej tego później darować. Jak już nauczyłam się mówić po polsku, wygarnęłam Hance, że mogła chociaż powiedzieć wtedy do mnie „dzień dobry".

Im również żyło się ciężko. Ciotka przed wojną skończyła Sorbonę, potrafiła pięknie grać na fortepianie. Teraz pracowała w stołówce. Przynosiła do domu resztki z cudzych obiadów. Miała męża w obozie w Starobielsku, który jakimś cudem uniknął rozstrzelania w Charkowie. Wrócił z niewoli do domu, ale niedługo potem umarł na gruźlicę.

Pojechałyśmy więc pod Białystok, do dworu ciotki Geni, tej od majora endeka. Jej – na wsi – wiodło się lepiej. Stajemy w drzwiach, a ciotka mówi do swojej synowej:

– Jadziu, daj coś biednym.

– Ależ ciociu, to przecież my, ja i Janka! – powiedziała ze łzami w oczach Ala.

Dopiero wtedy nas rozpoznano. Przywitałyśmy się z płaczem. To było krótko przed świętami Wielkiej Nocy, ciocia miała przygotowane jakieś mięso. Nakarmiła nas, umyła, wyczesała. Włosy natarła naftą, żeby pozbyć się wszy.

Następnego dnia poszłyśmy do naszego dworu. Okazało się, że miejsca, w którym się urodziłyśmy i spędziłyśmy szczęśliwe dzieciństwo, już nie ma. Dom został rozebrany, a na jego miejscu powstał PGR. Serce nam się ścisnęło. Mama nie żyła, ojciec najprawdopodobniej też, a teraz okazało się jeszcze, że zrównano z ziemią nasz dom.

Ucieczka z PRL

Pobyt w Sowietach poważnie odbił się na moim zdrowiu. Leżałam w szpitalu, potem kurowałam się u ciotki. Miałam tam jedzenia, ile chciałam. Chleb, masło, sery. To, co zostawało po posiłku, zabierałam ze sobą i chowałam po krzakach. Oczywiście nie musiałam tego robić. Po moich straszliwych przeżyciach było to jednak silniejsze ode mnie. Cały czas obawiałam się głodu.

W ogóle zachowywałam się strasznie. Przed pójściem do szkoły zapierałam się rękami i nogami. Mówiłam: *Ja nie pajdu, nie pajdu.* Wolałam zostać u cioci i pracować na roli. Gdy doiłam krowę, używałam okropnych rosyjskich przekleństw, których nauczyłam się od kołchoźników.

– Matko Święta, dziecko, co ty mówisz? – załamywała ręce ciocia. – Co oni z tobą tam zrobili?

Rzeczywiście, zesłanie całkowicie mnie zmieniło. Wywieziono mnie jako polską dziewczynkę z dobrego, ziemiańskiego domu, a wróciłam jako Sowietka.

Ponieważ byłam repatriantką, musiałam zarejestrować się w naszej gminie. Wójt okazał się ten sam, co przed wojną. Pamiętał dobrze mojego ojca, bywał u nas we dworze na polowaniach. Gdy mnie zobaczył, dosłownie zdębiał. Panienka, która pojawiła się w gminie, nie mówiła po polsku i podpisała się trzema krzyżykami...

Wkrótce przyszedł list od ojca. Miejsce nadania: Kair. Okazało się, że jednak żyje! Była to pierwsza szczęśliwa wiadomość od wielu miesięcy.

Ja w końcu przeniosłam się do Białegostoku, gdzie jakoś przebrnęłam przez szkołę na trójkach. Zdałam maturę, poszłam na medycynę. Stale korespondowałyśmy z ojcem. Listy przychodziły z Kairu, a potem już z Londynu. W PRL wypełniało się co roku ankiety,

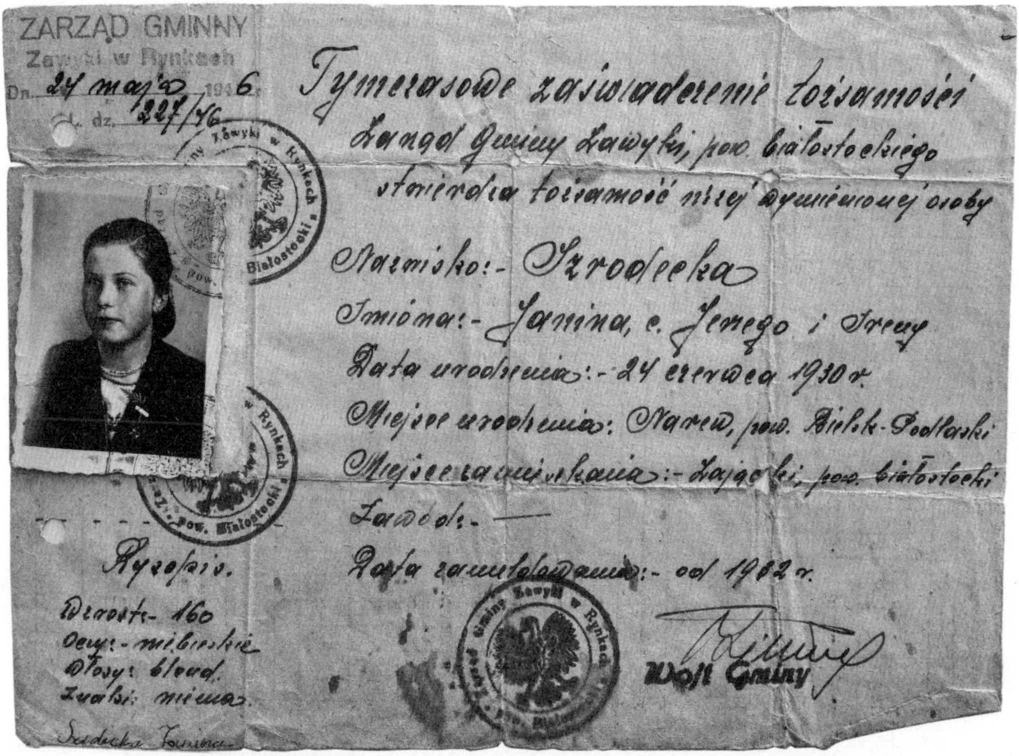
ZARZĄD GMINNY
Zawyki w Rynkach
Dn. 24 maja 1946 r.
L. dz. 227/46

Tymczasowe zaświadczenie tożsamości
Zarząd Gminy Zawyki, pow. białostockiego
stwierdza tożsamość niżej wymienionej osoby

Nazwisko:- Szrodecka
Imiona:- Janina, c. Jerzego i Ireny
Data urodzenia:- 24 czerwca 1930 r.
Miejsce urodzenia: Narew, pow. Bielsk-Podlaski
Miejsce zamieszkania:- Zajączki, pow. białostocki
Zawód:-
Data zamieszkania:- od 1942 r.

Rysopis.
Wzrost:- 160
Oczy:- niebieskie
Włosy: blond.
Znaki szczeg.: nie ma
Szrodecka Janina

Wójt Gminy

Zesłanie zmieniło panienkę z dobrego domu w sowiecką chłopkę. Początkowo miała trudności z mówieniem w zapomnianym przez lata ojczystym języku. Na zdjęciu: tymczasowy dokument potwierdzający tożsamość Janiny

w których trzeba było odpowiedzieć na pytania dotyczące rodziców. Pisałam, że mama umarła w Związku Sowieckim, a ojciec poszedł na wojnę i nie wrócił. Słuch po nim zaginął. Nie mogłam przecież przyznać, że był w armii Andersa, a potem osiadł na Zachodzie.

W końcu wezwali mnie do UB na przesłuchanie. Siedziałam tam chyba z dwanaście godzin. W pewnym momencie jakiś zbir w mundurze zapytał mnie, kto mi przysyła te „paczuszki" z Londynu.

– Ojciec – odpowiedziałam.

– To co? Kłamało się.

– Kłamało.

– A czemu się kłamało?

– Bo gdybym powiedziała prawdę, to zostałabym bez szkoły i chleba, a ja przecież muszę jakoś żyć.

W ciągu dnia pracowałam, a wieczorami się uczyłam. Prowadziłam w spółdzielni dział z wyrobami ze skóry. W komunistycznej Polsce był to materiał ściśle reglamentowany. Cały czas trzeba było wypisywać jakieś kwity, podpisywać zezwolenia. Szef działu personalnego w naszym przedsiębiorstwie był stamtąd. Mówił, wyraźnie zaciągając z rosyjska:

– *Nu*, Jasieńka, tak czemu ty nosisz to? – pytał, wskazując na krzyżyk na mej szyi.

– Mama mi to zawiesiła, więc noszę.

– A gdzie mama?

– Umarła w Kazachstanie.

– W Kazachstanie?! To ty była na zsyłce?

– Tak.

– No tak, twoja mama widać z tego była *winowata*.

Był to fanatyczny komunista. Tacy też się zdarzali.

Ciotka wydała Alę za mąż, kiedy miała siedemnaście lat. Małżeństwo się nie udało, to nie był człowiek właściwy dla niej. Doszło zresztą do tragedii. Ala straciła małą córeczkę. Jej teściowa miała gruźlicę i zaraziła małą. W ogóle moja siostra miała bardzo nieszczęśliwe życie.

Mnie również nie bardzo się ułożyło. Na studiach poznałam Ryszarda Koczberskiego, absolwenta architektury w Krakowie. Szukał mieszkania i zamieszkał u mojej ciotki. Pobraliśmy się po roku, razem wyjechaliśmy do Częstochowy. Tam urodziłam dwoje dzieci.

Z wiekiem ojciec miał coraz większe problemy z odróżnieniem córki od jej zmarłej na zesłaniu matki. „Renia czy Jasia?" – powtarzał, chodząc po pokoju.
Na zdjęciu: Janina z ojcem w Londynie, 1958 rok

Niestety mój mąż i syn wkrótce umarli. Jak to się stało? Proszę wybaczyć, ale nie jestem w stanie o tym mówić. Proszę nie pytać. Choć minęło tyle lat, nie potrafię do tego wrócić, opowiedzieć. Grześ nie miał jeszcze nawet roku... Została mi tylko córka, Dorotka.

Rzuciłam wtedy wszystko i pojechałam do ojca do Londynu. Mieszkam tu do dziś. Gdy przyjechałam, był rok 1958. Byłam wdową z dzieckiem i żeby zostać w Anglii, musiałam wyjść za mąż. W ten sposób zostałam panią Kwiatkowską. Zamieszkałam z tym mężczyzną, ale tak naprawdę to nie był mój mąż. Teraz mogę to już powiedzieć – zawarłam fikcyjne małżeństwo. Tylko na papierze. Pan Kwiatkowski był dobrym, szlachetnym człowiekiem, przyjaźnił się z moim ojcem. Zgodził się na taki układ. Umarł tydzień po ślubie mojej córki Doroty.

Ojca właściwie poznałam, gdy miałam trzydzieści dwa lata. Nie widzieliśmy się przecież od września 1939 roku. Jestem bardzo podobna do mamy i mając te trzydzieści dwa lata, wyglądałam niemal tak samo jak ona, kiedy się rozstali. Ojciec, gdy mnie zobaczył po raz pierwszy, był głęboko poruszony. Mama była jego wielką, życiową miłością i nigdy nie podniósł się po ciosie, jakim była dla niego jej śmierć. Z czasem zaczął nas mylić. Były momenty, gdy nie wiedział, kto przed nim stoi. Pamiętam rozdzierające sceny, gdy zdezorientowany chodził po swoim pokoju i mówił do siebie: „Jasia czy Renia, Boże mój, pomóż mi, pomóż. Renia czy Jasia?".

Ojciec umarł sześć lat po moim przyjeździe do Londynu. Chorował na raka. Zesłanie odbiło się na nim straszliwym piętnem. Tak jak na całej naszej rodzinie. Po prostu zniszczyło nasze życie. Ta historia, niestety, nie ma *happy endu*.

Janina Kwiatkowska z domu Szrodecka
(rocznik 1930)

STEFANIA

WILNIANKA W ŁAGRZE

Zostałam przegrana w karty. Miało to miejsce w sowieckim łagrze w republice Komi. Razem z więźniami politycznymi więziono tam kryminalnych, tak zwanych *urków*. Byli to zdeprawowani, pozbawieni skrupułów przestępcy, którzy terroryzowali współwięźniów. Całymi dniami grali w karty, ale nie o pieniądze – których nie mieli – ale o ludzi. Wybierali sobie jakiegoś przypadkowego więźnia i zakładali się o jego życie. Pech chciał, że podczas jednej z rozgrywek zobaczyli, jak przechodzę pod oknem ich baraku. Wygrał mnie w karty jakiś morderca. Zgodnie z przestępczym „prawem" mógł zrobić ze mną, co chciał. Zabić, zgwałcić, poćwiartować, udusić. Wszystko. Władze obozu nie były w stanie mnie ochronić, były bezradne. Wolały nie mieszać się do takich spraw.

W tym czasie pracowałam w obozowym szpitalu i przyjaźniłam się z jedną z pielęgniarek. Była Estonką, nazywała się Made Tikerpour. Urocza, przepiękna dziewczyna. Wyglądała jak gwiazda filmowa. Wszyscy – lekarze, pacjenci i kryminaliści – kochali się w niej na zabój. Kiedy dowiedziała się, co mi się przytrafiło, chodziła po szpitalu i gorzko płakała. Spotkał ją akurat jeden z hersztów *urków*, oczywiście jej wielki wielbiciel. Kiedy opowiedziała mu o swoim zmartwieniu, bandzior nagle zniknął. Wrócił po kilku dniach, odszukał Made i oświadczył jej:

– W dowód mojej miłości chcę ci ofiarować prezent. Tym prezentem będzie twoja przyjaciółka Stefania. Grałem w karty kilka dni, ale ją odegrałem. Dla ciebie. Teraz jest twoja.

To była historia bez precedensu w dziejach archipelagu Gułag. Jeszcze przez wiele lat opowiadano o tym zdarzeniu legendy w sowieckich łagrach, dodając zawsze kolejne, zmyślone i jeszcze bardziej sensacyjne szczegóły. W kilku relacjach z Syberii, złożonych po latach przez innych zesłanych Polaków, czytałam o tej sprawie. Jak widać, stałam się sławna.

Na Syberii spędziłam jedenaście długich lat. I przez cały ten czas nie uroniłam ani jednej łzy. Obiecałyśmy to sobie podczas pierwszej Wigilii w łagrze, kiedy ukarano nas za śpiewanie kolęd. Wtrącono mnie wtedy na dziesięć dni do lodowatego karceru.

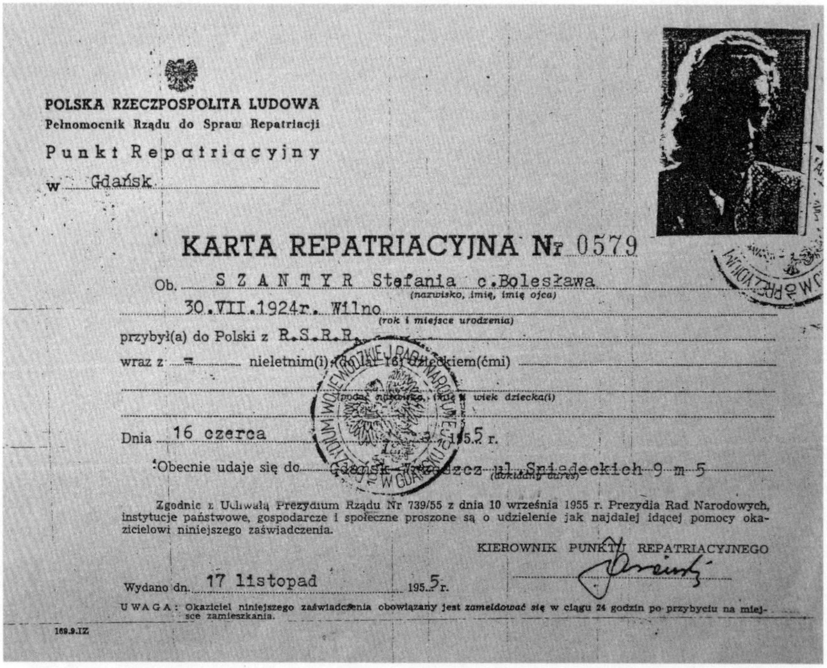

POLSKA RZECZPOSPOLITA LUDOWA
Pełnomocnik Rządu do Spraw Repatriacji
Punkt Repatriacyjny
w Gdańsk

KARTA REPATRIACYJNA Nr 0579

Ob. S Z A N T Y R Stefania c.Bolesława
(nazwisko, imię, imię ojca)
30.VII.1924r. Wilno
(rok i miejsce urodzenia)
przybył(a) do Polski z R.S.R.R.
wraz z = nieletnim(i) (do lat 16) dzieckiem(ćmi)
(podać nazwisko, imię i wiek dziecka(i))
Dnia 16 czerca 1955 r.
Obecnie udaje się do Gdańsk-Wrzeszcz ul.Sniadeckich 9 m 5
(dokładny adres)

Zgodnie z Uchwałą Prezydium Rządu Nr 739/55 z dnia 10 września 1955 r. Prezydia Rad Narodowych, instytucje państwowe, gospodarcze i społeczne proszone są o udzielenie jak najdalej idącej pomocy okazicielowi niniejszego zaświadczenia.

KIEROWNIK PUNKTU REPATRIACYJNEGO

Wydano dn. 17 listopad 1955 r.

UWAGA: Okaziciel niniejszego zaświadczenia obowiązany jest *zameldować się* w ciągu 24 godzin po przybyciu na miejsce zamieszkania.

169.9.IZ

Stefania obiecała sobie, że nie uroni na zesłaniu ani jednej łzy. Do Polski wróciła po 11 latach. Na zdjęciu: karta repatriacyjna Stefanii, 1955 rok

Jedenaście lat na samym krańcu świata, gdzie zaspy śnieżne mają po kilka metrów, gdzie noc trwa pół roku, gdzie drogi prowadzą donikąd. Jedenaście lat w kraju wielkiego cierpienia, gdzie życie ludzkie nie ma żadnej wartości. Ani jednej łzy.

Coś we mnie pękło dopiero, gdy wracałam do Polski. Gdy usłyszałam, że do pociągu wszedł konduktor i zaczął mówić po polsku do pasażerów. Gdy zobaczyłam na stacji polską flagę. Dopiero wówczas dotarło do mnie, że wreszcie wracam. Że udało mi się przetrwać. Już nie byłam na Syberii. Nie pilnowali mnie uzbrojeni po zęby strażnicy. Byłam w moim kraju. Dotrzymałam więc danego przed laty słowa, żeby się nie poddać, nie załamać. W Związku Sowieckim nie uroniłam ani jednej łzy. Teraz byłam jednak w Polsce... Płakałam wiele godzin, wyrzucając z siebie wszystkie nieszczęścia i upokorzenia, których zaznałam na tej przeklętej, nieludzkiej ziemi.

Szczęśliwe lata

Jako dziecko mieszkałam z rodzicami przy ulicy Krakowskiej w najpiękniejszym mieście II Rzeczpospolitej, w Wilnie. Tata był farmaceutą, a podczas wojny 1920 roku – jako ochotnik – wyzwalał Wilno w szeregach armii generała Lucjana Żeligowskiego.

Z dzieciństwa zapamiętałam smak słynnych trockich ogórków, robionych przez Karaimów, i ślizgawkę w parku Żeligowskiego, na której zimą szalałam do upadłego.

W szkole i w domu otrzymałam solidne, przedwojenne wychowanie. Wpajano w nas kult ojczyzny, uczciwej pracy i chęć służenia współobywatelom. Dziś są to wartości często wyśmiewane, trudne do zrozumienia. Dla nas stanowiły świętość.

Upadek Polski w 1939 roku był dla mnie wielką osobistą tragedią. Do Wilna wkroczyła Armia Czerwona. Sowieci jeździli po mieście ciężarówkami, na ich stopniach stali rozentuzjazmowani Żydzi, wymachując czerwonymi chorągwiami. Ludzie chowali się po bramach.

Miesiąc po wybuchu wojny spotkałam kolegę z harcerstwa, który wprowadził mnie do konspiracji. Gdy zostałam zaprzysiężona, miałam piętnaście lat. Przyjęłam pseudonim „Hanka".

Naszym zadaniem było podtrzymywanie ludzi na duchu. Przekonanie ich, że jeszcze nie wszystko stracone, że Polska się odrodzi. Kolportowaliśmy ulotki i podziemną prasę. Zostałam też skierowana na kurs sanitarno-łącznościowy. Prowadził go Kornel Michejda, profesor Uniwersytetu Wileńskiego, sława europejskiej chirurgii. Uczył nas bandażowania i wykonywania opatrunków. Nie opuściłam ani jednych zajęć, chłonęłam wszystko, co nam przekazywał. Entuzjazm wśród nas, młodych, był olbrzymi.

O medycynie marzyłam od zawsze. Gdy jednak w końcu przeszłam od teorii do praktyki, nie wyszło to dobrze. Pierwszy w życiu opatrunek zakładałam chłopakowi z otwartą raną postrzałową skroni. Gdy zobaczyłam spacerującą w ranie wesz, zrobiło mi się niedobrze i to ja potrzebowałam pomocy. Przyszłości lekarskiej po tym incydencie nikt mi nie wróżył. Ale później, już na zesłaniu, dałam sobie słowo, że jednak lekarzem zostanę. Za wszelką cenę. I tak się stało. Słowa dotrzymałam.

Pałki w kościele

Bolszewicy szybko wycofali się z Wilna, przekazując miasto Litwinom w październiku 1939 roku. Ci prowadzili wobec Polaków politykę lituanizacji. W szkołach i na uniwersytecie jako wykładowy

Dziecinny wygląd i długie warkocze bardzo ułatwiły Stefanii działalność w konspiracji. Na zdjęciu: Stefania w Landwarowie koło Wilna, 1942 rok

wprowadzili język litewski, którego nie znało dziewięćdziesiąt osiem procent mieszkańców miasta. Był to absurd. Doszło do fali strajków szkolnych. Za udział w nich zostałam wyrzucona z gimnazjum z wilczym biletem. Całe szczęście, po kilku miesiącach protestów język polski został przywrócony jako wykładowy, a język litewski wprowadzony tylko jako kolejny przedmiot. Dostałam pismo z gimnazjum, żebym wróciła.

Stosunek Litwinów do Polaków pozostał wrogi. Na ulicach dochodziło do napadów dokonywanych przez sprowadzonych z Litwy policjantów i urzędników. Wiele zajść rozgrywało się na głównej arterii miasta – ulicy Mickiewicza. Popołudniami zbierała się tam polska młodzież, którą Litwini rozganiali za pomocą pałek. Musieliśmy uciekać, a ulica była potem usłana porzuconymi w popłochu szkolnymi czapkami. Było to bardzo upokarzające, że przybysze z zewnątrz traktują nas tak w naszym mieście.

Gorszące sceny rozgrywały się także w kościołach. Gdy śpiewaliśmy *Boże, coś Polskę*, Litwini dostawali szewskiej pasji. Dochodziło do napaści i pobić podczas mszy, co wywoływało w społeczności Wilna olbrzymie rozgoryczenie.

Litwini zostawili po sobie bardzo złe wrażenie. Było to jednak nic w porównaniu z tym, co miało nadejść. W czerwcu 1940 roku cała Litwa, a wraz z nią Wileńszczyzna, dostała się pod okupację sowiecką. Bolszewicy wrócili! Z miejsca zaczęły się rozstrzeliwania i deportacje. NKWD torturowało ludzi. Praca w konspiracji była trudna, prawie niemożliwa. Społeczeństwo zostało sterroryzowane. Zapanowały apatia i zniechęcenie. Tysiące naszych sąsiadów trafiło na Sybir.

22 czerwca 1941 roku wybuchła wojna Hitlera ze Stalinem. Bolszewicy uciekli w panice i miasto zajęli Niemcy. Po raz trzeci zmienił się okupant.

W Armii Krajowej

Choć przeszłam szkolenie sanitarne, w podziemiu pełniłam głównie rolę łączniczki. Przenosiłam meldunki, zbierałam amunicję i broń. Korzystałam z tego, że wyglądałam niepozornie, wręcz dziecinnie. Nosiłam długie warkocze, trudno było podejrzewać, że jestem w tajnej organizacji.

Amunicję przenosiłam w mufce. Któregoś razu, śpiesząc się gdzieś, rzuciłam mufkę na stół, a z niej wysypały się naboje. Mama to zobaczyła, ale nic nie powiedziała. Choć bardzo się o mnie bała, nie zabroniła mi służby w podziemiu. Rodzice mnie rozumieli, dwadzieścia lat wcześniej sami narażali życie w walce o wolne Wilno. To była sztafeta pokoleń. Z czasem mama zaczęła mi pomagać. Przynoszone przeze mnie rewolwery chowała raz do mąki, raz do węgla. Nie zadawała zbędnych pytań.

Któregoś dnia dostałam rozkaz, żeby wspólnie z koleżanką zanieść meldunki do partyzanckiego oddziału, obozującego w dworku w Pilwiszkach. Misję wypełniłyśmy, a chłopcy poprosili nas o dostarczenie ich rodzinom listów. To była nasza stara praktyka. Zwykle zaszywałam te listy w podszewce żakietu, ale tym razem coś mnie tknęło. Włożyłam je luzem do kieszeni. „A nuż – pomyślałam – zdarzy się jakaś rewizja, łatwiej będzie mi się tych listów pozbyć".

Kiedy dotarłyśmy do miasta, było już późno. Przechodziłyśmy przez Ostrą Bramę, gdy wypatrzył nas litewski patrol (Litwini kolaborowali z Niemcami) i zaprowadził do komisariatu. Co zrobić z listami?! Jeżeli wpadną w ręce wroga, będzie katastrofa. Na rodziny partyzantów spadną represje.

Do sali przesłuchań prowadził długi korytarz. Szliśmy gęsiego. Najpierw żołnierz, potem koleżanka, a na samym końcu ja. Nagle zobaczyłam, że na korytarzu stoi jakaś skrzynia. Błyskawicznie podniosłam wieko i, nawet nie zaglądając do środka, wrzuciłam do niej listy.

Na komisariacie trzymali nas całą noc. Oczywiście wcześniej dokładnie nas przeszukali. Nad ranem powiedzieli, że możemy iść, jesteśmy wolne. Szłyśmy tą samą drogą, co poprzedniego dnia wieczorem. W tej samej kolejności: żołnierz, koleżanka, ja. „Teraz albo nigdy" – pomyślałam i w momencie, gdy mijałyśmy skrzynię, zatrzymałam się, by wyjąć listy. W tej samej sekundzie włosy stanęły mi dęba. Tuż za mną, jak spod ziemi, wyrósł jeszcze jeden strażnik.

– Była coś zostawiwszy tutaj, co? – zapytał, kalecząc polskie słowa.

Na szczęście nie straciłam zimnej krwi i zaczęłam na niego krzyczeć:

– Proszę się odwrócić! Proszę się czym prędzej odwrócić!

Jednocześnie zadarłam wysoko spódnicę i powiedziałam do koleżanki:

– Słuchaj, czy masz może agrafkę?

Udawałam, że mam jakiś problem z garderobą. Strażnik zaczął się śmiać, ale rzeczywiście się odwrócił. A ja skorzystałam z okazji i otworzyłam skrzynię. W środku był piasek, a na nim rozsypane listy. Całe szczęście, że nikt tam przez noc nie zajrzał. Zgarnęłam listy razem z garścią piasku do kieszeni, poprawiłam spódnicę, po czym podziękowałam strażnikowi za to, że nie patrzył. Wyszłyśmy na ulicę, ale za najbliższym zakrętem, nogi odmówiły mi posłuszeństwa. Omal nie zemdlałam z wrażenia.

Chociaż władze okupacyjne Wilna zmieniały się pięciokrotnie, polska młodzież wierzyła, że utrzymanie narodowego charakteru miasta jest możliwe. Stefania służyła jako sanitariuszka w walkach o Wilno w 1944 roku. Na zdjęciu: żołnierze 3 Wileńskiej Brygady AK, Stefania trzecia od lewej

Operacja „Ostra Brama"

W lipcu 1944 roku, gdy pod Wilno zaczęła podchodzić Armia Czerwona (po raz trzeci w ciągu pięciu lat!), dowództwo polskiego podziemia postanowiło podjąć próbę samodzielnego odbicia miasta z rąk osłabionych Niemców. I pokazać w ten sposób, że Wilno należy się Polsce, że Polacy są tu prawowitymi gospodarzami.

Walki rozpoczęły się 7 lipca, niestety miasta zdobyć się nie udało. Oddziały Armii Krajowej zajęły Wilno dopiero 13 lipca, ale wspólnie z Sowietami. W czasie bitwy służyłam jako sanitariuszka w szpitalu polowym w pobliskiej szkole podstawowej.

Jak tylko Wilno zostało odbite z rąk Niemców, Sowieci zaprosili naszych oficerów na naradę i wszystkich podstępnie aresztowali. Również żołnierze zostali okrążeni i rozbrojeni. Część wsadzono do

obozów, część deportowano na Sybir, część zamordowano. Był to szok. Spodziewaliśmy się wyzwolenia, a rozpoczęła się kolejna okupacja. Dla Wilna nastał mroczny okres. Konspiracja była rozbita, znowu szalał czerwony terror.

Aby mieć na chleb, zatrudniłam się w sekretariacie dyrekcji kolejowej. Pewnego dnia naczelnik wezwał mnie do siebie i powiedział, że czekają na mnie jacyś dwaj panowie. Od razu zobaczyłam, że to podejrzane, ponure typy. Kazali mi iść ze sobą i nie zadawać żadnych pytań. Byli z tajnej policji.

Aresztowano mnie 7 grudnia 1944 roku. Miałam równo dwadzieścia lat i – jak mi się wydawało – całe życie przed sobą. Teraz jednak wszystko zostało brutalnie i raptownie przecięte. Rozpoczęła się moja wieloletnia gehenna.

Oskarżono mnie o... próbę zbrojnego oderwania Wileńszczyzny od Związku Sowieckiego. Śledztwo było ciężkie. Przez pierwsze czterdzieści osiem godzin nie dostałam nic do picia ani do jedzenia. Nie pozwalano mi na sen. Byłam zdezorientowana, zmęczona, zrozpaczona. Co oni ze mną zrobią? Sowiecki oficer przekonywał, żebym się do wszystkiego przyznała. Mówił, że moja koleżanka pękła i zdradziła im wszystko. Mój pseudonim, funkcje w konspiracji. Przeczytał mi jej rzekome zeznanie. Nie mogłam uwierzyć, że to prawda, że ktoś mógł mnie wsypać. Odmówiłam przyznania się do winy i wtedy się zaczęło. Śledczy celował głównie w twarz i ramiona. Złamał mi nos. Pastwił się nade mną, znęcał. Sprawiało mu to najwyraźniej przyjemność.

Skatowaną, zalaną krwią wrzucili mnie do celi. Siedziało tam już kilka dziewczyn, które się mną zaopiekowały. Podzieliły się chlebem, który jakoś dziwnie trzeszczał. Jak już zjadłam, powiedziały, że były w nim wszy.

Nie miałam pewności, czy jest dzień, czy noc. Nie miałyśmy okna, świeże powietrze dochodziło tylko przez maleńki otwór pod sufitem. Po pewnym czasie przeniesiono mnie do innej celi, która wcześniej służyła za ubikację.

Na sześciu metrach kwadratowych zamknięto w niej dwadzieścia kobiet. Było tak duszno, że siedziałyśmy całkowicie rozebrane. A właściwie leżałyśmy na sobie pokotem. Karmiono nas cienką zupą, którą jadłyśmy z blaszanych, nigdy niemytych puszek po konserwach. Dwa razy dziennie byłyśmy wyprowadzane do ubikacji. A raczej do pomieszczenia z dziurą w podłodze, do której spływała woda. Tą wodą musiałyśmy się też myć. Dobrze chociaż, że z powodu ogromnego stresu wszystkim nam zatrzymał się okres.

Wyrok

W celi spędziłam cztery miesiące. Wielokrotnie byłam przesłuchiwana i bita. W końcu marca 1945 roku odbył się sąd. Wyrok zachowałam do dziś. Rozprawa odbyła się w tym samym gmachu, co więzienie, tyle że na górze. Było trzech śledczych i żadnego obrońcy. Nazwano mnie „wrogiem ludu", działającym na szkodę Związku Sowieckiego. Miałam między innymi... pisać listy do Churchilla. Zostałam skazana z paragrafów 2–11 słynnego artykułu 58 sowieckiego kodeksu karnego, czyli za zbrojną działalność kontrrewolucyjną. Groziła za to kara śmierci albo długoletnie więzienie.

Otrzymałam karę dziesięciu lat łagrów i pięciu lat pozbawienia praw obywatelskich oraz konfiskatę mienia. Koleżanki, które były sądzone razem ze mną – od pięciu do dziesięciu lat. Kiedy ogłoszono nam ten wyrok, nie potraktowałyśmy go poważnie. Uważałyśmy, że to jakaś kpina, ponury żart. Nie zdawałyśmy sobie sprawy z powagi sytuacji. Kiedy zapytano nas o ostatnie słowo, powiedziałam:

– My nie zdradziłyśmy swojej ojczyzny. A jeżeli ojczyzna znalazłaby się w potrzebie, zrobiłybyśmy jeszcze raz to samo.

Po rozprawie zawieziono nas do więzienia na Łukiszkach. Tuż obok stoi kościół św. św. Jakuba i Filipa. Kiedy prowadzono nas do celi, usłyszałyśmy dzwony bijące na rezurekcję. Po tym poznałyśmy, że są już święta Wielkiej Nocy.

Źle się czułam, bo siedząc przez kilka miesięcy w ciemnościach, odzwyczaiłam się od światła. Dostałam zapalenia spojówek. Bardzo łzawiły mi oczy. Mimo to zauważyłam, że po celi krążyła jakaś kobieta w chustce na głowie, wyglądająca na Cygankę. Wróżyła innym więźniarkom i każdej coś przepowiadała. Jednocześnie jednak wypytywała, za co trafiły do więzienia, co robiły na wolności. Zorientowałam się, że ją znam. Jeszcze za czasów konspiracji złamałam nogę, wyskakując z pociągu, i leżałam w szpitalu. Naprzeciwko mnie leżała kobieta z postrzelonym płucem. To była zdrajczyni, na której nasze podziemie próbowało wykonać wyrok śmierci. Teraz zdałam sobie sprawę, że to właśnie ona. Krzyknęłam do dziewczyn, żeby nic jej nie mówiły, że to szpicel. Owa „Cyganka" czym prędzej pobiegła do drzwi i zaczęła w nie walić. Strażnik jej otworzył. Uciekła i więcej już się w naszej celi nie pojawiła. Zresztą wkrótce wyruszyłyśmy w drogę.

Zaczęli nas wyprowadzać z więzienia 1 maja 1945 roku. Ledwo utrzymywaliśmy się na osłabionych nogach, bo w przepełnionych celach siedzieliśmy w kucki, a ponadto dawali nam minimalne porcje jedzenia. Było nas około tysiąca. Na przedzie mężczyźni, potem my. Za nami sfora szczekających wściekłych psów. Koło więzienia był sklep z bardzo dużą oszkloną witryną. Klienci tego sklepu obserwowali nas przez szybę. Nagle zobaczyłam wśród nich koleżankę,

Skazana na katorgę Stefania opuściła ukochane Wilno na zawsze. Rodzinne miasto odwiedziła tylko raz, w latach 80. Na zdjęciu: Stefania (w środku) z przyjaciółmi, Krystyną Wołejszo i poetą Janem Nagrabieckim, na placu Katedralnym. Fotografia sprzed wojny

która na mój widok zrobiła wielkie oczy. Byłam pewna, że poinformuje rodziców o moim losie.

Upchali nas do wagonów bydlęcych i 3 maja, w święto narodowe, rozpoczęła się nasza podróż w nieznane. Na peronach i wokół torów zebrał się tłum wilnian. Machali nam, kobiety płakały. Wśród nich były nasze matki i nasi ojcowie. Rozstawaliśmy się z najbliższymi i z ukochanym miastem.

Kilka dni po wyjeździe z Wilna usłyszeliśmy na jakiejś stacji wiwaty i kanonadę. Zapytaliśmy jednego z naszych konwojentów, co się dzieje. Odpowiedział, że właśnie skończyła się wojna. Niemcy kapitulowali. Spojrzeliśmy po sobie. Siedzieliśmy w łachmanach, głodni i sponiewierani w bydlęcym wagonie. Nie tak wyobrażaliśmy sobie ten dzień. Na początku niektórzy z nas nawet się ucieszyli, uważali, że teraz zostaniemy odesłani do Wilna. Oczywiście nic takiego się nie stało. Nazajutrz pociąg ruszył w dalszą drogę. Na wschód.

Nie umiem dokładnie określić czasu trwania naszej podróży. Musiało to chyba być kilka tygodni. Pewnego dnia wypuszczono nas z wagonu, żebyśmy mogły się załatwić, ale nie pozwolono odejść od pociągu. Ku uciesze konwojentów, musiałyśmy to robić na ich oczach.

Najbardziej przerażające było jednak inne wydarzenie. Otóż nasz pociąg zatrzymał się nocą i stał około godziny w polu. Nagle ze wszystkich stron zaczęli zbliżać się do niego mieszkańcy pobliskich kołchozów. Myśleliśmy, że ci dobrzy ludzie niosą nam coś do jedzenia. Było inaczej. To oni zaczęli błagać nas o jakąś żywność. Wyciągali w naszą stronę wychudzone ręce. Błagali, skomleli. Akurat była prawosławna Wielkanoc, a oni umierali z głodu. „Boże!" – pomyślałam z przerażeniem. – „Gdzie my się znaleźliśmy? Co nas czeka?"

Norma

Wreszcie podróż dobiegła końca. Dowieziono nas do Uchty w republice Komi. Był już czerwiec, pełnia lata, ale gdzieniegdzie leżały jeszcze płaty topniejącego śniegu. Gdy otwarto wagony, natychmiast zaczęliśmy jeść ten śnieg, aby ugasić pragnienie.

W Uchcie trafiliśmy do obozu *pieresilnego*, czyli rozdzielczego. Przypominał targ w starożytnych Atenach, na którym handlowano niewolnikami. Stamtąd naczelnicy obozów brali nas jako darmową siłę roboczą do swoich łagrów.

Trafiłyśmy do obozu, którego większość więźniów stanowili pospolici kryminaliści. Naczelnik przestrzegł nas, żebyśmy pilnowały rzeczy, bo nas okradną. Radził też, żebyśmy nie pożyczały od innych kobiet menażek, bo możemy się zarazić. W łagrze szalał bowiem syfilis.

Kładąc się spać w zapluskwionych barakach, przypięłyśmy agrafkami ubrania do koca. Chodziło o to, aby czuć, gdy ktoś pociągnie. Dla sowieckich złodziei była to jednak śmieszna przeszkoda. Już pierwszej nocy zostałyśmy doszczętnie ograbione z ubrań i butów. Musiałyśmy chodzić w wydanych nam przez administrację obozu łapciach z łyka i w onucach.

Rano wszystkie brygady zbierały się na apel przed obozową bramą. Następowało odliczanie. Wypuszczano nas za druty tylko w towarzystwie konwojentów, którzy ostrzegali nas surowo:

– Krok do przodu, krok w bok, a będę strzelał bez uprzedzenia.

Tak jakby tam było gdzie uciekać...

Pewnego dnia na poranną zbiórkę poszłam boso. Ktoś ukradł mi w nocy nawet nędzne obozowe onuce.

Na początku nasza praca polegała na koszeniu trawy „Iwan czaj". Był to rodzaj pędu, który przypominał kukurydzę i sięgał mi powyżej ramion. Robiono z niego paszę dla bydła i zupę dla więźniów. Pola obsypanej małymi fioletowymi kwiatkami trawy sięgały aż po horyzont. Wyglądało to pięknie. Praca była jednak straszna. Do ścinania pędów używałyśmy tępych tasaków, dzień roboczy trwał dwanaście godzin lub dłużej. Wszystko zależało od tempa pracy. Nie puszczali nas z powrotem do obozu, póki nie wykonałyśmy jak największej części normy. Na polu stała waga i skrupulatnie sprawdzano, kto ile ściął. Norma dzienna wynosiła... dwieście kilo na głowę. Była to ilość olbrzymia.

Nigdy nie udało mi się wyrobić normy i za karę nie dostawałam pełnej racji chleba. A system działał w szatański sposób. Było to zamknięte koło, czy raczej prosta droga do wykończenia człowieka. Ludzie, którzy dostawali mniej jedzenia, byli coraz słabsi i coraz gorzej pracowali. A im gorzej pracowali, tym mniej dostawali jedzenia. Koniec był na ogół tragiczny: śmierć z wycieńczenia.

Nawet pełna porcja była śmiesznie mała. Chleb był mokry, ciężki. Wyglądał i smakował jak kawałek gliny. Rano do tej gliny dostawałyśmy rzadką zupę, robioną na zielsku dla bydła. Po pracy dawali nam łyżkę kaszy z naparstkiem oleju i zupę. Od święta była śmierdząca, słona ryba.

Głód był straszliwy. Bardzo szybko zaczęłyśmy chorować na szkorbut. Zęby ruszały się w dziąsłach, robiły się nam obrzęki głodowe. Rano wstawałyśmy z nogami wielkimi jak u słonia albo z twarzami tak opuchniętymi, że nie mogłyśmy otworzyć oczu. Wyglądałyśmy jak zdeformowane potwory.

Z czasem nasze relacje z więźniarkami kryminalistkami jakoś się unormowały. Paradoksalnie te zdegenerowane kobiety czuły wobec Polek pewien respekt. Uważały, nie bez racji, że jesteśmy przybyszkami z innego świata. Należało nas więc traktować inaczej. Służyły nam radą, użalały się nad nami. A przede wszystkim snuły w naszej obecności długie, złodziejskie historie. Na początku myślałyśmy, że opowiadają sobie jakieś kryminały, zmyślone opowieści grozy. Okazało się jednak, że to ich własne przeżycia. Chełpiły się popełnionymi przez siebie zbrodniami, często przedstawiając je z najbardziej drastycznymi szczegółami. W takich momentach zdawałyśmy sobie sprawę, że śmierć krąży wokół nas bardzo blisko. To były nieprzewidywalne kobiety. Znajdowały się w okropnym stanie fizycznym i psychicznym. A do tego handlowały swoim ciałem. W obozie panowało niebywałe rozpasanie seksualne. Te kobiety oddawały się wszystkim – strażnikom, funkcyjnym, zwykłym więźniom – byle tylko zdobyć dodatkowy kawałek chleba.

Polki pod tym względem trzymały się znacznie lepiej. Wśród nas nie zdarzały się takie przypadki, choć również dostawałyśmy nieprzyzwoite propozycje. Pewnej nocy przyszedł do mnie strażnik i powiedział, że wzywa mnie komendant obozu. Ubrałam się i poszłam.

Wprowadził mnie do jakiegoś pomieszczenia z lustrami na wszystkich ścianach. Wydawało mi się to bardzo dziwne. Nie wyglądało to na gabinet naczelnika. Strażnik wycofał się niepostrzeżenie, a człowiek, który nagle wynurzył się z czeluści, zamknął drzwi na haczyk.

– Jestem tutejszym fryzjerem – powiedział. – Jesteś bardzo ładna. Powinnaś coś wiedzieć o obozowym życiu. Prędzej czy później wszystkie kobiety muszą znaleźć sobie męża, żeby przeżyć. Jestem dobrze sytuowany, wszyscy się mnie tu słuchają. Proponuję, żebyś została moją obozową żoną. Nie chodziłabyś głodna, miałabyś ładne ubranie. To co, zgadzasz się?

Byłam tą propozycją oburzona.

– Pan nie zna Polek – odparłam. – My w ten sposób nie zakładamy rodziny. U nas kobiety biorą ślub z miłości, w kościołach.

Mężczyzna roześmiał się i powiedział tylko, że nie znam życia. Po czym otworzył drzwi i wypuścił mnie. Przed odejściem dodał, żebym się jeszcze zastanowiła. Do baraku odprowadził mnie ten sam strażnik, który mnie przyprowadził.

Śmierć w obozie

Kiedy przyszła zima, zaczęła się prawdziwa katorga. Wyrąb lasu. Najpierw należało odkopać śnieg wokół drzewa, żeby starczyło miejsca do swobodnego manewrowania piłą lub siekierą. Rąbać i piłować należało pod odpowiednim kątem, żeby drzewo nie zwaliło się na głowy.

Nie byłyśmy przyzwyczajone do tak ciężkiej fizycznej pracy, szczególnie w ekstremalnych warunkach pogodowych. Śnieg sięgał po pas, było tak zimno, że zamarzały nam oddechy. Ubrane byłyśmy w walonki i w *tiełogriejki*, czyli watowane kurtki, a na to zakładałyśmy jeszcze *buszłaty*, czyli grube płaszcze. Narzędzia wyślizgiwały się nam z rąk, palce grabiały. Cały czas zdarzały się wypadki. Drzewa przygniatały ludzi, miażdżyły nogi, ręce, czaszki.

Pewnego dnia przerwałam na chwilę pracę, żeby rozprostować nogi i plecy. Wszystko straszliwie mnie bolało. Obok, w odległości kilku kroków, stała kryminalistka. Była bardzo piękną dziewczyną i, co ciekawe, podobno pochodziła z arystokracji. Nagle podbiegła do nas inna Rosjanka z siekierą uniesioną nad głową i z całej siły uderzyła moją sąsiadkę w głowę. Cios był zadany znienacka, ofiara nawet nie zdążyła się zasłonić. Głowa pękła na pół, na biały śnieg chlusnęła gęsta, purpurowa krew. Stałam jak oniemiała. Podczas służby w Armii Krajowej widziałam różne rzeczy, rozmaite paskudne rany, ale nigdy czegoś takiego. Przypuszczałam, że obie te kobiety podzielił jakiś zażarty spór, i byłam świadkiem bestialskiego aktu wendety.

Potem dowiedziałam się, że chodziło o coś zupełnie innego. Otóż morderczyni po prostu chciała wyrwać się z obozu koncentracyjnego. Miała już dosyć straszliwej harówki, mrozu i głodu.

Wiedziała, że jeżeli zabije człowieka, zostanie wysłana do więzienia, będzie toczyło się przeciwko niej długie śledztwo. Przez cały ten czas nie będzie wychodzić na roboty, odpocznie w celi. W ten sposób uratuje życie.

Najgorsze w tej historii jest to, że swoją ofiarę wybrała całkowicie przypadkowo. Owa kryminalistka nawinęła jej się akurat pod rękę. A przecież stałam parę kroków dalej...

W łagrze byłam świadkiem jeszcze jednego morderstwa. To się stało w baraku. Mieszkało w nim sto pięćdziesiąt kobiet, a jedna z nas – starsza i chora – była zwolniona od robót i sprawowała funkcję dyżurnej. Dwie więźniarki zaciągnęły ją za parawan i tam zamordowały. Łagier przypominał dżunglę.

Śmierć groziła nam nie tylko z rąk kryminalistek. Pewnego dnia podczas wyrębu lasu byłyśmy już krańcowo wycieńczone. Usiadłyśmy z koleżankami pod drzewem, żeby choć chwilę odsapnąć. Wyciągnęłyśmy po kawałeczku chleba, któraś powiedziała coś zabawnego. Zaczęłyśmy się śmiać, byłyśmy przecież takie młode. Starałyśmy się nie tracić ducha, nawet w najbardziej beznadziejnej sytuacji. Podbiegł do nas konwojent i zaczął na nas wrzeszczeć. Miałyśmy natychmiast przestać się śmiać.

– A co, będziesz strzelać? – powiedziała jedna z koleżanek.

– Będę.

– To strzelaj.

Nie wiem, dlaczego tak powiedziała. Może miała dość i te słowa miały być przepustką do nowego, lepszego świata. A może myślała, że to żart. Konwojent jednak był innego zdania. Spokojnie zdjął karabin z ramienia, zarepetował, wycelował i z bliskiej odległości wystrzelił. Rozległ się potworny huk, koleżanka upadła martwa. Bolszewik zaś wpadł w amok i strzelał dalej. Jeszcze kilka więźniarek zostało tego dnia rannych. Wyszłam z tego – na całe szczęście – bez szwanku.

Byłyśmy pewne, że ten człowiek zostanie ukarany, że będzie jakieś śledztwo, dochodzenie. Nic z tych rzeczy – dostał nagrodę za udaremnienie próby ucieczki groźnych „wrogów ludu". Nie ma chyba lepszej ilustracji tego, czym był Związek Sowiecki, niż ta historia.

Wigilijny szczur

Nadchodziło pierwsze Boże Narodzenie w niewoli. Postanowiłyśmy zorganizować wieczerzę. Za wigilijną kutię posłużyła łyżka kaszy z olejem, a opłatkiem był czarny, obozowy chleb. Usiadłyśmy razem w baraku w świetle nędznej, kopcącej lampki. Śpiewałyśmy kolędy. Wtedy właśnie obiecałyśmy sobie, że nie uronimy ani jednej łzy. Poczułyśmy się nagle silne. Powiedziałyśmy sobie, że musimy przetrwać, że musimy wrócić do naszych rodzin, domów, do kraju. Każda z nas myślami była z bliskimi. W domach, oddalonych teraz o tysiące kilometrów. Wszystkie sowieckie więźniarki zgromadziły się wokół nas i z uwagą się przyglądały. Patrzyły na nas z zazdrością. Że trzymamy się razem, że potrafimy choć na chwilę zapomnieć o koszmarze łagru, że zachowujemy nadzieję. One były jej pozbawione.

Nie zdążyłam zasnąć, kiedy do baraku wpadli wściekli strażnicy. Ktoś na nas doniósł. Przeszukali moje rzeczy i znaleźli kartkę ze słowami napisanej przeze mnie piosenki o obozowym życiu. Wywlekli mnie na zewnątrz – byłam bez wierzchniego okrycia – i wrzucili do karceru.

Jak wyglądał karcer? Była to niewielka nieopalana cela, z jedną gołą pryczą. Położyłam się na niej, ale kiedy zaczęłam przymarzać do ściany, przykucnęłam w pobliżu korytarza. Dygotałam z zimna, zęby mi szczękały. Chyba przysnęłam, bo nagle ze snu wyrwało mnie jakieś dotknięcie. Coś otarło się o moją nogę. W ciemności usłyszałam stłumiony pisk i jakieś chrobotanie. Zobaczyłam zarys cienkiego, wijącego się po podłodze ogona. Szczur! W ciemnościach świeciły jego czerwone ślepia. Znieruchomiałam z przerażenia i obrzydzenia. On też nigdzie się nie wybierał. Po pewnym czasie postanowiłam do niego przemówić. A ponieważ była jeszcze Wigilia, zaczęłam śpiewać mu kolędy. Szczur siedział nieruchomo całą noc zaledwie pół metra ode mnie. Uciekł dopiero rano, kiedy strażnik przyniósł mi wodę i kawałek chleba.

W takim miejscu i w takim towarzystwie spędziłam pierwszą wigilijną noc na zesłaniu. Razem ze szczurem przesiedziałam w karcerze dziesięć dni. Moja przyjaciółka wybłagała u kierownika karceru, aby pozwolił dać mi *tiełogriejkę*. Dzięki niej nie zamarzłam.

Kiedy po wyjściu opowiedziałam o wszystkim dziewczynom, były bardzo zdziwione. W obozie panowała w tym czasie prawdziwa epidemia szczurów. Nocami rzucały się na ludzi, odgryzając im nosy i uszy. To, że mój szczur nie zrobił mi krzywdy, wszystkich bardzo zdziwiło. Zgodnie doszłyśmy do wniosku, że sowieckie szczury są muzykalne, a życie uratowało mi to, że śpiewałam mu kolędy.

Wkrótce miałam wypadek. Podczas pracy w lesie uderzył mnie ciężki pień drzewa. Musiałam doznać obrażeń wewnętrznych, bo dostałam krwotoku z ust. Trafiłam do obozowego szpitala. Paradoksalnie całe to wydarzenie uratowało mi życie. Zaprzyjaźniłam się bowiem ze szpitalnym personelem. I gdy już się wykurowałam, lekarz naczelny zatrudnił mnie w przyszpitalnym laboratorium. Zostałam zwolniona ze straszliwych robót leśnych. Kierownikiem w tym laboratorium była polska Żydówka, bardzo sympatyczna i życzliwa kobieta. Pielęgniarki były więźniarkami. Podobnie lekarze. Część jeszcze odbywała wyroki, a część je zakończyła, ale mimo to nie dostała pozwolenia na opuszczenie obozu. Trzeba przyznać, że byli to dużej klasy specjaliści. Znajdowali się wśród nich nawet profesorowie, którzy w latach trzydziestych padli ofiarą komunistycznych czystek.

Praca była oczywiście znacznie lżejsza niż w lesie. Przeżywałam tam jednak bardzo trudne chwile. Na moich rękach umierali ludzie, w tym wielu Polaków, choćby kuzyn słynnego malarza Ferdynanda Ruszczyca czy młody chłopak, który miał raka żołądka. Wielu z nich wcale nie musiało umrzeć, obozowy szpital nie miał jednak lekarstw, a nieraz nawet bardziej potrzebnych – narzędzi medycznych. Właśnie wówczas postanowiłam, że jeżeli to wszystko przeżyję, zostanę lekarką. Że poświęcę się ratowaniu ludzkiego życia.

Na śniegowej pustyni

Niestety, długo w tym szpitalu nie pracowałam. Na początku 1947 roku zostałam dołączona do transportu więźniów odchodzącego do Workuty za kręgiem polarnym. Ta nazwa wzbudzała wśród więźniów przerażenie. Ludzie robili wszystko, żeby tylko tam się nie dostać. Podobno tam było najgorzej. Zostałam wpisana na czarną listę, bo od czasu tej historii ze śpiewaniem kolęd miałam zapisane w papierach, że jestem „buntowniczką". Stosowano wobec mnie zaostrzony reżim, nie miałam prawa do korespondencji.

Kiedy przybyłam na Workutę, trwała zima. Najsroższa, jaką w życiu przeżyłam. Rozciągała się przede mną jedna wielka śniegowa pustynia, nad którą szalał porywisty wiatr. Musiałam mrużyć oczy, bo wpadały do nich ostre drobinki lodu. Z trudem dostrzegłam budki strażnicze, wystające nieco ponad olbrzymie zaspy. Dopiero potem zobaczyłam kominy. Okazało się, że śnieg całkowicie zasypał baraki.

Od tego czasu nie miałyśmy już imion i nazwisk. Nadano nam numery i tylko w ten sposób się do nas zwracano. Były naszyte na czapkach i plecach. Cały czas nas upokarzano. Wszystkie strażniczki – spora część personelu była żeńska – kazały się sobie z daleka kłaniać. Regularnie przeprowadzały rewizje. Znowu trafiłam tam do karceru, tym razem za wyskubanie z koca figurki św. Mikołaja.

W obozie byłam jedyną Polką wśród setek Ukrainek i Rosjanek. Kiedy miałam wolną chwilę, wychodziłam przed barak i po cichu recytowałam zapamiętane z dzieciństwa wiersze. Robiłam to, żeby nie zapomnieć ojczystej mowy.

Workuta nie była przyjaznym miejscem. A jednak polscy zesłańcy musieli tam spędzić czasem kilka, kilkanaście, nawet kilkadziesiąt lat, starając się prowadzić w miarę możliwości normalne życie. Na zdjęciu: zwolnieni z łagru Polacy, mieszkańcy Workuty, w maju 1955 roku.
Stefania czwarta od prawej

Jedna z moich towarzyszek niedoli mieszkała w pobliżu Katynia. Tylko dlatego, że mogła coś słyszeć lub coś wiedzieć o mordzie polskich oficerów, bolszewicy aresztowali ją i wysłali do obozu.

Zimą w ogóle nie wschodziło słońce, noc trwała całą dobę. Czasami tylko pojawiała się zorza polarna. Zrywałyśmy się wtedy z łóżek, wybiegałyśmy przed barak i patrzyłyśmy w niebo, które drgało feerią intensywnych barw. Mimo że byłyśmy codziennie potwornie zmęczone, budziłyśmy się nawzajem, żeby ją podziwiać. Nienawidziłyśmy przy tym innego polarnego zjawiska atmosferycznego – purgi. To była straszliwa burza śnieżna, która chłostała ziemię biczem zlodowaciałego śniegu. Biada ludziom, którzy znajdowali się wtedy na zewnątrz. Natychmiast byli cali oblepieni śniegiem i zamarzali. Zdarzały się przypadki zamarznięcia całych brygad, które purga zaskoczyła podczas pracy z dala od obozu. Zamarzniętych, zesztywniałych ludzi znajdowano dopiero późną wiosną, gdy tajały śniegi.

Zdarzało się jednak, że wyprowadzano nas w trakcie purgi, aby odkopać ze śniegu tory kolejowe. Śnieg był tak zbity i zamarznięty, że trzeba było rozbijać go kilofami. Jak skałę. Kopałyśmy wzdłuż torów specjalny śniegowy tunel, żeby pociąg mógł swobodne przejechać. To była straszliwa, zażarta walka z żywiołem. Purga wiała, przyciskając nas do ziemi. Huk był tak potworny, że nie słyszałyśmy ani siebie, ani pędzącego pociągu. Dopiero gdy pojawiały się światła reflektorów, odskakiwałyśmy do tyłu i przytulałyśmy się do ścian tunelu, żeby przepuścić pociąg. Raz zdarzył się straszny wypadek. Lokomotywa zahaczyła o furkoczącą na wietrze spódnicę brygadierki. Pociąg pociągnął ją ze sobą aż do zwrotnicy. Odnalazłyśmy ją martwą, zmasakrowaną, na wpół zasypaną śniegiem.

Największy mróz, jaki przeżyłam na Workucie, to minus siedemdziesiąt stopni Celsjusza. Nosy miałyśmy odmrożone, policzki zakrywałyśmy wszystkim, czym się dało. Twarze smarowałyśmy jakąś tłustą mazią.

Droga donikąd

Latem oczywiście też pracowaliśmy. I była to praca niewiele lżejsza od tej zimą. Choćby budowa drogi przez Ural. Sowieccy inżynierowie – z charakterystyczną dla nich pogardą dla zdrowego rozsądku – wymyślili, że pociągną ją przez mokradła. To była jakaś upiorna kraina. Mętna, błotnista i bulgocząca woda sięgała po horyzont, tylko co pewien czas wystawały z niej kępy traw. Aby nie zatonąć w mule, należało przemieszczać się po niewielkich suchych wysepkach.

Nasza praca polegała na tym, żeby zasypywać tę wodę żwirem i kamieniami. Było tam tak głęboko i grząsko, że na każdy metr kwadratowy trzeba było zwalić całe tony budulca. Oczywiście ręcznie, jak za czasów starożytnego Egiptu. Żadnego nowoczesnego sprzętu nie mieliśmy. Tylko łopaty, kilofy i taczki. Na taki zasypany kawałek gruntu kładło się cienkie szyny i po nich jechały wagoniki z kamieniami i żwirem, żeby zasypać dalsze odcinki mokradła. Kiedy teren robił się już twardszy, w miejsce cienkich torów kładło się normalne, solidne szyny. Jechały po nich olbrzymie platformy, wyładowane dużymi głazami. Więźniowie obozu, a wśród nich ja, musieli zwalać te głazy na ziemię. Dzienna norma – jedna platforma. Wszystko w upale, bez wody, z chmarami komarów, gryzących wściekle wszystkie odkryte miejsca ciała. Najgorsze były jednak meszki. Rozgryzały nam spojówki, a strużki krwi płynęły powoli po policzkach.

Gdy skończyliśmy budować drogę, Sowieci otworzyli ją z wielką pompą. Jako dowód na to, jak nowoczesna i wspaniała jest „ojczyzna światowego proletariatu", która potrafi okiełznać przyrodę, dokonać niemożliwego. Oczywiście o tym, że było to dzieło więźniów obozów koncentracyjnych, propaganda sowiecka nawet się nie zająknęła.

Według oficjalnej wersji drogę zbudowali niesieni komunistycznym zapałem komsomolcy.

Co ciekawe, droga ostatecznie okazała się niezdatna do użytku. Nikomu nie była potrzebna, porzucono ją, mimo że podczas budowy z wycieńczenia zginęło tysiące łagierników. Miejscowi nazwali ją później „drogą donikąd".

Podobnie wyglądały wszystkie lata spędzone w łagrze. Dekada wypełniona bezmiarem cierpienia. W końcu powoli zbliżał się rok 1955, a wraz z nim koniec mojego wyroku. Było to już po śmierci Stalina. Do obozu przyjechał nowy prokurator. Młody człowiek, niewiele starszy ode mnie. Wszędzie zaglądał, wszystko chciał zobaczyć. Zdarzyło się kilka razy, że w nocy budziło mnie światło latarki. To on stał nade mną i bacznie mi się przyglądał. Nie wiedziałam, co o tym sądzić. Bałam się kolejnego śledztwa, kolejnego wyroku, przedłużenia kary. Na pewno bym tego nie przetrwała. Człowiek ma granice wytrzymałości.

Którejś nocy wyprowadzono nas do rozładunku platformy z węglem. Prokurator podszedł do naszej brygadzistki i powiedział, że chce ze mną porozmawiać. Brygadzistka natychmiast zwolniła mnie z pracy, choć wolałam przerzucanie węgla niż rozmowę z prokuratorem. Weszliśmy do budynku, potem do gabinetu. Prokurator zamknął drzwi na haczyk, co przywołało niemiłe wspomnienie. Usiadł i powiedział, że choć nie mam prawa do korespondencji, on coś dla mnie ma. Wyjął z kieszeni list i mi go pokazał. Znałam dobrze ten charakter pisma i rękę, która go kreśliła. Był to list zaadresowany do mnie, a napisała go moja mama. Trudno mi było ukryć wzruszenie. Nie dostałam jednak listu do ręki, tylko przeczytał go

---

Stefania odliczała dni do końca wyroku. Była zdruzgotana, kiedy dowiedziała się, że po wypuszczeniu z obozu będzie musiała pozostać na Workucie. Na zdjęciu: Stefania w 1955 roku

głośno. Mama pytała, jak się czuję, gdzie jestem. Przez te wszystkie lata nie miała pojęcia, co się ze mną dzieje. Z Czerwonego Krzyża dostała list z wiadomością, że nie żyję. Nie uwierzyła. Intuicja matki podpowiadała jej, że przetrwałam, że musi mnie dalej szukać. Dowiedziałam się z tego listu, że tata zmarł rok po moim aresztowaniu. A więc dziewięć lat temu! A ja nic o tym nie wiedziałam. Mama opuściła Wilno i wyjechała do komunistycznej Polski. Byłam oszołomiona tymi wszystkimi wieściami. Nie miałam przecież kontaktu z rodziną od dekady.

Prokurator wykorzystał tę chwilę. Objął mnie i próbował pocałować. Nie zastanawiając się, odruchowo uderzyłam go w twarz. Po czym rzuciłam się do drzwi, zdjęłam haczyk i wyskoczyłam na zewnątrz. Natychmiast popędziłam do mojej brygadierki i powiedziałam jej, co się stało. Że spoliczkowałam prokuratora. Biedna kobieta omal nie dostała zawału. Uważała, że kara może spaść na całą brygadę. Ku mojemu zdziwieniu żadnych konsekwencji jednak nie było.

Potem jeszcze raz z nim się widziałam. Przekazał mi kolejny list od mamy. Powiedział, że zaimponowałam mu swoją postawą. Kazał mi się trzymać i oświadczył, że nazajutrz wyjeżdża. Więcej już go nie zobaczyłam.

Jabłuszko

Syberia była miejscem, w którym ludzka życzliwość niemal nie występowała. Była to kraina powszechnej brutalności, w której przetrwać mógł tylko najsilniejszy. Nie oznacza to jednak, że nikt dla mnie nic dobrego nie zrobił.

Będąc na Workucie, pięć razy przechodziłam zapalenie płuc. Pewnego razu lekarz, który mnie badał, wychodząc, zostawił na moim stoliku przy łóżku jabłuszko. Na Syberii rarytas na wagę złota. Człowiek ten współczuł nam. Młode dziewczyny, niebrzydkie. Było mu nas żal. A ja zapamiętałam ten ludzki gest na całe życie.

Mijały tymczasem ostatnie dni mojego wyroku. Zabrano mnie do baraku, w którym przygotowywano więźniarki do wyjścia na wolność. Było to na terenie zony męskiej i barak musiał być opleciony drutem kolczastym, żeby więźniowie nie mogli wedrzeć się do środka i nas zgwałcić. Pewnej nocy rozpoczął się atak. *Urkowie* wdrapali się na dach i – wydając dzikie okrzyki – zaczęli zrywać deski. Chcieli się do nas dostać od góry! To był jedyny raz w życiu, kiedy cieszyłam się z widoku sowieckiego munduru. W ostatniej bowiem chwili wpadli żołnierze i przepędzili zbirów.

Nad ranem zaczęli nas wywoływać pojedynczo do kancelarii, gdzie pokazywano nam różne dokumenty i tłumaczono poszczególne paragrafy. Po tych objaśnieniach urzędnik podsunął mi do podpisania pismo, które stwierdzało, że po wyroku zostanę na terenie Workuty jako obywatelka Związku Sowieckiego. Na wieczne osiedlenie. Powiedziałam, że czegoś takiego nigdy nie podpiszę. Byli bardzo zdziwieni i powiedzieli, że w takim razie zabiorą mnie z powrotem do obozu i mogę dostać drugi wyrok. Odpowiedziałam, że trudno. Ich groźba okazała się prawdziwa. Cofnęli mnie do łagru.

Bardzo to przeżyłam, ale robiłam wszystko, żeby tego po sobie nie pokazać. Żeby nie dać im satysfakcji. Było to dla mnie jednak straszną katastrofą. Tak bardzo czekałam na koniec wyroku, odliczałam dni. Tylko myśl o końcu kary utrzymywała mnie przez tyle lat przy życiu. A teraz coś takiego, takie rozczarowanie! Do dzisiaj zdarzenie to jest dla mnie wielką traumą. Czasami śni mi się, że podchodzę do obozowej furtki, już mam przejść na drugą stronę, gdy nagle ktoś tę furtkę przede mną zatrzaskuje. Tuż przed nosem. Były to chyba najgorsze dni na Syberii. Nie wiedziałam, co mnie czeka. Kolejny wyrok? Może tym razem dożywocie? Czyżbym miała tu zgnić? Po tygodniu wezwano mnie ponownie do kancelarii. Okazało się, że wszystko było blefem, że chcieli mnie złamać.

Nadeszła więc ta upragniona chwila. Koniec łagru. Kiedy otworzyła się brama i przekroczyłam jej próg z małym pakunkiem w dłoni, zobaczyłam, że czeka na mnie Janeczka, jedna z koleżanek, która wcześniej wyszła na wolność. Janeczka znalazła mieszkanie w domu Polaka, Bolesława Poznania. Wiele z osób, które wychodziły z więzienia, swoje pierwsze kroki kierowało właśnie do niego i jego żony. Dopiero potem każdy rozglądał się za własnym kątem i pracą. Ja też tak musiałam, bo władze nie chciały się zgodzić, żebym pojechała do Polski. Musiałam zostać na Workucie. Traktowano nas gorzej od Niemców, którym zaraz po wypuszczeniu z obozu pozwolono na powrót.

Spotkanie na peronie

Cały czas starałam się załatwić zezwolenie na opuszczenie Związku Sowieckiego. Wreszcie zdesperowana wybrałam się do gmachu NKGB w Workucie i powiedziałam, że wiem o umowie między Polską a Związkiem Sowieckim, na mocy której Polacy mogą wrócić do domu. Oczywiście całą tę umowę zmyśliłam. Urzędnik nie bardzo jednak orientował się w tych sprawach, był zdziwiony, skąd mam takie informacje. Kazał mi przyjść za tydzień. Równo siedem dni później stawiłam się u niego, wyposażona w prowiant i zmianę bielizny na wypadek, gdybym musiała tam dłużej pozostać. Ku mojemu ogromnemu zaskoczeniu dowiedziałam się, że rzeczywiście istnieje możliwość powrotu. Wyrobienie wszystkich potrzebnych dokumentów trwało jednak... dziewięć miesięcy. Minął więc kolejny rok na obcej ziemi.

Okazało się między innymi, że aby wyjechać – ja i jeszcze dwóch Polaków – musimy odebrać paszporty w Syktywkarze, stolicy republiki Komi. To było setki kilometrów od nas, w samym sercu tundry. Jedyny sposób, żeby się tam dostać – lot samolotem. Nigdy nie zapomnę tej podróży. Siedzieliśmy na rozklekotanych ławeczkach pod samymi skrzydłami. Wszystko się trzęsło, ruszało i trajkotało. To był prawdziwy cud, że ten stary gruchot w ogóle poderwał się z ziemi. W środku był taki huk, że kiedy wylądowaliśmy, nic nie słyszałam. Myślałam, że ogłuchłam na dobre. Najgorsze było jednak to, że jak dostaliśmy paszporty, znowu musieliśmy wsiąść do tego samolotu i przebyć podróż jeszcze raz. Tym razem z powrotem.

Do kraju jechałam pociągiem przez Moskwę. Zwiedziliśmy tam z moimi towarzyszami podróży Muzeum Puszkina. Kiedy staliśmy w kolejce po bilety, usłyszeliśmy, że ktoś mówi po polsku. Ogromnie się ucieszyliśmy, w końcu rodak! Kiedy się jednak do niego zwróciliśmy, natychmiast uciekł. Nie chciał mieć z nami nic wspólnego. Wiedział, skąd wracaliśmy.

Gdy pociąg zatrzymał się na granicy koło Terespola, tak bardzo się rozpłakałam, że celnik machnął ręką i w ogóle nie sprawdzał moich dokumentów. Nie mogłam się uspokoić aż do samej Warszawy. Dopiero ze stolicy nadałam depeszę do mamy. Mieszkała na wybrzeżu, umówiłyśmy się na peronie w Tczewie. Gdy tam dotarłam, nie mogłam jej nigdzie dojrzeć. Usiadłam na walizce i czekałam. Kiedy już wszyscy ludzie opuścili peron i pociąg pojechał dalej, zrobiło się nagle cicho i pusto. Na całym peronie pozostałam tylko ja i przygarbiona, siwiuteńka staruszka. Zaczęłam jej się przyglądać i dopiero po pewnym czasie zrozumiałam. To była moja mama.

Gdy mnie aresztowano, była szczupłą, energiczną i elegancką kobietą. Młodą. Te jedenaście tragicznych lat całkowicie ją zmieniło. Złamało. Stała przede mną stara, zmęczona życiem kobieta. Powiedziałam cicho „mamusiu", a ona zaczęła płakać.

Tęsknota za domem

Zdałam maturę, dostałam się na medycynę w Gdańsku. Wkrótce musiałam jednak wyjechać do sanatorium w Ciechocinku. Wykryto u mnie astmę. Tam poznałam przyszłego męża. Był pilotem szybowcowym, leczył się po wypadku. Wpadliśmy na siebie na schodach. Wchodziłam na górę, a on zbiegał i się zderzyliśmy. Potem Janusz przyjeżdżał co tydzień do mnie do Gdańska, a w 1959 roku wzięliśmy ślub. Po dwóch latach urodziłam córeczkę, która niestety zmarła w szpitalu.

Kilka lat później przenieśliśmy się do Warszawy, gdzie pracowałam jako lekarz i zrobiłam doktorat. Mam syna Janusza i córkę Renatę. Mój syn jest dyrygentem, dyrektorem Filharmonii Opolskiej. Córka skończyła germanistykę. Mam pięcioro wnucząt. Czekam na prawnuki.

Cały czas tęsknię za Wilnem. Wiem, że to, co teraz powiem, jest dzisiaj niepopularne, ale to, że moje ukochane miasto jest poza granicami Polski, uważam za wielkie nieszczęście. Pojechałam tam tylko raz, z córką, jeszcze w latach osiemdziesiątych. Chciałam zobaczyć mój piękny, rodzinny dom, ale niewiele z niego zostało – rudera oblepiona prowizorycznymi, obskurnymi budami. Sad, który był za domem i w którym bawiłam się jako dziecko, również uległ dewastacji. Zapukałam do drzwi. Otworzyła mi jakaś kobieta, spojrzała na mnie podejrzliwie. Kiedy powiedziałam, że kiedyś mieszkałam w tym domu, zatrzasnęła mi drzwi przed samym nosem. Stałam jak oniemiała.

W Gdańsku Stefania rozpoczęła nowe życie z ukochaną matką, zdała maturę i poszła na medycynę. Wkrótce wraz z mężem przeniosła się do Warszawy. Na zdjęciu: Stefania w 1958 roku

– Mamo, minęło już przecież pół wieku – powiedziała córka.

Przez ostatnie dziewięć lat byłam prezesem Stowarzyszenia Łagierników Żołnierzy AK. Redaguję kwartalnik tego środowiska. Robię wszystko, żeby nasze przeżycia, to, przez co przeszliśmy na Syberii, nie zostało zapomniane. Gdyby tak się stało, byłoby to zwycięstwem naszych oprawców. A ostatecznie to przecież zwyciężyliśmy my.

Stefania Szantyr-Powolna z domu Ursyn-Szantyr
(rocznik 1924)

DANUTA

MIŁOŚĆ W ISFAHANIE

Wyszłam za mąż za perskiego księcia. No, może nie księcia, ale mój wybranek – Kajumas Sayah – pochodził ze znakomitej rodziny. Jego ojciec był ministrem w rządzie szacha. Ślub wzięliśmy w 1944 roku w Teheranie, a nasz dom znajdował się w odległym o pięćset kilometrów Isfahanie.

Właściwie to mieliśmy dwa śluby. Jeden katolicki, który odbył się we francuskim kościele, drugi tradycyjny – perski. Przyjęcie weselne na modłę angielską urządził mój teść w najlepszym hotelu Teheranu. Zebrała się cała śmietanka towarzyska ówczesnej Persji. Suknię, oczywiście do samej ziemi, uszyła mi mama.

Dostałam perski paszport, nazywałam się teraz Danuta Sayah. Po ślubie zamieszkaliśmy we wspaniałej rezydencji. Mąż trzymał służbę, w tym naprawdę znakomitego kucharza. Jednym z najważniejszych domowników był duży rasowy pies, który majestatycznie przechadzał się po pokojach.

Wszystko to było jak wspaniały, egzotyczny sen. Pustynny miraż. O takich rzeczach czyta się tylko w romantycznych, sentymentalnych powieściach. Dziewczyna z Europy poznaje cudownego, perskiego arystokratę. A jednak to była prawda. Niestety nasze szczęście trwało bardzo krótko.

Tragedię, która wydarzyła się trzy miesiące po ślubie, pamiętam jak przez mgłę. Byłam na wpół przytomna z rozpaczy. Tłumy na cmentarzu, ludzie obejmujący mnie i składający kondolencje... Kazali mi położyć trzy palce na grobie – tak nakazywał perski obyczaj.

Co się stało? Kaju jechał na motocyklu, kiedy nagle z impetem uderzył w niego jakiś duży, ciężki samochód, najprawdopodobniej ciężarówka. Doznał straszliwych obrażeń, natychmiast przewieziono go do szpitala. Już nie odzyskał przytomności, nie udało się go uratować. Zmarł po dwudziestu czterech godzinach.

Wydarzenia te miały miejsce tak dawno... Dziś mieszkam w Anglii, gdzie drugi raz wyszłam za mąż. Tu wychowałam mojego syna i tu zapewne umrę, po przeszło siedemdziesięciu latach emigracyjnego życia z dala od ojczyzny. Wcześniej przeszłam przez piekło Syberii.

Gdyby ktoś w dniu moich urodzin, 14 września 1924 roku, powiedział mojej mamie, co czeka jej córkę, na pewno by nie uwierzyła. Ale czy uwierzyłaby, że cały świat, w którym żyła od pokoleń nasza rodzina, już niedługo, z dnia na dzień, się zawali? Tak, przyszło nam żyć w ciekawych, a jednocześnie tragicznych czasach.

Brydż, oficerowie i kapelusze

Wychowałam się w twierdzy. Otoczona była fosą i wysokim wałem. Przed ogromną bramą stali wyprężeni wartownicy. Nikogo nie wpuszczali do środka i dzięki temu razem z gromadą dzieci mogłam do woli szaleć na ogromnym terenie.

Mój tata, Jan Waszczuk, był kapitanem 82 Pułku Piechoty, który stacjonował w Brześciu nad Bugiem. Dzisiaj to jest za wschodnią granicą Polski, a wtedy było mniej więcej pośrodku.

Panował wówczas zwyczaj, że kiedy do twierdzy przyjeżdżał nowy oficer, musiał składać oficjalne wizyty w domach swoich

---

Beztroskie dzieciństwo Danuta spędziła za murami twierdzy Brześć. Na zdjęciu: Jan Waszczuk, kapitan 82 Pułku Piechoty, z żoną Heleną i 3-letnią córką w 1928 roku

kolegów. Bardzo ścisła etykieta nakazywała, żeby ta pierwsza wizyta nie trwała dłużej niż piętnaście minut. Oficer musiał być ubrany w galowy mundur, a jego żona w długą wieczorową suknię.

Pewnego dnia do rodziców przybył wraz z małżonką nowy szef sztabu major Kazimierz Stafiej. Akurat grano u nas w brydża i major od razu usiadł do kart. Bardzo przypadł do gustu reszcie towarzystwa, ale przepisowy kwadrans błyskawicznie minął. Co robić? Otóż major wstał, udał się do hallu i tam zdjął z siebie galowy pas. Po czym wrócił do stołu.

– Rozpoczynam właśnie drugą wizytę – oświadczył ku zadowoleniu zebranych.

Mój ojciec podczas rewolucji bolszewickiej służył w polskiej 5 Dywizji Syberyjskiej, która walczyła za Uralem. Jednostka ta została przez czerwonych rozbita. Ojciec cudem się uratował i w łachmanach przekradł się stamtąd do kraju. To była straszna podróż przez całą, ogarniętą płomieniem rewolucji, Rosję.

W Warszawie miał kamienicę czynszową, odziedziczoną po bracie. A ponieważ oficer nie mógł prowadzić żadnego interesu, kamienica była zapisana na mamę. Często jeździłyśmy do Warszawy, gdzie chodziłyśmy na lody do Europejskiego. Żadne lody do końca życia nie smakowały mi tak jak tamte. Pamiętam też, że mama na wyprawę do Warszawy zawsze zabierała najlepsze kapelusze. W końcu stolica!

Ojciec w styczniu 1939 roku przeszedł na emeryturę. Mieliśmy osiąść w Warszawie, tata oglądał już nawet dom na Saskiej Kępie. Gdy jednak stało się jasne, że w każdej chwili może wybuchnąć wojna, rodzice postanowili zostać w Brześciu. Było to dalej od granicy z Niemcami, a poza tym rodzina mamy miała niedaleko majątek. Nazywał się Zababie.

Gdy zaczęła się mobilizacja, razem z koleżankami kradłyśmy ojcom papierosy, a z kuchni zabierałyśmy kawałki kiełbasy. Wtykałyśmy to wszystko do kieszeni napotkanym na ulicy żołnierzom. Dostawałyśmy potem za to w domu burę, ale przecież to byli nasi chłopcy, którzy mieli iść przelewać krew za ojczyznę! Chciałyśmy ich jakoś wesprzeć.

1 września o świcie obudził nas potworny huk. Było ciepło, wybiegłam do ogrodu. Zebrało się tam już sporo ludzi. Ktoś powiedział, że to chyba wojna. Jakby na potwierdzenie tych słów usłyszeliśmy kolejną eksplozję. Bomba spadła na pobliskie lotnisko. Brześć, jako cel strategiczny, był bombardowany od pierwszego dnia.

8 września do twierdzy przyjechał uciekający z Warszawy rząd, ale długo u nas miejsca nie zagrzał. Ministrowie pojechali dalej na wschód. A my z mamą siedziałyśmy w schronie i bardzo się bałyśmy. Jej siostra, a moja ciocia, dawała nam na uspokojenie po łyżeczce waleriany. Nagle bomba uderzyła w sąsiedni dom. Ciocia z przerażenia wypiła walerianę do dna.

W połowie września babcia przysłała po nas z folwarku konie. Zapakowaliśmy pełen wóz rzeczy i pojechaliśmy do Zababia. Drogi były zapchane uchodźcami. O wkroczeniu bolszewików dowiedzieliśmy się od taty. Przyjechał do Zababia z Warszawy, dokąd udał się tuż po wybuchu wojny. Pamiętam dokładnie jego słowa:

– To już jest koniec. Jak wejdą czerwoni, to wszyscy zginiemy.

Jak sytuacja trochę się uspokoiła, przenieśliśmy się z powrotem do Brześcia. Wkrótce jednak przyszedł do nas znajomy Żyd – mecenas Rapaport – i ostrzegł, że wszyscy oficerowie zostaną aresztowani. Potem dowiedziałam się, że ten pan był w partii komunistycznej. A jednak zachował się przyzwoicie.

Szkoda, że – mówię to z bólem serca – nie wszyscy Żydzi byli tacy. Jeszcze podczas wojny w pobliżu folwarku babci miejscowi Żydzi i chłopi wznieśli bramę triumfalną na cześć wkraczających bolszewików. Powiesili na niej czerwone sztandary i wiwatowali na widok sowieckich czołgów.

Obraz z różami

Pod władzą bolszewicką życie stawało się nie do zniesienia. W październiku 1939 roku ojciec zorganizował nam ucieczkę za Bug, do okupowanej przez Niemców Warszawy. Przewodnicy byli już opłaceni, cały plan opracowany. Niestety, na krótko przed terminem ciężko zachorowałam.

W tej sytuacji ojciec musiał iść sam, każdego dnia mogło go przecież aresztować NKWD. Rzeczywiście, w parę dni po jego odejściu dom otoczyli czerwonoarmiści. Szukali taty. Odbyło się przeszukanie.

– Gdzie *aruże* – pytali mnie Sowieci.

A ja, nie znając rosyjskiego, myślałam, że chodzi im o róże. Pobiegłam więc po obraz z różami, który swego czasu namalowała mama. Oni zaś pomyśleli, że za tym obrazem ukryta jest broń.

Teraz może się to wydawać nawet zabawne, ale wtedy do śmiechu nam nie było.

Sowieci byli bardzo źli, że nie zastali taty. Zabrali jego szablę i zdjęcia z albumu. Ukradli aparat fotograficzny Leica i poszli sobie. Wkrótce dowiedziałyśmy się, że tego dnia aresztowali wszystkich polskich oficerów, którzy zostali. Ci nieszczęśni ludzie w większości zostali później zamordowani w ramach zbrodni katyńskiej.

W styczniu udało nam się zorganizować kolejną ucieczkę na zachód. Musiałyśmy iść nocą, po śniegu, wiele kilometrów. Przewodnik zaczął się irytować, drażniło go, że się tak wleczemy. W końcu powiedział, że bardzo się spieszy, i nas porzucił, ale mimo to nie poddałyśmy się. Chciałyśmy się wyrwać spod władzy sowieckiej za wszelką cenę.

Naszym oczom ukazał się wielki wał, na który nie miałyśmy siły wejść, więc poszłyśmy wzdłuż niego. Ze zmęczenia zasypiałam na stojąco. W końcu zaczęło świtać i zobaczyłyśmy, że dochodzimy do mostu terespolskiego. Okazało się, że zrobiłyśmy wielkie koło, szłyśmy wzdłuż Bugu i dotarłyśmy do punktu wyjścia – czyli do Brześcia.

W tej chwili usłyszałyśmy strzały. Mama krzyknęła do mnie, żebym natychmiast padła na ziemię. Miała w pamięci instrukcje taty. Kiedy leżałyśmy przyklejone do ziemi, zastanawiałyśmy się, co zobaczymy: skórzane buty czy walonki. Modliłam się, żeby to były skórzane buty. Żeby to byli Niemcy. Niestety... zobaczyłyśmy walonki. Bolszewicki strażnik zabrał nas na posterunek i zameldował, że złapał dwie uciekinierki i wystrzelił sześć nabojów.

Trafiłyśmy do więzienia. Tego samego, w którym w latach trzydziestych siedzieli posłowie lewicy. W celach przeznaczonych dla

---

Początek wojny, pomimo prób ucieczki, Danuta spędziła pod sowiecką okupacją w Brześciu. Na zdjęciu: na spacerze z bratem ciotecznym – podchorążym Władysławem Michałowskim, 1939 rok

kilku osób siedziało po kilkudziesięciu więźniów. Kładliśmy się więc spać na waleta, czyli z nogami na głowie sąsiada.

Miałam na sobie granatowe spodnie narciarskie – mama kazała mi się ciepło ubrać – i widziałam, jak po tych spodniach maszerują białe, tłuste wszy. Nigdy wcześniej nie zetknęłam się z czymś podobnym. Dla mnie – podobnie jak dla innych polskich kobiet i dziewcząt – warunki więzienne były koszmarem.

Raz dziennie wyprowadzali nas na spacer na podwórze. Pewnego razu zobaczył nas ślusarz, Żyd, który akurat reperował jakieś drzwi. Poznał mamę i następnego dnia powiedział babci o naszym losie. Mieszkał u niej wówczas na kwaterze jakiś ważny enkawudzista i chyba dzięki jego wstawiennictwu nas zwolnili.

W międzyczasie babci próbowano odebrać dom i wyrzucić do czworaków. Do dworu zaś bolszewicy kazali wprowadzić się naszemu parobkowi. On wszedł do środka, połaził po pokojach, pokręcił nosem. Wreszcie, gdy zobaczył, że nie ma chłopskiego pieca, na którym można się położyć, powiedział, że tu mieszkać nie ma jak, i wrócił do czworaków. Dom został w rękach babci.

Mama postanowiła, że nie możemy zostać na miejscu. Jeździłyśmy więc od miasteczka do miasteczka i dlatego nie deportowano nas na Sybir w ramach pierwszej wielkiej fali wywózek w lutym 1940 roku. Uważałyśmy, że niebezpieczeństwo minęło i zdecydowałyśmy się wrócić do Zababia. Był to błąd.

Dzieci zaczęły umierać

Deportowano nas w ostatnim momencie, w czerwcu 1941 roku. Przed samym przyjściem Niemców. Odbyło się to w sposób standardowy. Nocne walenie do drzwi – kilka chwil na spakowanie rzeczy – wóz podstawiony pod ganek. Chyba się tego spodziewałyśmy, bo mama miała przygotowane worki z kaszą, słoniną i sucharami.

Gdy wieźli nas na stację, mama poprosiła strażników, żeby zatrzymali się przy krzyżu. Gdy wysiadałyśmy, jeden z enkawudzistów nerwowo przeładował karabin. Myślał, że chcemy uciekać, a my tylko zamierzałyśmy się pomodlić o powrót do ojczyzny.

Podróż w wagonach bydlęcych była koszmarem. Zapamiętałam jednak z niej również niezwykłe krajobrazy. Gdy przejeżdżaliśmy przez góry Uralu, widok dosłownie zapierał dech w piersiach. Nigdy do tej pory niczego takiego nie widziałam. Była taka piękna księżycowa noc... Jednocześnie jednak dotarło do mnie, że właśnie opuszczamy Europę. Jedziemy w nieznane. Co nas tam czeka?

W pociągu powiedziano nam o wybuchu wojny niemiecko-sowieckiej. Na niebie widziałyśmy klucze niemieckich samolotów. Miałyśmy nadzieję, że zbombardują tory. Miały jednak inne, ważniejsze cele. W drugą stronę też jechały pociągi: były po brzegi wyładowane sowieckim wojskiem.

Przejechaliśmy ponad cztery tysiące kilometrów, co zajęło nam dobre kilka tygodni. Trafiłyśmy w pobliże miasta Barnauł, około dwieście pięćdziesiąt kilometrów na południe od Nowosybirska. Umieścili nas w barakach, które były niewykończone, bez okien i drzwi. Wszystkie wyglądały tak samo – długi korytarz i małe pokoje z narami po obu stronach. Każde nary na osiem osób.

Dorośli pracowali przy kopaniu drogi. Mama odjęła mi rok, żebym nie musiała uczestniczyć w tej katordze. Chodziłam na rynek i sprzedawałam kolejne rzeczy, które przywieźliśmy z Polski. Zabiedzeni miejscowi z błyskiem w oczach brali dosłownie wszystko, co było wyprodukowane na Zachodzie.

Któregoś razu, chcąc pozbyć się zwykłych, tanich korali, wmówiłam sowieckiemu żołnierzowi, że zostały kupione w samej

Warszawie. Ta nazwa na Sowietów działała jak słowo „Paryż" na warszawskie modnisie. Za pieniądze, które mi zapłacił, kupiłam sporo jedzenia. W ten sposób utrzymywałyśmy się przy życiu.

Mama powoli podupadała na zdrowiu. Żona oficera II Rzeczpospolitej musiała wozić taczkami ziemię i kamienie... Bolały ją nogi, kręgosłup, ręce. Na początku otuchy dodawały nam wspólne modlitwy, ale NKWD zabroniło śpiewania polskich pieśni. Zagrozili nam surowymi karami.

Kilka dni później obudził nas głośny śpiew *Jeszcze Polska nie zginęła*... Dorośli natychmiast zerwali się z prycz i pobiegli do śpiewających ludzi. Co się stało? Dlaczego świętują? Na to ktoś zaczął machać gazetą. Rząd polski w Londynie podpisał pakt z Sowietami! Amnestia! Był sierpień 1941 roku.

Wbrew nadziejom, w naszym życiu nic się nie zmieniło. Nie zwolniono nas, dalej byłyśmy na katordze, dalej musiałyśmy codziennie toczyć walkę o życie. Nastała jesień i zrobiło się straszliwie zimno. W końcu to była Syberia. A w oknach naszych baraków nie było szyb.

Pojawiły się choroby – zapalenie płuc, odra. Najsłabsi, czyli niemowlęta i małe dzieci, zaczęli umierać. Nie potrafię o tym spokojnie mówić. Te konające dzieci śnią mi się do dziś. Wycieńczone, chore po prostu gasły na naszych oczach. Ich jedyną zbrodnią było to, że były Polakami, a ich rodziców uznano za „wrogów ludu"... Co one komu zawiniły?

Do dziś pamiętam rozpacz pewnej prostej kobiety z Polesia. Deportowano ją dlatego, że jej syn uciekł za Bug, pod okupację niemiecką. Bolszewicy zastosowali odpowiedzialność zbiorową wobec całej rodziny. Ta kobieta, oprócz najstarszego syna, miała pięcioro małych dzieci, z którymi ją wywieźli. Wszystkie umarły. Jedno po drugim. Kiedy umierało ostatnie, wyła jak pies. Wiła się z bólu po ziemi niczym obłąkana. Bezmiar ludzkiego nieszczęścia.

Wyglądało na to, że nikt z nas nie przeżyje. Nie było przecież mowy o przetrwaniu ostrej syberyjskiej zimy w takich warunkach. Dorośli postanowili, że wszyscy oddadzą resztkę pieniędzy i wynajmiemy wagon, którym udamy się do armii polskiej, powstającej na terytorium Związku Sowieckiego pod dowództwem generała Andersa.

Danuta wraz z matką zostały deportowane jako jedne z ostatnich, tuż przed wybuchem wojny niemiecko-sowieckiej w czerwcu 1941 roku. Amnestia zastała je w Barnauł koło Nowosybirska. Na zdjęciu: Danuta na zesłaniu

O dziwo, udało się to załatwić i wkrótce wyruszyliśmy w podróż. Od tej pory w Barnauł o obecności dużej grupy polskich zesłańców świadczyły już tylko groby. Pozostawiliśmy ich za sobą bardzo dużo.

Cóż to była za podróż! Najpierw pociągiem, potem wozami zaprzężonymi w woły. Wszystko oczywiście pod kontrolą NKWD. W końcu dotarliśmy do kołchozu w Uzbekistanie.

Kazano nam tam pracować przy zbiorach bawełny. Uzbecy byli do nas przeważnie nastawieni życzliwie. Jeden z nich nawet oświadczył się mamie. Zapewnił ją, że nie zazna z nim biedy, bo ma łóżko, worek ziarna i szkiełko do lampki naftowej. Był zdziwiony, gdy mimo tych wszystkich bogactw mama odrzuciła jego propozycję.

W kołchozie spaliśmy pokotem na gołej ziemi. Kobiety przemieszane z mężczyznami. Wkrótce wyruszyliśmy dalej, ale nie ujechaliśmy daleko. Tym razem znalazłyśmy się z mamą w kołchozie w Kazachstanie. Przydzielono nas do domu jakiegoś Kazacha, gdzie musiałyśmy mieszkać w przedsionku. Razem z krową i kozą.

Mama nie chciała się na to zgodzić. Poszła do urzędu, gdzie spotkała jakąś miejscową kobietę. Ta w zamian za oddanie jej spódnicy zgodziła się znaleźć dla nas kąt w swojej izbie. Z naszą gospodynią i jej mężem bardzo się zaprzyjaźniliśmy. Pewnego dnia, tuż przed Bożym Narodzeniem, zauważyliśmy, że gospodarz nie wstał z łóżka, tylko leży przykryty po szyję kołdrą.

– Co się stało? Jest pan chory?

Pokręcił przecząco głową. Okazało się, że żona uprała mu spodnie. A że miał tylko jedną parę, musiał czekać pod kołdrą, dopóki nie wyschną na mrozie. Tak nasi biedni gospodarze szykowali się do świąt.

Pewnego dnia nasz poczciwy „dziadzia Ali Aschar" – jak nazywaliśmy gospodarza – upił się i przyszedł do mamy, żeby się jej oświadczyć. Znowu powtórzyła się historia z Uzbekistanu.

– *Jelena Władysławowna* – mamrotał – *ja was lublu.*

Mama się poważnie przestraszyła. Nie tyle samą propozycją, ile tym, że gdyby dowiedziała się o tym gospodyni, mogłaby nas wyrzucić z domu. Uspokoiła się dopiero, gdy jej „amant" ukląkł przed obrazem Matki Boskiej, który mama powiesiła nad łóżkiem, i powiedział, że Matkę Boską on też *lublu*.

Generał Anders

Cały czas myśleliśmy o tym, żeby się jakoś przedostać do polskiego wojska. Z naszego kołchozu pojechał już kolejarz, zostawiając na miejscu żonę i dzieci. Zaraz potem ta kobieta zachorowała na tyfus. Poprosiła mamę, żeby w czasie jej pobytu w szpitalu zaopiekowała się jej córeczkami. Pamiętam, jak odjeżdżała na saniach, przykryta różnokolorowymi łachmanami i spod tej sterty żegnała nas, czyniąc znak krzyża.

O dziwo, w tym szpitalu wyzdrowiała – takie przypadki należały w Sowietach do rzadkości. Wkrótce przyjechał też jej mąż. Ubrany był w angielski mundur z polskimi insygniami. Boże, jak myśmy go podziwiały. Z trudem powstrzymywałyśmy się, żeby nie całować go po guzikach. Oczywiście wrócił, żeby zabrać rodzinę.

Nie minęły dwa miesiące, kiedy zajrzał nam w oczy wielki strach. Do kierownictwa kołchozu przyszły jakieś dokumenty w naszej sprawie. Co to może być? Kolejna zsyłka? Nowy wyrok? Jak zawsze w Sowietach, spodziewaliśmy się najgorszego.

Wkrótce przyszedł do nas przewodniczący kołchozu, wymachując jakimś blankietem. Okazało się, że to depesza od tej naszej znajomej rodziny. Była niezwykle krótka: „Przyjeżdżaj w armiu". Poniżej nazwisko pana w angielskim mundurze. Nic więcej. Mama postanowiła wykorzystać szansę. Powiedziała, że jest to oficjalne telegraficzne wezwanie do wojska i tonem nieznoszącym sprzeciwu zażądała od kierownictwa kołchozu podwody. Trudno w to uwierzyć, ale nasi nadzorcy uznali ten „dokument" i w kilka dni później byłyśmy już w drodze.

Po długiej podróży dotarłyśmy do Ługowej. Stała tam nasza 10 Dywizja Piechoty. Zdążyłyśmy w ostatniej chwili, aby zobaczyć polskie wojsko w Sowietach. W marcu 1942 roku rozpoczęła się ewakuacja do Persji.

Wiosną step pachniał po prostu obłędnie, cały usłany był wspaniałymi kwiatami, które w Polsce widywałam tylko w doniczkach. Do tego majaczące w oddali wysokie góry.

Pamiętam polową mszę z okazji Świąt Wielkanocnych. W pierwszych rzędach siedzieli polscy oficerowie wyższego stopnia, a obok nich sowieccy dygnitarze, ubrani w mundury. Bardzo mnie to zdziwiło, bo przecież według bolszewików Boga nie ma. Miałyśmy ze sobą święconkę – zawinięte w szmatkę jajko i małą kromkę chleba.

Generała Andersa zobaczyłam po raz pierwszy w Jangi-Jul w Uzbekistanie. Dzisiaj mogę powiedzieć o nim jako o dobrym znajomym. Poznałam go bardzo dobrze po wojnie w Londynie. Mój drugi mąż był przyjacielem i adwokatem generała. Prowadził wszystkie jego sprawy, ponadto razem grali w brydża. Był gościem na chrzcie mojego syna.

Wtedy, w Jangi-Jul generał był jednak dla mnie całkowicie niedostępny. Mogłam tylko obserwować go z podziwem z odległości. Zachwycałam się nim jak wszyscy inni.

Cały czas słyszeliśmy, że generał jedzie a to do Moskwy, a to do Kairu, a to do Londynu. Z niecierpliwością wyczekiwaliśmy jego

---

Okazja do opuszczenia Związku Sowieckiego pojawiła się wraz z ewakuacją rodzin wojskowych do Persji. Wysiadających ze statku Polaków Brytyjczycy witali herbatą i kotłami pełnymi jedzenia. Na zdjęciu: od lewej Danuta, mama Helena i kuzyn Stanisław Werpachowski w Teheranie, 1942 rok

powrotu, rozpytywaliśmy adiutantów, w jakim humorze wrócił. Czy zmartwiony? Czy zadowolony? Czy zamyślony? Jeżeli był uśmiechnięty, oznaczało to, że nasze sprawy stoją dobrze. Jeżeli zmartwiony i my się zamartwialiśmy. Wierzyliśmy w niego jak w ojca. Wierzyliśmy, że nas wyprowadzi z domu niewoli.

Był jednak problem. Otóż do Persji ewakuować mogły się wówczas tylko rodziny wojskowych. Polski podoficer, który kontrolował ludzi chcących dołączyć do transportu, od razu spytał, czy mamy w wojsku kogoś bliskiego. Gdy odpowiedzieliśmy przecząco, bardzo się zmartwił. W tej chwili jednak do transportu zgłosił się jakiś żołnierz.

– Ma pan ze sobą rodzinę? – spytał podoficer.

– Nie mam.

– No to już pan ma.

I zapisał nas na listę jako jego ciocię i kuzynkę. Wreszcie mogłyśmy opuścić Związek Sowiecki. Był sierpień 1942 roku.

Statek był wypełniony do granic możliwości polskimi uchodźcami, niemal nie było gdzie usiąść. Nie narzekałyśmy jednak nawet przez moment. Byłyśmy wniebowzięte, z całych sił dziękowałyśmy Bogu, że opuszczamy ten straszliwy kraj.

Do perskiego brzegu dobiliśmy o świcie. Jak tylko wyszłyśmy na plażę, czekający tam Anglicy dali nam *cup of tea*. Wszystko było świetnie zorganizowane. Kucharze gotowali jedzenie w rozstawionych na piasku ogromnych kotłach.

Z ciekawością rozglądałam się po tym nowym, zagadkowym miejscu. Persja. Tyle słyszałam o tej zamorskiej krainie, a teraz mogę ją oglądać na własne oczy. Co ona nam przyniesie?

W sandałach w meczecie

Zamieszkałyśmy w namiotach, wokół których były rozłożone specjalne maty, gdyż w południe piasek był tak rozgrzany, że nie dało się po nim przejść. Czułyśmy się jednak jak w niebie. Wreszcie znalazłyśmy się z dala od tych wszystkich potworności! I tylko to się liczyło.

Gdy opowiadam dzisiaj mojemu synowi, jak wspaniale mi było, gdy leżałam na tym gorącym piasku, patrzy na mnie z rozbawieniem. Dla niego „zsyłka", „łagry", „Syberia", „bolszewicy" to puste słowa.

Do jedzenia podawali nam tłusty gulasz. Ci, co od razu się na niego rzucili, bardzo ciężko potem chorowali. Żołądki po pobycie na Syberii nie były w stanie strawić takiego jedzenia. Dawali nam również daktyle, puszki skondensowanego słodkiego mleka, tropikalne owoce. Jak mi to smakowało!

Wkrótce przenieśliśmy się do Isfahanu, gdzie poszłam do polskiej szkoły. Wychowywano nas tam w patriotycznym, przedwojennym duchu. Angielskiego uczył brat słynnej działaczki charytatywnej Sue Ryder, John. Po zdaniu małej matury urządziliśmy bal. John obtańcowywał wszystkie panny. Było wspaniale.

Zbliżał się koniec roku szkolnego, a wraz z nim wystawianie końcowych ocen. Nauczyciele mieli nad nimi obradować podczas specjalnego zebrania. Bardzo się martwiłyśmy o nasze stopnie i któraś z koleżanek zaproponowała, żebyśmy poszły pomodlić się w tej intencji do meczetu. Weszłyśmy do środka w krótkich spódniczkach, włosy miałyśmy odkryte, a na nogach sandały. A tam mułła siedział w otoczeniu swoich uczniów. Zupełnie nie zwracali na nas uwagi, co dzisiaj byłoby nie do pomyślenia. Dopiero potem zrobiła się z tego afera, dostałyśmy od nauczycieli straszną burę.

Nadszedł koniec wojny, a wraz z nim zgasły nasze nadzieje. Zachód bez mrugnięcia okiem przehandlował nas Stalinowi. W ten sposób odpłacono Polakom za to, że przelewali krew na wszystkich frontach. W ten sposób odpłacono nam za nasze cierpienia. Rok 1945 był dla nas rokiem klęski.

Nie miałyśmy do czego wracać i postanowiłyśmy, że na razie poszukamy szczęścia w Libanie – tam właśnie przenieśli naszą szkołę. Z wyjazdu jednak nic nie wyszło. Dlaczego? Bo się zakochałam...

Kajumasa Sayaha poznałam w domu jednego z polskich oficerów. Przyszedł tam na przyjęcie. Był bardzo przystojny, czarnowłosy, miał szlachetne rysy twarzy. Jego stryj przed wojną sprawował funkcję perskiego posła w Warszawie. Kiedy szach się ożenił, prezydent Ignacy Mościcki podarował mu polski samolot. Kaju był bardzo towarzyski, widywaliśmy się często.

Zaprzyjaźniliśmy się i kiedy nadszedł czas naszego wyjazdu, Kaju mi się oświadczył. Wiedziałam, że mu się podobam, on też mi się bardzo podobał. Ale nie byłam chyba jeszcze gotowa na tak poważny krok. Małżeństwo z nim oznaczałoby całkowitą rewolucję w moim życiu. Kaju bardzo przeżył odmowę, ale się nie poddał. Postanowił spróbować jeszcze raz. Przyszedł do mojej szkoły i zaczął

mnie przekonywać, żebym zgodziła się zostać w Persji i wzięła z nim ślub. Zrozumiałam wtedy, że to jest ten jedyny. Przyjęłam jego oświadczyny.

Pozostało już tylko przekonać mamę. A nie patrzyła ona na mojego perskiego adoratora specjalnie przychylnym okiem. Buntowała się, buntowała, aż w końcu się zgodziła. Chciała przecież dla mnie jak najlepiej. Żebym była szczęśliwa. Niestety, szczęścia w tym małżeństwie długo nie zaznałam. Kaju trzy miesiące po ślubie zginął w podejrzanych okolicznościach.

Po tej tragedii mój teść zabrał nas do siebie do Teheranu. W stolicy Persji tymczasem wrzało. Istniało poważne zagrożenie, że wkroczą bolszewicy. Zdecydowałyśmy się więc wyjechać autobusem do Bejrutu.

Okazało się, że tym samym środkiem lokomocji będzie podróżował jakiś Norweg. Dla rodziny mojego męża to było nie do zaakceptowania. Żeby młoda wdowa jechała razem z nieznajomym mężczyzną! Stryj mego małżonka, Hamid Sayah, złożył więc temu Norwegowi wizytę. Uspokoił się dopiero, gdy dowiedział się, że ten ma żonę i trójkę dzieci.

Z rodziną mojego pierwszego męża jeszcze długo utrzymywałam serdeczne kontakty. Szczególnie przyjaźniłam się z jego siostrami. Kiedy w 1979 roku wybuchła rewolucja islamska i szach został obalony, część rodziny Sayahów musiała uciekać z Persji. Jedna z sióstr mojego zmarłego męża wyjechała do Kanady. Piszemy do siebie do dziś.

Spełnienie marzeń niejednej dziewczyny – ślub z perskim arystokratą. Niestety w przypadku Danuty to szczęście trwało bardzo krótko. Na zdjęciu: Danuta z pierwszym mężem, Kajumasem Sayahem, 1945 rok

Nowe życie

Do Libanu przyjechałam w 1946 roku. Od razu udałyśmy się do poselstwa Rzeczpospolitej, chciałam wrócić do polskiej szkoły. Okazało się, że jest to niemożliwe, bo byłam obywatelką Persji. Musiałam zrzec się tego obywatelstwa, co zrobiłam natychmiast, i dopiero wtedy wydano mi polski paszport.

Po zrobieniu dużej matury poszłam na farmację na Amerykańskim Uniwersytecie w Bejrucie. W Libanie każdy Polak dostawał dwanaście funtów miesięcznej pensji. Wynajmowało się za to pokój u jakiegoś Araba i kupowało na targu jedzenie. Zamieszkałyśmy w chrześcijańskiej dzielnicy. Musiałyśmy zdecydować, co dalej.

Jeszcze w Isfahanie zaczęłyśmy pisać z ojcem. Okazało się, że przeżył wojnę i mieszkał w Polsce. W jednym z listów napisał, że jeżeli wrócimy do kraju, nie będziemy mieszkać pod jednym dachem. Poczułyśmy się tym bardzo dotknięte. Pomyślałyśmy, że kogoś ma. Że założył nową rodzinę.

Postanowiłyśmy jechać do Wielkiej Brytanii. Tam był nasz rząd, generał Anders, duże skupisko Polaków. W Londynie znalazłyśmy się w listopadzie 1948 roku. Cóż za zmiana w porównaniu z Bliskim Wschodem. Zimno, wietrznie, ponuro. Oczywiście padało.

Anglicy wpakowali nas do obozu przejściowego dla żołnierzy i uchodźców i tam kazali nam się zadeklarować, gdzie chcemy pracować. Wybrałam fabrykę z tekstyliami. Motki nawijały nici i gdy jakaś z nich pękała, trzeba było ją połączyć. To było moje pierwsze zajęcie w Anglii.

Mieszkałyśmy w wynajętym pokoju u Anglików. Było tam strasznie zimno, bo za jedyne ogrzewanie służył mały kominek. Wkrótce poznałam Andrzeja. Siedział koło mnie na przyjęciu, zaczęliśmy rozmawiać. Nazajutrz napisał do mnie list. Pytał, czy nie

Wkrótce Danuta wraz z matką wyjechały do Wielkiej Brytanii – za Andersem i jego wojskiem. Tam poznała drugiego męża, prawnika. Na zdjęciu: Danuta i Andrzej Kamienieccy przed swoim domem w Anglii, 1954 rok

chciałabym się z nim spotkać, pójść do teatru. Długo myślałam, co odpowiedzieć, nawet go trochę przetrzymałam. W końcu uległam i się spotkaliśmy. Ślub wzięliśmy w 1954 roku.

W Anglii znowu nawiązałam korespondencję z tatą. Chciałam, żeby poznał Andrzeja. Okazało się wtedy, że tata w Warszawie wcale nikogo nie miał. Pisał tak, bo chciał nas zniechęcić do przyjazdu do komunistycznego kraju. Nie chciał, żebyśmy żyły w takich warunkach. Zaczął za to przyjeżdżać do nas. Za którymś razem został już na stałe. Niestety nie byliśmy razem długo. Po czterech latach zmarł. W 1961 roku urodziło się moje jedyne dziecko, Jan.

Kiedy się trochę dorobiliśmy, Andrzej założył własną kancelarię adwokacką. Dużo mu pomagałam. Przejęłam wszystkie domowe obowiązki, udzielałam się również w kancelarii. Robiłam herbatę, odbierałam telefony, sprzątałam. Prowadziłam rachunki. Ten interes to była nasza duma.

W jakimś francuskim komunistycznym piśmie ukazał się artykuł oczerniający generała Andersa. Doszło do procesu. Mój mąż wygrał sprawę o zniesławienie. Musieli zapłacić odszkodowanie, a Anders żartował, że jest na utrzymaniu komuny. Odtąd Andrzej zawsze reprezentował generała.

Żyłam z mężem przez czterdzieści jeden lat. Kiedy miał osiemdziesiąt dwa lata, spotkał jednak pewną panią z Polski. Była od niego dużo młodsza. Zakochali się w sobie. Kiedy odkryłam ten romans, powiedziałam, żeby sobie poszedł. Chciałam się rozwieźć, ale w końcu przeprowadziliśmy tylko separację.

Nie zeszliśmy się już. Zmarł w lipcu 2014 roku, mając sto jeden lat. Został pochowany na warszawskich Powązkach.

Kiedy obchodziłam dziewięćdziesiąte urodziny, jego rodzina stawiła się u mnie w komplecie. Dostałam w prezencie piękny album ze zdjęciami z całego mojego życia. Ci ludzie byli bardzo serdeczni, niektórzy przyjechali z bardzo daleka.

Gdy wszyscy wyszli, zaczęłam przeglądać album. Była tam fotografia szkoły w Brześciu, Hotel Europejski w pięknej przedwojennej Warszawie, Persja i oczywiście zdjęcia ze spotkań rodzinnych w Anglii. Szmat czasu. I tak wiele przeżyć. Chyba zbyt dużo jak na jedno życie.

Danuta Kamieniecka z domu Waszczuk
(rocznik 1924)

ALINA
NAFTOWA DZIEDZICZKA

Przyszli po mnie 13 kwietnia 1940 roku o czwartej rano. Łomotali kolbami w drzwi. Otworzyła im Malcia, nasza służąca. Wstałam zaspana i przecierając oczy, włożyłam szlafrok.

– *Dawaj*! – krzyczeli do mnie enkawudziści. – Pakuj się szybko!

Byłam jedyną deportowaną z domu, choć miałam zaledwie dziesięć lat. Naprawdę nie wiem, jakie zagrożenie mogłam stanowić dla wielkiego Związku Sowieckiego. Gdy zbierałam rzeczy, obie z Malcią szlochałyśmy.

Do tej pory nie mogę zrozumieć, jak ja - taka mała dziewczynka - mogłam temu wszystkiemu podołać. Bez taty, bez mamy. Malcia zapakowała mi jakieś ubrania, trochę konfitur. Zawinęła wszystko w prześcieradło. Ja wzięłam lalkę – miała zamykane oczy i nazywała się Iwonka – i ukochanego misia. Dostałam go w nagrodę za picie tranu. Za darmo tego paskudztwa nie wzięłabym przecież do ust.

Przewieźli nas furmanką na stację w Kołomyi. Razem z innymi Polakami i Hucułami załadowali nas tam do wagonów. Wśród deportowanych były matki z niemowlętami na rękach, dzieci i starcy. Nie wyglądaliśmy na groźnych przestępców.

Dołączyłam do znajomej rodziny pani Stencel. Była tam matka mojego nauczyciela i jego ciężarna żona, która miała jeszcze niemowlę na ręku. Razem zajęłyśmy w wagonie niższą pryczę. Wkrótce ruszyliśmy w drogę. Na skutek fatalnych warunków synowa pani Stencel szybko straciła pokarm. Całe szczęście, że panie miały świeczkę, na której grzały dziecku jakieś nędzne jedzenie. Bez przerwy bałam się, że to maleństwo umrze. Widziałam, jak z innego wagonu strażnicy wynosili sztywne, na wpół zamarznięte ciało niemowlęcia.

Na dolnej pryczy było bardzo duszno, dopiero po jakimś czasie panie z góry zlitowały się nade mną i zaczęły mnie w ciągu dnia brać do siebie. Wtedy mogłam pooddychać świeżym powietrzem i popatrzeć przez małe okienko.

Wśród tych pań znalazła się nawet jedna, która podkochiwała się w moim ojcu. Nietrudno było zresztą taką osobę znaleźć. Rozkochiwanie w sobie kobiet było rodzajem sportu czy hobby mojego taty. Nie wiem tylko, co te wszystkie kobiety w nim widziały.

Po trzech tygodniach koszmarnej jazdy dojechaliśmy do Semipałatyńska. Część osób, w tym panie Stencel i mnie, zawieźli do tak zwanej świniobazy, pozostałych rozwieźli do okolicznych kołchozów. Zamieszkałyśmy w prymitywnych barakach wysypanych w środku piachem. Nie pamiętam już, czy bardzo śmierdziały, czy

tylko trochę. Roiło się tam od wszelkiego robactwa. Już pierwszej nocy coś mi wlazło do ucha. Lekarz mi to musiał wypłukać.

Tak zaczęła się moja gehenna. Wkrótce znalazłam się w sowieckim sierocińcu.

Kresowe oryginały

Urodziłam się w tym samym roku, w którym nastąpił krach na nowojorskiej giełdzie, czyli 1929. Oba wydarzenia miały dla rodziny duże znaczenie. Mój dziadek Feliks Vincenz był bowiem właścicielem kopalni naftowej i w wyniku krachu stracił sporo pieniędzy.

Dziadek i słynny inżynier Stanisław Szczepanowski byli pionierami polskiego przemysłu naftowego. Odkryli ropę w Słobodzie Rungurskiej koło Kołomyi w Galicji Wschodniej. Założyli tam kopalnie, szyby naftowe, dali zatrudnienie tysiącom robotników.

Dziadka uwielbiałam! Często się ze mną bawił. Jesienią wycinał nos i oczy w dyni i w środek wstawiał zapaloną świeczkę. Nauczył się tego od amerykańskich inżynierów, którzy jako fachowcy przyjeżdżali pracować w jego kopalni.

Był bardzo skromny. Nie lubił, jak ktoś w jego towarzystwie puszył się – dziadek mówił „puczył" – swoim szlacheckim pochodzeniem. Mówił wtedy, że to taki szlachcic, co ma dwa psy w tarczy: „Jeden sra, a drugi warczy". Dziadek był człowiekiem ekscentrycznym. Jeżeli ktoś sobie ubrudził czymś palec, od razu chciał go obcinać siekierą. Sadził też w doniczkach pięciogroszówki, żeby wyrosło z nich więcej pieniędzy. Za każdym razem bardzo się dziwił, że nie przynosi to rezultatów.

Służąca Malcia była bardzo przywiązana do panienki – obie gorzko płakały, kiedy 10-letnią Alinę zabierano z domu na zesłanie. Na zdjęciu: Amalia i Alina w 1938 roku

Najsłynniejszym przedstawicielem familii był jednak mój stryj Stanisław Vincenz. Słynny pisarz, badacz Huculszczyzny i Pokucia. Autor głośnego cyklu *Na wysokiej połoninie*. On również był oryginałem. Jego pierwsza żona, Helena Loeventon, była Rosjanką z Odessy. Wszyscy mówiliśmy na nią Lena. Urodziła mu syna, ale stryj po pewnym czasie uznał, że musi się ożenić po raz drugi. Tym razem z piękną Żydówką, Ireną Eisenmann, z którą miał dwoje dzieci. Jednocześnie jednak nie zerwał z Leną! Obie panie siłą rzeczy musiały się spotykać i o dziwo, nie pozabijały się. Mało tego, nawet się zaprzyjaźniły. Co ciekawe, ciocia Irena po ślubie z ortodoksyjnej Żydówki przeobraziła się w zagorzałą katoliczkę.

Stryja odwiedzali różni znani ludzie. Na przykład mój profesor chemii, Wiktor Kemula. Potem w Polsce Ludowej nie przyznawał się do znajomości ze mną, córką wielkiego fabrykanta, „wyzyskiwacza klasy robotniczej". Innym gościem mojej rodziny był Julian Tuwim. Mama po wojnie próbowała zwrócić się do niego o pomoc. Tuwim, jako zagorzały komunista, miał w Warszawie spore wpływy. Jego żona nie pozwoliła mamie nawet przekroczyć progu...

Mój tata Kazimierz Vincenz w porównaniu z całą resztą rodzinnych oryginałów uchodził za najmniej barwną osobowość. Z drugiej strony to jednak on porzucił szkołę, żeby wstąpić do Wojska Polskiego. Bił się z bolszewikami w wojnie 1920 roku. Marszałka Piłsudskiego wręcz wielbił.

Chociaż stryj Stanisław był starszym bratem, dziadek szybko zorientował się, że nie nadaje się do prowadzenia rodzinnego interesu. Wszystko więc spadło na barki taty. Został dyrektorem naszej kopalni.

Z mamą, Eugenią, poznał się w pracy. Była urzędniczką, przyjechała z Warszawy, żeby skontrolować naszą kopalnię. I już została. Rodzice byli zamożni, stać ich było na przykład na poród w prywatnej klinice we Lwowie.

Opiekowała się mną służąca Amalia, którą nazywaliśmy Malcia. To były jeszcze złote czasy rodziny Vincenzów. Początkowo naftę używano tylko do lamp naftowych, ale gdy upowszechniły się samochody, rozpoczęło się naprawdę masowe wydobycie.

Dzieckiem byłam niesfornym, łaziłam po drzewach, psociłam. Przyjaźniłam się z córkami naszych robotników. Latem urządzałyśmy ogniska, w których piekłyśmy dzikie gruszki, nadziane na patyk.

Cały czas żyłam w strachu, że rodzice oddadzą mnie do szkoły prowadzonej przez zakonnice. Takiego rygoru bym nie zniosła.

Ucieczka przed NKWD

Co robiłam w dniu wybuchu wojny? Zbierałam z koleżankami w sadzie jabłka. Gdy powiedziano nam, co się stało, nawet się ucieszyłam. Pomyślałam, że wojna to będzie fantastyczna przygoda. Wkrótce miałam się przekonać, jak bardzo się myliłam.

Największe poruszenie w domu zapanowało, gdy okazało się, że wkroczyli Sowieci. My, dzieci, zostałyśmy oddelegowane do palenia dokumentów. Tata zakopał w ogródku swoje szable i radio. Pytałam rodziców, w którym miejscu, ale nie chcieli mi powiedzieć. Pewnie uważali, że dziecko jest niegodne zaufania, że może się wygadać. Nie przyszło im do głowy, że kiedyś będę jedyną osobą, która będzie mogła te rzeczy odkopać. W efekcie pamiątkowe szable ojca do dziś rdzewieją głęboko w ziemi.

Całą rodzinę po raz ostatni widziałam w święta Bożego Narodzenia 1939 roku. Jak co roku spotkaliśmy się w domu dziadka. Było o wiele skromniej niż w poprzednich latach, pod sowiecką okupacją w sklepach niczego nie można było dostać.

Zaraz po świętach NKWD zatrzymało tatę, stryja i jego najstarszego syna. Po kilku miesiącach ich zwolniono, ale nie było wątpliwości, że kolejne aresztowanie jest tylko kwestią czasu. Panowie postanowili więc uciekać. Przedarli się przez zieloną granicę na Węgry. Stryj Stanisław opisał później te perypetie w książce *Dialogi z Sowietami*.

Tata ostatecznie przedostał się do Francji, gdzie zaciągnął się do polskiej armii. Gdy padł Paryż, uciekł do neutralnej Szwajcarii. Całą wojnę przesiedział w tamtejszym obozie jenieckim. Nie było mu tam dobrze, Szwajcarzy wykorzystywali jeńców do budowania dróg.

W Słobodzie zostałam tylko z dziadkiem oraz z ciocią Marysią. To była siostra taty. Mama natomiast zatrudniła się w pobliskim Bitkowie. Tam zamieszkała i przesyłała nam pieniądze na życie.

Zaczął nas nachodzić enkawudzista. Łaził po pokojach, rozmawiał ze służącą, zaglądał do szuflad. Nawet siadywał przed kominkiem. Bardzo upodobał sobie perfumy mojej mamy, które stały na toaletce. Takie staroświeckie, z rozpylaczem. Zawsze się nimi spryskiwał.

Teraz powiem o czymś bardzo przykrym. Ale musi to być powiedziane. Lena, pierwsza żona stryja, uciekła z nim na Zachód. Wcześniej jednak dowiedziała się od miejscowego enkawudzisty o wywózce. Stąd wiedziała, że jestem na czarnej liście osób przeznaczonych do deportacji. One też na niej była. Nie uprzedziła mnie jednak o tym. Nie uratowała. Powiedziała mi tylko, żebym pożegnała się z dziadkiem. I podarowała mi śniegowce. Pewnie nie wiedziała, że w Kazachstanie w takich butach można sobie tylko odmrozić nogi. Były dobre, ale na europejskie zimy.

Łagier dla dzieci

Wokół świniobazy, do której nas wywieziono, nie było nic. Sam brudny piach. Bardzo depresyjne, typowo sowieckie otoczenie. Jedyną odskocznię od tej szarości stanowiła pobliska rzeka Irtysz – dzika, piękna.

Na ogół nie byłam strachliwa, ale pamiętam, że raz, idąc do pobliskiej chaty, zlękłam się wielbłąda, który stał dostojnie na podwórzu. Na mój widok zdenerwował się i zaczął na mnie pluć.

Tych, którzy byli zdolni do pracy, zaganiano do odkrywkowej kopalni torfu. Ja całe szczęście byłam na to za mała. Do moich obowiązków należało chodzenie po wodę. Taszczyłam ciężki dzbanek.

Po naszym przyjeździe wśród zesłańców wybuchła epidemia. To był *panos*, czyli krwawa biegunka. Umierały głównie dzieci. W baraku obok mieszkał czteroletni chłopczyk. Pamiętam go dobrze, bo lubiłam się z nim bawić. Był bardzo słodki, trzymał się zawsze

---

Przed wojną dla rodziny Vincenzów nastała złota era – interes kwitł, a wraz z rozwojem motoryzacji nafta stawała się coraz bardziej pożądanym towarem. Na zdjęciu: rodzina Vincenzów (trzeci od prawej dziadek Feliks, pionier polskiego przemysłu naftowego), ok. 1938 roku

maminej spódnicy. Zmarł jako jeden z pierwszych. Rozpacz jego matki była niewyobrażalna. To było jej jedyne, ukochane dziecko.

Niestety zachorowało także niemowlę żony pana Stencla. Opiekowałam się nim, odganiałam od niego muchy. Bardzo marudziło, było głodne. Potem przestało nawet płakać. Tylko kwiliło, a wkrótce zamilkło...

Pani Stencel poradziła mi, żebym napisała list do domu. Podałam w nim mój adres, aby mama, która również została wywieziona i korespondowała z dziadkiem, dowiedziała się, gdzie jestem. Mama od dłuższego czasu bombardowała NKWD pismami i podaniami. Umiała bardzo dobrze pisać po rosyjsku. Nie mieściło się jej w głowie, że ktokolwiek mógł wydać wyrok na dziesięcioletnią dziewczynkę i wysłać ją samą w siną dal. Co moja biedna mama musiała przeżywać!

W końcu dostałam wezwanie do NKWD. Na podłodze leżał czerwony dywan. Myślałam, że w Związku Sowieckim nie ma takich luksusów. Przyjął mnie jakiś urzędnik i powiedział, że mam się pakować.

Ciężarówką zawieziono mnie do... poprawczaka. Tak zwanego *diet prijomnika dla biesprizornych*. Był to kompleks kilku budynków, otoczonych drutem kolczastym. Był koniec lata 1940 roku.

Usiadłam na podwórku na swoim tobołku i zaczęłam płakać. Dopiero wtedy poczułam się naprawdę samotna. Oderwano mnie od innych Polaków, byłam wśród obcych. Po raz pierwszy zdałam sobie sprawę, że mogę już nigdy nie zobaczyć domu. Że zostanę tu na zawsze. Siedziałam na tym podwórku chyba pół dnia i nikt się mną nie interesował. Widocznie pracownicy sierocińca czekali, aż przestanę płakać. W końcu wyszli po mnie i – jeszcze pochlipującą – zaprowadzili do sypialni dla dziewcząt. Jak na sowieckie warunki nie wyglądała źle. Normalna podłoga, a nie klepisko, normalne łóżko, a nie piasek. Nie było tam natomiast szkoły, bo był to poprawczak przejściowy. Gdy gdzieś zwalniało się miejsce, rozwożono dzieci dalej, po całym Związku Sowieckim. Większość z nich to były sieroty, ale również młodociani przestępcy. Drobne złodziejaszki, dzieci ulicy. W tym środowisku bardzo szybko nauczyłam się mówić po rosyjsku. Musiałam się przecież jakoś porozumiewać z otoczeniem, byłam tam jedyną Polką.

Jedzenie podawano w stołówce. Nie było oczywiście specjalnie wyszukane, ale nie narzekałam. Żeby dostać kromkę chleba, nie musiałam już cały dzień harować. Na obiad była *lapsza*, czyli makaron z jakimś tłuszczem. Albo zupa *szczi*, lura tylko trochę lepsza niż ta, którą nam podawali w bydlęcych wagonach.

Bałam się, że sowieckie dzieci będą wobec mnie agresywne. Były jednak miłe. Starsze dziewczynki się mną opiekowały, chłopcy uczyli mnie grać w warcaby. Jeden nawet się we mnie podkochiwał. Dziewczyny, jak mi o tym mówiły, bardzo chichotały. Nie rozumiałam, o co chodzi. Byłam za mała.

Co rano nadzorcy ustawiali nas w rzędach na podwórku i kazali śpiewać rewolucyjne pieśni. Ja jedyna nie śpiewałam. Było tam coś o „polskich panach" i wszyscy myśleli, że ja nie chcę śpiewać w akcie protestu. I mieli rację.

Pytali też mnie, czy ja jestem *kriestianka*. Po rosyjsku znaczy to wieśniaczka, a mi się zdawało, że pytają, czy jestem chrześcijanką. Odpowiadałam, że oczywiście, jestem *kriestianka*. Oni z kolei odpowiadali mi, że to niemożliwe, bo jestem inaczej ubrana. Ja wtedy na dowód pokazywałam im medalik.

Pewnego dnia odwiedziła mnie pani Stencel. Zanim jeszcze trafiłam do poprawczaka, zaszyła mi w koszuli pieniądze, które zarobiła, sprzedając jakąś rzecz, zabraną przeze mnie z domu. Teraz Stencel doszła do wniosku, że w poprawczaku ktoś tę koszulę weźmie do prania – choć nie pamiętam, żeby coś nam tam prali. Poprosiła, żebym jej przekazała pieniądze, które mogłyby się zniszczyć.

Przy okazji dowiedziałam się, że jej synowa urodziła drugie dziecko. Ale ono również, podobnie jak pierwsze, zmarło. Zaledwie kilka dni od przyjścia na świat. Bardzo smutne to były odwiedziny. Było mi jej tak bardzo żal...

W końcu wzięła pieniądze i poszła z powrotem do świniobazy. Niestety, wracała z pustymi rękami. Jeszcze w poprawczaku któryś z chłopców ukradł jej portmonetkę. Nigdy więcej się nie spotkałyśmy. Słuch po nich zaginął. Tak jak po tysiącach innych polskich rodzin deportowanych na Sybir.

Jak już wspomniałam, ten poprawczak był tymczasowy. Nadszedł czas, że wywieźli i mnie. Trafiłam do domu dziecka w Kustanaju na północy Kazachstanu. Na miejscu od razu zauważyłam jakąś blaszaną skrzynię. Ta skrzynia się ruszała. Przetarłam oczy ze zdziwienia, myślałam, że mam omamy. Po chwili usłyszałam jakiś bełkot dobiegający ze środka. Okazało się, że jest to karcer dla niegrzecznych dzieci. W środku siedział chłopiec i walił w skrzynię pięściami.

Boże, gdzie ja się znalazłam.

Babcia z piekła rodem

Mama, którą wywieźli tego samego dnia, co mnie, trafiła do kołchozu w *kustanajskiej obłasti*. Zupełnie nie nadawała się do pracy w polu. Nawet w domu niezbyt dobrze sobie radziła, wyręczała ją przecież służba. Dopiero po wojnie, gdy miała pięćdziesiąt lat, nauczyłam ją gotować makaron.

Przed wojną rodzice Aliny obracali się w świetnym towarzystwie – stryj Stanisław sprowadzał do domu literatów, w tym Juliana Tuwima. Zesłanie było prawdziwym szokiem dla Eugenii, żony dyrektora kopalni. Na zdjęciu: rodzice Aliny ze znajomymi (Eugenia czwarta od lewej, Kazimierz pierwszy z prawej), ok. 1938 roku

Kiedy kobiety pracujące na kołchozowym polu mówiły do mamy: „No, pani Gieno, idziemy do domu, słońce już zaszło", mama odwracała się w kierunku wschodu i mówiła: „No tak, rzeczywiście już zaszło". Pobyt na zesłaniu, podobnie jak dla wielu Polek z jej sfery, był dla niej wyjątkowo ciężki. Upokarzający.

Mnie tymczasem przeniesiono do kolejnego domu dziecka. Dopiero z trzeciego sierocińca odebrała mnie mama. Ależ to była szczęśliwa chwila! Pierwsza, od czasu wywiezienia mnie z domu. Po prostu nie mogłam uwierzyć własnym oczom, gdy ją zobaczyłam. Byłam wniebowzięta. Teraz już niczego się nie bałam!

Mama zabrała mnie do swojego kołchozu. Mieszkała w lepiance razem z polską rodziną Łodzińskich. Oczywiście również zesłańców. Gnieździliśmy się w tej lepiance strasznie. Na jednej pryczy spała trójka dzieci Łodzińskich, na drugiej Łodzińscy i moja mama. Ja spałam na koszu na bieliznę.

Była jeszcze z nami panna Hala, służąca Łodzińskich, która dobrowolnie wyjechała z nimi na zsyłkę. Była bardzo do swoich państwa przywiązana. Nie chciała ich zostawić. Mieszkała w lepiance obok,

razem z babcią Łodzińską. Była to kobieta z piekła rodem. Chuda niczym sucharek, mocno już posunięta w latach. Codziennie rano suszyła na dworze zasikane majtki. Na domiar złego była wielką histeryczką, ze skłonnościami do omdleń. Była złośliwa i nieznośna. Któregoś razu umówiłam się z jej wnuczkami, że jak znowu będzie mdlała, podsuniemy jej z tyłu wiadro z zimną wodą. W ten sposób od razu się ocuci. Nasz fortel się udał. Babcia z wielkim hukiem grzmotnęła o wiadro, cała się zamoczyła i niestety, także się potłukła.

Przez cały okres zesłania dostałyśmy tylko dwie paczki. Któregoś razu Łodzińskim przysłano *Trylogię*. Jaka to była radość! Zimą urządzaliśmy głośne czytania: lektorem był albo pan Łodziński, albo mama. Czytali wieczorami w naszej lepiance, przy świetle lampy naftowej. My, dzieci, oczywiście zakochałyśmy się w bohaterach Sienkiewicza. Udawałyśmy ich podczas zabawy. Ja przeważnie byłam panem Wołodyjowskim i Bohuna oczywiście za każdym razem zdrowo siekłam.

Na zesłaniu mieliśmy psa, który nazywał się Łapserdak. Ależ z niego była poczciwina. A jak był do nas przywiązany! Sypiał w sionce i jadał gotowane obierki od kartofli – więcej nie mogliśmy mu, niestety, dać. Ale bardzo nas kochał.

Kazachscy chłopcy nauczyli mnie strzelać z bata. Choć dawno nie ćwiczyłam, myślę, że gdyby dzisiaj ktoś mi dał bat do ręki, nadal potrafiłabym strzelić.

Cały czas handlowałyśmy, żeby przeżyć. Na jedzenie wymieniałyśmy rzeczy przywiezione z Polski. Mama była namiętną palaczką i załatwiałam jej od Kazachów korzenie tytoniowe. Tłukło się taki korzeń i robiło z niego śmierdzącą machorkę. Mama paliła ją zawiniętą w kawałek sowieckiej gazety.

Do moich obowiązków należało zmienianie polepy w izbie. Rozcieńczałam glinę kiziakiem – czyli krowim łajnem – i równo rozsmarowywałam. Nikomu nie pozwalałam chodzić, dopóki nie zaschło. Kiedyś, gdy mieszałam nogami kiziak, akurat wyszła z chałupy babcia Łodzińska.

– Żeby panienka z dobrego domu takie rzeczy robiła! – prychnęła.

Nie byłam tym zachwycona, ale ktoś jednak musiał tę brudną robotę wykonywać. Kiziakiem paliliśmy w piecu. W tym celu zwoziło się również słomę. Służyła do tego para kołchozowych wołów, do których mówiło się *ksob* i *ksobe*, czyli na prawo i na lewo.

Jednego roku przez typowo sowiecką głupotę i bałagan władze kołchozu zmarnowały całe bydło. Jak to możliwe? Nie zdążono zebrać siana na zimę... i zwierzęta zdechły z głodu. Leżały zamarznięte na kupie i dopiero na wiosnę zaczęły się rozkładać i straszliwie śmierdzieć. Co to był za odór! Oblano je w końcu benzyną i podpalono. Było to straszliwe marnotrawstwo.

Ponieważ nie stać nas było nawet na prymitywne walonki, sama szyłam „buty" na zimę. Robiłam je z kawałka starego worka i jakiejś waty.

Mama w końcu dostała posadę w młynie. Wydawało się, że jest to dla nas wielka szansa, aby zacząć lepiej jeść. Do młyna chodziła młodzież w wysokich, luźnych butach i wsypywała do nich ziarno. Mama jednak, nawet w tych straszliwych warunkach, nie potrafiła się zmusić do kradzieży. To było sprzeczne z jej systemem wartości. Pewnego dnia przyjechała kontrola, okazało się, że czegoś w młynie brakuje. Młynarz powiedział, że to mama jest złodziejką. Już miano ją sądzić, kiedy – całe szczęście – wyszło na jaw, że winowajcą jest sam młynarz.

W Związku Sowieckim kradli wszyscy. Bez tego ludzie nie byliby w stanie przeżyć. Najbardziej opłacało się zostać przewodniczącym kołchozu. Kadencja trwała pięć lat i taki człowiek mógł przez ten czas tyle nakraść, że ustawiał rodzinę. Nawet jeżeli kilka lat musiał potem przesiedzieć w kryminale za malwersacje, jego bliskim już niczego nie brakowało. Ich los był zabezpieczony.

Zdarzały się również zachowania dzikie. Szczególnie gdy kołchoźnicy się upijali. Stawali się wtedy nieobliczalni i lepiej było nie wchodzić im w drogę. Jeden z nich w pijanym amoku poobcinał wszystkim cielętom uszy.

A mnie codziennie prześladował rosyjski chłopiec. Rzucał we mnie z całej siły zmarzniętym kiziakiem i wrzeszczał:

– *Proklataja Polaczka*!

Dur brzuszny

Latem 1941 roku Polska i Związek Sowiecki podpisały pakt, który do historii przeszedł jako układ Sikorski-Majski. Wobec zesłanych Polaków ogłoszono amnestię. Najmłodszy syn państwa Łodzińskich, Jaś, wstąpił do armii Andersa. W ślad za nim poszły jego obie siostry. Niestety Jaś zmarł tam na krwawą biegunkę.

My z resztą rodziny Łodzińskich porzuciliśmy kołchoz i przenieśliśmy się do Kustanaja. Zamieszkaliśmy u pewnej Rosjanki przy ulicy... Kołchoźnej. Później okazało się, że mąż i syn tej kobiety siedzą w łagrach.

Mama zachorowała na dur brzuszny. Przyjechała komisja, zrobili w mieszkaniu dezynfekcję, mnie profilaktycznie zaszczepili, a mamę zabrali do szpitala chorób zakaźnych. W tym szpitalu w ogóle mamy nie leczyli. Chodziło tylko o odizolowanie jej od zdrowych, żeby nikogo nie zaraziła. Mogła tam umrzeć. Przychodziłam codziennie pod szpital. Leżała przy oknie, a ja stałam na podwórzu i do niej machałam. Uśmiechała się do mnie słabo przez

---

Całą wczesną młodość Alina spędziła na zesłaniu.
Dopiero jako 17-letnia dziewczyna rozpoczęła nowe życie,
w komunistycznej Polsce. Na zdjęciu: Alina w 1946 roku

brudną szybę. Pewnego razu w tym oknie mamy nie zobaczyłam. Przeraziłam się okropnie, ale okazało się, że mama tylko zemdlała. Żaden z lekarzy się nią jednak nie zainteresował. Dopiero gdy inna pacjentka zrobiła raban, dali jej zastrzyk i postawili na nogi. Tak właśnie wyglądała sowiecka służba zdrowia.

Mimo to stał się cud! Mama wyzdrowiała. Po przebytej chorobie miała tylko ogromny apetyt. My tymczasem – tak jak w kołchozie – nadal miałyśmy jedno gospodarstwo z Łodzińskimi. To, co udało nam się zdobyć lub kupić, wrzucaliśmy do wspólnego kotła. Pani Łodzińska była jednak bardzo niezadowolona z tego, że mama tyle je. Kiedy dowiedziała się, że nie mamy już nic więcej na sprzedaż – oprócz złotego zegarka i obrączki mamy – oświadczyła, że musimy się rozdzielić. Że nie będzie nas dłużej „dokarmiać". Panicznie bała się śmierci głodowej. Bardzo się na niej zawiodłyśmy. Pan Łodziński, niestety, był pod jej pantoflem i nic nie powiedział, choć widziałam, że mu wstyd. Powiedziałam Łodzińskiej, że już nigdy więcej nas nie zobaczy.

Przeniosłyśmy się na ulicę Oktiabrską. Mama zatrudniła się jako księgowa w zakładzie fryzjerskim. Jego kierownikiem był Żyd, członek partii komunistycznej, ale porządny człowiek. Pewnego dnia powiedział mamie, że jakby tylko połowę tego, co mama wygaduje o Związku Sowieckim, doniósł NKWD, nigdy nie wyszłaby z więzienia.

Starałam się dorabiać robótkami na drutach, ale te marne grosze zupełnie nie starczały na życie. W mieszkaniu było straszliwie zimno, żywiłyśmy się cienką zupą. W końcu stanęłyśmy w obliczu

---

Aby utrzymać siebie i córkę, Eugenia zatrudniła się na zesłaniu jako księgowa w zakładzie fryzjerskim. Pomimo stałych dochodów musiała sprzedać złoty zegarek, prezent ślubny od męża, żeby przetrwać zimę. Na zdjęciu: pracownicy zakładu (Eugenia Vincenz pierwsza z lewej w drugim rzędzie), 1944 rok

śmierci głodowej. Nie było wyboru – trzeba było sprzedać zegarek. Był to niezwykle cenny szwajcarski zegarek firmy Schaffhausen. Mama dostała go od taty w prezencie ślubnym. Teraz zamieniłyśmy go na trzy worki kartofli. W ten sposób zegarek uratował nam życie. Dzięki tym kartoflom przetrwałyśmy zimę z roku 1943 na 1944.

Z Ewą, córką naszej współlokatorki, nie bardzo się lubiłam, ale wspólnie kradłyśmy drewno. Głównie z sąsiedniego szpitala zakaźnego, gdzie stróżem był stary Polak. Podkradałyśmy je nocą, uważając, że jesteśmy sprytne i potrafimy go wykiwać. Dopiero potem powiedział nam, że o wszystkim wiedział, ale przymykał na nasze kradzieże oko.

Nasza sąsiadka przez ścianę nazywała się Nina Matwiejewna, była nauczycielką języków obcych i miała osiem kotów. Karmiła

je kaszą jaglaną z gotowaną dynią. W zamian za noszenie wody ze studni uczyła mnie angielskiego.

Po podpisaniu paktu Sikorski-Majski w Kustanaju urzędował delegat polskiego rządu na uchodźstwie. Starał się pomagać okolicznym zesłańcom. Gdy armia Andersa wyszła do Iranu, człowiek ten został aresztowany. Oburzona mama napisała protest do NKWD. Została z miejsca zatrzymana. Przesłuchiwano ją dwadzieścia cztery godziny.

– No, Jewgienia Antonowna – usłyszała – jak pani tego protestu nie wycofa, to zabierzemy pani córkę. Wyślemy ją do takiego sierocińca, że już nigdy pani jej nie odnajdzie.

Mama protest wycofała.

Mrozy w Kustanaju dochodziły do minus pięćdziesięciu stopni. Gdy pojawiały się plamy na twarzy, trzeba było brać śnieg i z całej siły nacierać. To był jedyny sposób, żeby nie odmrozić sobie skóry. Zimą z roku 1943 na 1944 doszłyśmy do kresu wytrzymałości. Mama sprzedała nawet obrączkę. Za bezcen.

Na workach granatów

Tymczasem w Moskwie Wanda Wasilewska i inni komuniści założyli wasalny wobec Stalina Związek Patriotów Polskich. Myśmy nazywali ich Związkiem Idiotów Polskich. Organizacja ta zaczęła wkrótce przerzucać Polaków na Zachód.

Trafiłyśmy na Ukrainę. Tym razem do sowchozu. Jaka jest różnica między sowchozem a kołchozem? W teorii olbrzymia. Sowchoz to wspólne gospodarstwo należące rzekomo do chłopów. Kołchoz to gospodarstwo państwowe. W praktyce niewiele się od siebie różnią.

Jedynym plusem sowchozu było to, że znajdowała się w nim stołówka, w której dawali nam jeść. Mieszkałyśmy w baraku. Moja praca polegała na zakopywaniu marchwi. A jak nie było pogody, siedziałam w stodole i łuskałam kukurydzę. Strasznie od tego bolały ręce.

Po miesiącu postanowiłyśmy uciec. Do Polski było już przecież bardzo blisko. Mama dostała gdzieś samogon, jak nazywa się na wschodzie bimber, za który można było w Sowietach załatwić wszystko. Wyposażone w ten sposób wyruszyłyśmy na zachód.

Złapałyśmy pociąg towarowy i jechałyśmy na buforze wielkiej cysterny. Było to skrajnie niebezpieczne – nie dość, że można było spaść, to za taką jazdę groziła kula w łeb. Było mi niewygodnie, bo mama kazała mi tachać walizkę z dużą fotografią ojca w ciężkiej ramie. Bardzo go kochała. W końcu jednak dałyśmy ten portret kobiecie, która się nad nami zlitowała i nakarmiła nas w jakiejś przydrożnej wsi. Bardzo się z tego prezentu ucieszyła.

– Taki przystojny mężczyzna – powiedziała i powiesiła portret taty na ścianie.

Udało się złapać kolejny pociąg – tym razem był to transport desek. W wagonie zamknął nas kolejarz, u którego ukryłyśmy się poprzedniej nocy. Taka podróż niosła z sobą ogromne ryzyko, gdyż był to transport wojskowy.

Ostatni etap podróży przebyłyśmy ukryte na furze siana. Gdy jechałyśmy przez Podole, usłyszałyśmy kanonadę. Podejrzewałyśmy, że to bolszewicy strzelają do banderowców. Jechałyśmy tamtędy z duszą na ramieniu.

Wysiadłyśmy w Równem, a więc na terytorium przedwojennej Polski. Mama po wyjściu z wagonu uklękła i pocałowała ziemię. Udałyśmy się prosto do urzędu, ale tam nie urzędowali już Polacy, tylko bolszewicy. Przyjął nas jakiś żołnierz. Panią, która razem z nami uciekała, zapytał, gdzie mieszkała przed I wojną światową. Gdy odpowiedziała, że w Wiedniu, zaczął z zakłopotaniem drapać się po głowie.

– *A kakoj eto rejon?* – pyta urzędnik

BE-4935

– *Wiena* – odpowiedziała ta pani.

– *A kakaja eto obłast'*?

– Też *Wiena*.

Wyszłyśmy stamtąd, rycząc ze śmiechu.

Poszłyśmy na dworzec. Miałyśmy szczęście, bo akurat za niedługo odjeżdżał pociąg do Lwowa. Ogromnie się ucieszyłyśmy. Lwów był przecież naszym ukochanym miastem. Kiedy dojechałyśmy na miejsce, od razu poszłyśmy do naszej znajomej, pani Zagórskiej. Powitałyśmy się z nią wesoło, zadowolone z przyjazdu, a ona na nasz widok, zamiast również się ucieszyć – spotkanie znajomych w zawierusze wojennej należało do rzadkości – załamała ręce:

– Czyście zwariowały? Stąd nie ma dokąd jechać!

Rzeczywiście, miała rację. Kiedy następnego dnia poszłyśmy na dworzec, okazało się, że żadne cywilne pociągi ze Lwowa nie odchodzą. Na peronach roiło się od wojska. W końcu wsiadłyśmy do jakiegoś pociągu, a za nami weszli żołnierze z psem. Od razu chcieli nas wyrzucić, ale na szczęście zadziałała łapówka w postaci samogonu. Mama miała jednak dobry pomysł.

Dotarłyśmy do Stanisławowa – obecnie miasto to leży na Ukrainie i nazywa się Iwano-Frankowsk – skąd już było blisko do Kołomyi. Ostatni odcinek pokonałyśmy, łapiąc okazję w postaci traktoru. Siedziałyśmy na jakichś twardych workach. Potem okazało się, że w środku były granaty.

Na drugi dzień odnalazłyśmy ciocię Marię, siostrę mojego taty. Powiedziała nam, że umarł dziadek. A stryj Stanisław Vincenz osiadł we Francji. Sama ciotka po kilkunastu latach wyjechała zaś do Argentyny. Tak cała nasza rodzina rozpierzchła się po świecie.

Mama Aliny bardzo kochała męża – dopiero tuż przed powrotem do Polski oddała jego portret jakiejś kobiecie za pomoc i jedzenie.
Na zdjęciu: Kazimierz Vincenz po wojnie, ok. 1950 roku

Z Kołomyi do domu w Słobodzie nie pojechałyśmy. Bardzo chciałam tam wrócić, ale mama się bała. Mimo że bandy ukraińskich nacjonalistów większość osób w okolicy już wymordowały i wszystko spaliły, w dalszym ciągu nie było tam bezpiecznie. Oszczędzono tylko pomnik ukraińskiego poety Iwana Franki, który postawił mój stryj. Cóż było robić. Tu już nie było dla nas miejsca. Musiałyśmy porzucić Kresy, które zostały przemocą oderwane od Polski. Musiałyśmy opuścić naszą małą ojczyznę. Wraz z nią straciłyśmy wszystko. Nie tylko naszą naftową kopalnię, ale również dom i najbliższych.

Trzeba było zaczynać od nowa, w nowym miejscu. Spróbować jakoś posklejać rozbite życie.

Córka bolszewiczka

Najpierw zamieszkałyśmy w Jarosławiu, gdzie zdałam maturę. Mama wówczas mieszkała w Łodzi, a kiedy dostała pracę w Warszawie, tam się przeniosłyśmy. Mieszkałyśmy bardzo skromnie. Mama mówiła, że nieszczęście, które na nas spadło, dowodzi, że nie warto niczego mieć. Nie warto gromadzić żadnych rzeczy, skoro w ciągu godziny można wszystko stracić.

Po przeżyciach w Związku Sowieckim nigdy już się nie podniosła. Z tatą się nie zeszli. Ojciec po wojnie został w Szwajcarii. Po raz pierwszy rozmawiałam z nim przez telefon dopiero po śmierci Stalina.

Rodzinna Słoboda znalazła się po wojnie po sowieckiej stronie granicy, krewni rozpierzchli się po świecie, majątek został zrujnowany. Alina rozpoczęła nowe życie najpierw w Jarosławiu, potem w Warszawie. Na zdjęciu: Alina tańczy mazura w drugiej parze w trakcie szkolnego przedstawienia, 1948 rok

Uderzył mnie jego silny lwowski akcent. Po tylu latach zapomniałam, jak mówi. Jaki ma głos. Wysłał mi zaproszenie do Szwajcarii, gdzie pracował w fabryce jako zwykły robotnik. Pierwsze spotkanie po siedemnastu latach nie wypadło zbyt dobrze.

Przyjechałam w spodniach, a ojciec nie znosił kobiet noszących spodnie. Spojrzał na mnie krytycznie. Wyraził rozczarowanie, że wyrosłam na niską szatynkę, a nie na wysoką blondynkę. Naprawdę nie wiem, skąd mu to przyszło do głowy, bo on i mama mieli ciemne włosy. Rozczarował się i moim wyglądem, i moim ubraniem. A ja przecież bardzo się starałam, specjalnie uszyłam je na spotkanie z tatą. Aha, jeszcze jeden szczegół – na peron przyszedł mnie odebrać ze swoją konkubiną.

Kiedy zaczęliśmy rozmawiać o zesłaniu, nie interesowało go, jak tam było, jak przetrwałyśmy to piekło. Zapytał tylko, czy mama zachowała złoty zegarek, który jej podarował. Gdy odpowiedziałam, że wymieniła go na trzy worki kartofli, skrzywił się i powiedział:

– No tak, twoja matka zawsze była taka niepraktyczna.

Na mój przyjazd nie wziął nawet urlopu, podrzucał mnie tylko do różnych osób. Przynajmniej trochę zwiedziłam Szwajcarię. Wracałam rozczarowana.

Jakiś czas po moim powrocie wystąpił o rozwód. Napisał do mnie, żebym na sprawie sądowej zeznawała przeciwko mamie. Kiedy odmówiłam, odpisał, że stałam się bolszewiczką, że zostałam przekabacona przez Polskę Ludową. Wrzuciłam ten list do ognia. Zerwaliśmy na kilka lat kontakt ze sobą.

Jurka poznałam, studiując chemię na Uniwersytecie Warszawskim. Też był chemikiem, później został profesorem nadzwyczajnym na farmacji na Akademii Medycznej. Najpierw zamieszkaliśmy przy Wiejskiej, a potem przenieśliśmy się na Powiśle. Pobraliśmy się w 1959 roku. Rok przed śmiercią mojej mamy.

Po jej śmierci ojciec ożenił się z tą swoją konkubiną. Nie byli jednak chyba bardzo szczęśliwi. On mieszkał w Solurze, a ona w Zurychu. Żadne nie chciało dla drugiego zrezygnować z pracy.

Jurek był miłośnikiem muzyki klasycznej. Po jego śmierci oddałam do Biblioteki Narodowej ponad piętnaście tysięcy czarnych winylowych płyt z jego kolekcji. Obiecałam mu, że tych płyt nigdy nie wyrzucę.

Mój mąż przez osiem lat chorował na rozedmę płuc, zmarł w 2002 roku. Dzieci nie mieliśmy, więc został mi tylko kot. Żadnej innej bliskiej rodziny nie mam. Z moim kotem dogadujemy się jednak bardzo dobrze. Mamy chyba podobne charaktery. Zawsze wychodzimy cało z każdej opresji; zawsze spadamy na cztery łapy.

Alina Chodkowska z domu Vincenz
(rocznik 1929)

NATALIA

ŚLUB NA WORKUCIE

Pędzili nas po śniegu długą kolumną. Brnęliśmy po pas, zapadały się nam nogi, szło się bardzo ciężko. Cały czas ktoś się przewracał, strażnicy straszliwie wrzeszczeli, wymachiwali bronią. Wreszcie stanęliśmy przed bramą łagru. Był luty 1949 roku.

„Matko Boska, co to jest?" – pomyślałam. Wszystko było przykryte grubą warstwą śniegu. Nie było widać żadnych budynków. Spod śniegu unosił się tylko dym. Przypominało to cmentarzysko. Czy tu mogą mieszkać ludzie!?

Trafiłam do obozu dostarczającego darmową siłę roboczą – czyli niewolniczą – do kopalni *Priedszachtnaja*, czyli przedkopalnianej. Był to łagier kobiecy, a dwanaście kilometrów dalej znajdował się obóz męski, do którego trafił mój brat Jeremi. Oboje zostaliśmy skazani za służbę w polskim podziemiu.

Na początku zaprowadzili nas do łaźni, a nasze ubrania wpakowali do specjalnej komory, w której – w wysokiej temperaturze – wyduszano wszy. Potem stawaliśmy przed komisją, która przyznawała kategorie zatrudnienia. Były trzy: duży, średni i mały „fizyczny trud". Ja dostałam oczywiście pierwszą, najcięższą kategorię. W ten sposób zostałam łagiernicą.

Jak wyglądał typowy dzień w obozie? A więc najpierw była pobudka. Oczywiście w środku nocy, gdy jeszcze było ciemno. Potem śniadanie, czyli zupa „plujka" i naparstek oleju, który strasznie śmierdział i przypominał smar do maszyn. Do tego – ale tylko wtedy, gdy poprzedniego dnia wyrobiło się wyśrubowaną normę – kawałek chleba.

Ze stołówki szłyśmy do pracy. Przed bramą wszystkie brygady ustawiały się jedna za drugą. Następowało liczenie. A potem kobieta sprawująca funkcję *nariadczika* przydzielała brygady do poszczególnych prac.

Na ogół rozładowywałyśmy węgiel, z którego usypywane były wielkie hałdy. Można też było trafić do odgarniania śniegu. Na Workucie zima trwała dziesięć miesięcy. Wiosna, lato i jesień musiały się zmieścić w dwóch. Mrozy były straszliwe, dochodziły do minus sześćdziesięciu stopni Celsjusza. Kiedy było minus trzydzieści i nie wiał wiatr, uznawałyśmy, że jest wspaniała pogoda. Przed zamarznięciem miały nas chronić obozowe łachy. Grube spodnie, watowana kurtka i *buszłat*, czyli coś w rodzaju palta. Pierwsze walonki, czyli prymitywne buty z filcu, które dostałam, były rozmiaru czterdzieści cztery, a noszę trzydzieści sześć. Musiałam więc wpakować do nich bieliznę i koszule. Inaczej walonki pospadałyby mi z nóg, zostały w zaspach śniegu. Na początku bardzo się na to zżymałam, ale zmieniłam zdanie, gdy znowu mnie okradli. Zostały mi wtedy tylko te ubrania, które miałam poupychane w walonkach.

Praca była straszliwa. Kiedy wiele lat później opowiadałam mężowi, że nosiłam na plecach stukilogramowe worki, uważał, że sobie to wymyśliłam. Uwierzył dopiero, kiedy koleżanka z łagru potwierdziła moje słowa.

Obiad jadłyśmy na stojąco, dopiero po powrocie z pracy. A przecież dzień roboczy trwał nawet po kilkanaście godzin! Wielkość porcji zależała od tego, czy wyrobiłyśmy normę. Zupa była ohydna, gotowana na starych śledziach. Przełykałam ją z obrzydzeniem.

Dlaczego nas tak dręczono? Sowieci powiedzieli nam, że oni nas nie zamordują, tak jak robili to Niemcy. To by było marnotrawstwo siły roboczej. Będziemy dostawać akurat tyle jedzenia, żeby utrzymać się przy życiu i machać łopatą. Biada nam jednak, jeżeli nie będziemy wyrabiać normy. Wtedy przestaną nas karmić. Zrobimy się chude, chudziutkie, a wreszcie przezroczyste. A na końcu padniemy.

Słuchałam tego ze zgrozą. To nie były puste groźby. W naszym łagrze skonało tysiące ludzi. Ich zamarznięte ciała wrzucano do wielkich lodowych jam. Na zawsze.

Bez narkozy

Przy pracy dochodziło do wielu wypadków. Byłam świadkiem, jak wagon zmiażdżył jednej z więźniarek rękę. Wyciągnęłyśmy ją spod kół. Była przerażona, w szoku. Rozcierałam jej tę rękę, żeby nie zamarzła, ale to nie miało sensu. Ręka wisiała tylko na skórze, w środku wszystko było doszczętnie pogruchotane. Oczywiście natychmiast tę rękę amputowano. To była Estonka, nazywała się Elite. W swoim kraju była znaną pianistką...

W naszym obozie siedziały przedstawicielki wszystkich narodów „wyzwolonych" przez Armię Czerwoną: Estonki, Litwinki, Łotyszki, Ukrainki, Czeszki, Węgierki, Polki. I oczywiście Rosjanki. Siedziało z nami także wiele Niemek, które zostały złapane podczas próby ucieczki z Niemiec Wschodnich do Zachodnich. Zapamiętałam dobrze jedną z nich. Zresztą trudno ją było zapomnieć. Miała chyba sto dziewięćdziesiąt centymetrów wzrostu, chuda, wręcz koścista. Była autentyczną hrabianką. Bolszewicy skonfiskowali jej dobra, a ją wywieźli jako „obszarniczkę". W obozie była wyjątkowo szykanowana i wyszydzana, nie umiała nawet trzymać łopaty.

Moją brygadę skierowano do kopalni gliny. Miałyśmy ją wydobywać za pomocą kilofów. Tam się przeziębiłam i ciężko zachorowałam. Ledwo byłam w stanie utrzymać się na nogach, ale musiałam dalej pracować. Wreszcie zemdlałam i dziewczyny zaniosły mnie do obozowego szpitala. Okazało się, że dostałam ataku ślepej kiszki.

Podczas syberyjskiej zimy temperatury spadają nawet do minus 60 stopni Celsjusza – zesłańcy mogli pozazdrościć reniferom ich grubych futer. Na zdjęciu: koledzy i koleżanki Natalii zwolnieni z łagru w Workucie, 1955 rok

Położyli mnie na stół operacyjny i wzięli pod nóż. Całe szczęście, że byłam nieprzytomna, bo w szpitalu nie było żadnych środków anestezjologicznych. Lekarz przeprowadzał operację bez narkozy. Ocknęłam się pod sam koniec. Poczułam potworny ból i zaczęłam krzyczeć. Lekarz powiedział, że muszę wytrzymać jeszcze chwilę. Już kończył mnie zszywać. Cóż miałam robić? Wytrzymałam. Naprawdę trudno uwierzyć, jak dużo jest w stanie znieść człowiek.

Po operacji leżałam tydzień w szpitalu, a później jeszcze tydzień w baraku. Gorączkowałam. Widocznie nie wszystkie narzędzia były sterylne, bo spod szwów wyciekała ropa. A ja po czternastu dniach tej „rekonwalescencji" miałam wrócić do pracy.

Urki i starowierki

Urkami nazywano więźniarki kryminalne. Całe szczęście, że z nami, politycznymi, siedziały tylko rok. Potem przeniesiono je do innego łagru. Odetchnęłyśmy wtedy z ulgą, bo to było potworne towarzystwo. Źródło wiecznych utrapień.

Urki prześladowały nas i okradały. Były niebywale wulgarne. W tych stworzeniach niewiele już było z kobiety. Władze obozowe były wobec nich bezradne. Skargi nie przynosiły żadnych efektów. Czuły się paniami łagru. Panowała wśród nich ścisła hierarchia. Te lepszej kategorii nazywały siebie sukami. Niektóre miały wyroki po sto lat łagru. Dokonywały kolejnych zbrodni, więc ciągle powiększano im wyroki.

W naszym baraku było dużo Rosjanek, które były starowierkami. Był to odłam prawosławia, który nie uznał reformy liturgicznej z połowy XVII wieku. Bolszewicy zwalczali jego wyznawców z nieprawdopodobnym okrucieństwem.

Większość z tych kobiet miała ponad siedemdziesiąt lat. Pewnego dnia wypadało ich święto. Zapytały więc, czy nie mogłyby zostać zwolnione z pracy. Wtedy wtargnął do naszego baraku jakiś młokos w mundurze i zaczął je ściągać z prycz. Szarpał jedną z kobiet, aż gruchnęła na ziemię. Coś jej się musiało stać, bo nie była w stanie się podnieść. Nie wytrzymałam. Wstałam z nar, podeszłam do niego i powiedziałam po rosyjsku:

– Ty skurczybyku. Mógłbyś być wnukiem albo prawnukiem tej kobiety! Zostaw ją w spokoju, niech się pomodli. Poproś ją tylko, by pomodliła się również za ciebie.

Gdy to usłyszał – zdębiał. Tak do strażników w obozie nikt nie ośmielał się mówić. Złapał mnie za ręce i wykręcił mi je z całej siły. Po raz kolejny w swoim życiu znalazłam się w karcerze. Było to pomieszczenie o powierzchni metr na metr. W środku panowały całkowite ciemności i mróz. Dostawało się tam tylko trochę zimnej wody i kawałek czerstwego chleba. Byłam świeżo po operacji, jeszcze gorączkowałam. Musiałam cały czas się ruszać, żeby nie zamarznąć.

Po dwóch dniach przyszli po mnie i zaprowadzili do komendanta obozu. Był Uzbekiem. Miał smagłą cerę, ciemne, gęste brwi. Był bardzo srogi, nazywali go po rosyjsku Czarny Strach. Kiedy weszłam, odłożył gazetę. Gabinet miał pięknie urządzony. Stare biurko, jakiś dywan. W niczym nie przypominało to naszego obskurnego, ciasnego baraku. Wyrecytowałam imię, nazwisko, wyrok i numer paragrafu, z którego zostałam skazana.

– Polka? – zapytał. – To widać od razu, po charakterze.

Zajrzał do papierów i mówił dalej:

– Za napaść na strażnika...

– Panie naczelniku, ale za jaką napaść? – przerwałam. – Ja na niego nie napadłam, tylko powiedziałam, co myślę o jego zachowaniu! On zrzucał z prycz na podłogę stare kobiety!

Naczelnik jakby tego nie słyszał i dalej swoje:

– Za napaść na strażnika dostaniesz pięć dni karceru.

Wściekłam się i wypaliłam:

– Dziękuję bardzo.

– Za to „dziękuję", dostaniesz kolejne dwa – powiedział.

Znowu chciałam podziękować, ale tym razem ugryzłam się w język. Nie wiem, jak by się takie przekomarzanie skończyło. Chyba bym zgniła w tym karcerze.

Zaprowadzili mnie z powrotem do zimnej celi, ale – o dziwo – wieczorem mnie wypuścili. Dlaczego? Czyżby nastąpiła pomyłka? Nic wiem tego do dziś. Przez kolejny tydzień ukrywałam się po różnych barakach, żeby tylko nie zauważyli, że nie siedzę w karcerze. Potem wróciłam do pracy. Do szarej, łagrowej codzienności. Do powolnego konania.

Banknoty w proszku do zębów

Listy mogłyśmy pisać tylko dwa razy do roku. Oczywiście musiały przejść przez cenzurę. Otrzymywać mogłyśmy jednak dowolną ilość korespondencji. W jednym z listów rodzice napisali, że bardzo się martwią, bo listy wysyłane do Jeremiego wracają do nich nieotwarte. Pytali się mnie, czy nie wiem, co się z nim dzieje. A ja oczywiście nie miałam pojęcia, trzymali nas w obozie w całkowitej izolacji od świata zewnętrznego. Sprawa mojego brata spędzała mi jednak sen z powiek.

Rodzice przesyłali mi paczki, a w nich pieniądze. Było to oczywiście surowo zakazane, ale oni znaleźli sposób. W pudełku z proszkiem do zębów – nie było wówczas past – robili podwójne dno i umieszczali w nim banknoty. Za pierwszym razem napisali, że to nowy proszek, który niedawno się pojawił na rynku. Świetnie likwiduje paradontozę i mam go nie żałować, bo będą mi przysyłali pudełko w każdej kolejnej paczce. W ten sposób dali znać, że coś jest w środku. Te pieniądze były dla mnie bezcenne. Mogłam kupić za nie na lewo trochę jedzenia dla siebie lub dla chorych koleżanek. Kosztowało to majątek, ale trzymało przy życiu.

Mleko można było kupić od młodych matek. Przysługiwał im litr dziennie dla noworodków. Mnóstwo kobiet zostało aresztowanych w ciąży albo zaszło w ciążę już w obozie. Te młode mamy odsprzedawały jednak mleko, żeby kupić machorkę. Często były nałogowymi palaczkami.

Ja tymczasem coraz bardziej martwiłam się o brata. Zaczęłam wysyłać grypsy do męskiego obozu. Robiło się to za pomocą... łopaty. W miejscu, gdzie kończy się trzonek, tuż przed szuflą, jest taka żelazna tulejka. Obsuwało się ją w dół, drążyło dziurę, w którą można było wetknąć gryps, a następnie przykrywało z powrotem żelastwem. Kiedy kobiece brygady pracowały blisko męskich, przerzucaliśmy sobie te łopaty. Pod grypsami – na wypadek gdyby wpadły w ręce strażników – podpisywałam się: „Poleszuczka". Pierwszy gryps, który przyszedł do mnie, dostałam od niejakiego Olgierda Zarzyckiego. Polaka siedzącego w łagrze numer cztery i mającego kontakt z kopalnią numer czterdzieści, w której pracował mój brat Jeremi. To od niego dowiedziałam, się co się stało...

Jeremi razem z kolegą – byłym cichociemnym, Janem Preusnerem – postanowili uciec z obozu. Z ich kopalni było zaledwie osiemdziesiąt kilometrów do Karskich Wrót u wybrzeża morza. Zdecydowali skierować się w tamtą stronę. Przepłynęli wpław rzekę i dalej szli tundrą. Mieli ogromnego pecha, bo w dniu ich ucieczki akurat spadł pierwszy śnieg. Następnego dnia rano, po śladach na śniegu, wytropiła ich i dopadła ekspedycja karna, wysłana

z obozu. Nie zdążyli odejść daleko – zaledwie dwanaście kilometrów od drutów.

W takich przypadkach NKWD zawsze stosowało tę samą bezlitosną procedurę. Obaj uciekinierzy zostali zabici od razu, na miejscu. Każdy dostał kulę w czoło, a potem w martwe ciała wpakowano jeszcze po serii z broni maszynowej. Rozebrane do naga, zmasakrowane zwłoki Sowieci rzucili przed bramę obozu. Tam leżały tydzień, ku przestrodze innych więźniów, którzy myśleli o ucieczce. Nocami obgryzały ich dzikie zwierzęta.

Syberyjska panna młoda

W 1953 roku, kiedy umarł Stalin, rozpoczęła się tak zwana odwilż. Sowieci złagodzili terror. Nasza sprawa została ponownie rozpatrzona zaocznie i nagle NKWD doszło do wniosku, że w sumie żadnych wielkich zbrodni nie popełniliśmy. Wspaniałomyślnie obniżono nam wyroki z dwudziestu pięciu do dziesięciu lat.

W 1955 roku wyszło zarządzenie, według którego więzień, który odbył dwie trzecie wyroku i nie popełnił w tym czasie żadnego przestępstwa, może wyjść na wolność. Musiał jednak osiedlić się na Workucie.

Byłam jedną z osób, które wtedy wypuścili. Początkowa radość zamieniła się w rozpacz. Władze sowieckie zupełnie się mną nie interesowały. Nie miałam się gdzie na Workucie podziać, nie miałam gdzie spać. Nie miałam pieniędzy, nie miałam co jeść. Całymi dniami błąkałam się więc po tym pustkowiu, a na noc… wracałam

---

Brat Natalii, Jeremi, zginął w trakcie próby ucieczki z obozu. Informacje o jego losie przekazał jej w grypsie przyszły narzeczony, Olgierd Zarzycki.
Na zdjęciu: Natalia i Olgierd przechodzą przez ogrodzenie, 1955 rok

do obozu. Wkradałam się do środka przez dziurę w drutach kolczastych i sypiałam skulona w swoim dawnym baraku. Była to kolejna straszliwa tortura bezwzględnego sowieckiego systemu. Tak właśnie wyglądała tam „wolność".

Napisałam gryps do Olgierda Zarzyckiego, jedynej osoby, do której mogłam się zwrócić. Jedynego człowieka, jakiego „znałam" na Workucie. Słowo „znałam" trzeba umieścić w cudzysłowie, bo przecież my się nigdy nie widzieliśmy. On jeszcze siedział w łagrze. NKWD aresztowało go, gdy był ranny, w 1944 roku, prosto z oddziału partyzanckiego, w którym walczył na Nowogródczyźnie. Nie chcieli go tak łatwo wypuścić jak mnie, bo skosił z karabinu maszynowego dwudziestu enkawudzistów. Dostał karę śmierci. Całe szczęście, że zamienili mu to potem na dwadzieścia lat katorgi. Zdążył jednak przesiedzieć w celi śmierci czterdzieści pięć dni. Co on tam musiał przeżywać! Codziennie bał się, że to ten dzień. Że to dzisiaj poprowadzą go na stracenie...

Olgierd napisał, żebym przyszła do niego na widzenie, podając się za jego kuzynkę. Wówczas takie rzeczy były już możliwe. W ten sposób, pod koniec grudnia 1955 roku, po raz pierwszy się zobaczyliśmy. Wyglądał strasznie. Zobaczyłam przed sobą wrak człowieka. Policzki miał zapadnięte, oczy osadzone głęboko w ciemnych oczodołach. Żywy kościotrup. Ważył czterdzieści cztery kilogramy, a miał sto siedemdziesiąt pięć centymetrów wzrostu. Ja wyglądałam niewiele lepiej. Ważyłam trzydzieści sześć kilogramów. Nieźle się więc dobraliśmy. Trudno w to uwierzyć, ale w tej tragicznej sytuacji, na tym łagrowym widzeniu... od razu poczułam, że to jest właśnie to. Że go kocham.

To była miłość od pierwszego wejrzenia. Natalia i Olgierd spotkali się pod koniec grudnia 1955 roku, a już 12 lutego 1956 roku stanęli na ślubnym kobiercu. Na zdjęciu: para młoda w dniu ślubu

On odsiadywał dalej swój wyrok, a ja na niego czekałam. Zachowałam około sto grypsów, które do mnie pisał zza drutów. Drugie tyle zaginęło. Stał mi się najbliższym człowiekiem. Gdy na niego czekałam, zrozumiałam, że znalazłam cel w życiu.

Niedługo wyszło kolejne rozporządzenie. Umożliwiało zawarcie ślubu z więźniem łagru w urzędzie stanu cywilnego – kościołów ani cerkwi w Sowietach oczywiście nie było. Ślub ten pozwalał na to, by więzień zamieszkał razem z żoną na wolności. Świeżo upieczony małżonek miał tylko obowiązek codziennego meldowania się w łagrze. Postanowiliśmy z Olgierdem skorzystać z tej szansy. Napisałam do rodziców, że 12 lutego 1956 roku chcę wyjść za mąż. Potem byliśmy bardzo zgodną parą, ale wtedy – przed samą ceremonią – pokłóciliśmy się nie na żarty. W pewnym momencie powiedziałam, że żadnego ślubu nie będzie. Olgierd odparł, że w takim razie rzuci się pod pociąg. Gdy usłyszałam taki „argument", musiałam ulec. Nigdy później zresztą tego nie żałowałam.

Na ślub z Brześcia na Workutę przyjechała moja mama. W końcu teraz to był jeden kraj i po Związku Sowieckim można już było podróżować. Cóż to było za spotkanie! Gdy się zobaczyłyśmy, długo nie mogłyśmy się uspokoić.

Mama przywiozła ze sobą dwie ogromne walizy. W jednej był materiał na suknię ślubną – koleżanki uszyły mi ją w ciągu jednego dnia. Była długa, aż do ziemi. Piękna. Niesamowita odmiana po kilku latach łażenia w obozowych waciakach. Wreszcie znowu poczułam się jak kobieta. Mama przywiozła też pantofelki, bieliznę. A dla Olgierda garnitur, białą koszulę i krawat. Wszystko musiało się odbyć porządnie. Był tylko jeden problem. Rodzice nie wiedzieli, jaki Olgierd miał numer butów, i przywieźli o wiele za duże. Druga waliza pękała od wódki, kiełbas i podobnych rarytasów, które miały trafić na nasz weselny stół. Mama nie przywiozła tylko śledzi. Była to jedyna rzecz, którą można było kupić na Workucie. A kolega Olgierda zdobył jakimś sposobem dwa zamarznięte renifery. Uczta była wspaniała.

Pobraliśmy się 12 lutego 1956 roku. Przez nasz niewielki pokoik – zamieszkaliśmy kątem u starego Polaka, pana Wasilewskiego – przeszło wtedy mnóstwo ludzi. Z łagrów wychodziło coraz więcej rodaków. Wszyscy chcieli złożyć nam życzenia. Ustawiliśmy wzdłuż ściany stoły z jedzeniem. Na środku pokoju urządziliśmy tańce. Bawiliśmy się do białego rana. A na koniec wynieśliśmy stoły i wszyscy pokotem zasnęli na podłodze. Był to ślub w stylu syberyjskim.

Czerwona szarańcza

Wszystkie nieszczęścia, które spadły na mnie, na moją rodzinę i na mój kraj, miały swój początek w 1939 roku. Gdy Sowieci wkroczyli do Polski, mówili na mnie Natasza. Strasznie mnie to irytowało, bo przecież jestem Polką. Dopiero jak tata – Feliks Odyński – wyjaśnił mi, że moje imię pochodzi od francuskiego *Natalie*, trochę się uspokoiłam. W domu wszyscy nazywali mnie Tala.

Z rodzicami i sześciorgiem rodzeństwa mieszkaliśmy w naprawdę pięknym miejscu. W Puszczy Białowieskiej, w dworku „Hola". Wtedy było to serce Polski, dziś większość naszej puszczy znajduje się na Białorusi. „Hola" też.

Białowieża... Gdy słyszę to słowo, przed oczami stają mi majestatyczne, wysokopienne drzewa. Dzikie zwierzęta i pachnący żywicą dom. Długie spacery i przejażdżki konne. Cóż to było za wspaniałe dzieciństwo!

W domu trzymaliśmy prawdziwą sarenkę, Basię. Tata znalazł ją, gdy była jeszcze bardzo mała. Zgubiła mamę. Na początku musieliśmy karmić ją z butelki. Bardzo się do nas przywiązała, nie odstępowała nas na krok. Mama podawała nam podwieczorek przy wiklinowym stoliku. Basia wskoczyła na niego, spadła i złamała nóżkę. Tata tę nóżkę złożył i wsadził w łupki. Na szczęście szybko się zrosła. Nie zapomnę wielkich łez, kapiących z jej oczu podczas „operacji".

W 1933 roku, kiedy miałam iść do pierwszej klasy, przeprowadziliśmy się do Brześcia. Tata uznał, że nie ma sensu dłużej siedzieć na wsi. Sprzedał nasz majątek i kupił w mieście piękną willę. Mieściła się przy ulicy Długiej.

W szkole wręcz potwornie się nudziłam. I bardzo rozrabiałam. Kiedy mama przychodziła do szkoły na wywiadówkę, nauczyciele załamywali ręce. I tak mówili o mnie i o mojej starszej o cztery lata siostrze Irenie:

– Pani Odyńska, Irenka to jest po prostu złoto. A Tala? Błoto!

Należałam do harcerstwa. Rok przed wojną pojechałam do puszczy poleskiej na obóz. Wróciłam cała pocięta przez komary, posiniaczona, podrapana i brudna. Zgubiłam połowę rzeczy, które wzięłam z domu. Bardzo mi się tam podobało, byłam zachwycona.

W sierpniu 1939 roku mieliśmy jechać nad morze. Tata powiedział jednak, że zostajemy w Brześciu, bo wojna wisi na włosku. Miał rację. Gdy się zaczęło, biegałyśmy z koleżankami z harcerstwa w miejsca, gdzie spadły bomby, i opatrywałyśmy rannych.

Gdy w mieście zrobiło się nie do wytrzymania, uciekliśmy na wieś, do wsi Motykały, do państwa Piwonich. Wróciliśmy do Brześcia kilka dni przed słynną wspólną defiladą Wehrmachtu i Armii Czerwonej. Niemcy i bolszewicy maszerowali obok siebie i nawzajem sobie salutowali. Nad miastem powiewały dwie czerwone flagi. Jedna z sierpem i młotem, druga ze swastyką.

Brześć stał się miastem granicznym. Za Bugiem była okupacja niemiecka, a u nas sowiecka. Pod naszą nieobecność dom został rozszabrowany. Wybito nam wszystkie okna, resztki drzwi wisiały na framugach. Zerwali nawet podłogę.

Po przyjściu Sowietów wszystko zniknęło ze sklepowych półek. Ci ludzie byli tak wygłodzeni, że z marszu wszystko wymietli. Pełne towarów sklepy były czymś, czego w swoim kraju nigdy nie widzieli. Dziwili się, że nie ma kolejek i kartek. Ludzie mówili wówczas: „Jak nie sraczka, to przemarsz wojsk sowieckich". Oni byli jak szarańcza.

Żyło się trudno. Okupant zamknął gimnazja i w ich miejsce otworzył swoje własne szkoły, tak zwane dziesięciolatki. Na szczęście szybko zorganizowaliśmy tajne komplety, na których uczyliśmy się polskiego, historii i geografii. Potajemnie spotykaliśmy się także na zbiórkach harcerskich.

Kiedy 22 czerwca 1941 roku Niemcy zaatakowali Związek Sowiecki i zajęli Brześć, wszystkich uczniów zapędzili do pracy. Ja

---

Za młodu Natalia była jak żywe srebro – należała do przedwojennego harcerstwa i opatrywała rannych już w pierwszych bombardowaniach Brześcia. Jako sanitariuszka razem z kolegami z AK poszła do lasu, a potem na zesłanie. Na zdjęciu: Natalia w 1955 roku

trafiłam do zakładów naprawczych telefonów i aparatów Morse'a, które służyły wojsku na froncie.

Mój brat Stefan wstąpił do konspiracji. Często prosił mnie o pomoc. Miałam na przykład iść po jednej, a on po drugiej stronie ulicy. Od czasu do czasu miałam na niego zerkać, a on dawał mi znaki, czy iść dalej, czy schować się w bramie. Niosłam teczkę, w której – jak się później dowiedziałam – była broń. Byłam dumna z tego, że mogłam pomóc bratu i organizacji.

Takie były moje nieoficjalne początki służby w Armii Krajowej. Czy się bałam? Nie, wcale. My, młodzi, uważaliśmy wtedy, że cały świat należy do nas. Że nie ma przeszkód, których nie możemy pokonać. Mogliśmy przenosić góry. Wiara w zwycięstwo było całkowita i niezachwiana.

Oficjalnie do Szarych Szeregów wstąpiłam w 1942 roku. Miałam wtedy piętnaście lat. Nadano mi pseudonim „Jaskółka". Byłam bardzo przejęta. Brzmiało to tajemniczo i jednocześnie dziarsko. Ponieważ pracowałam przy głównym dworcu w Brześciu, moim zadaniem było liczenie pociągów z amunicją, sprzętem wojskowym i żołnierzami. Raporty składałam „Jance". Zawsze ustnie. Dla ostrożności niczego nie wolno było zapisywać.

W czerwcu 1943 roku aresztowali mojego brata Stefana. Mnie akurat nie było w domu, pojechałam z jakimś zadaniem do Białegostoku. Jak wróciłam, „Janka" czekała już na mnie na dworcu. Powiedziała, że jest wsypa, i kazała uciekać.

Ukryłam się u przyjaciół rodziny, którzy mieszkali we wsi Motykały. Ich trzej synowie byli w Armii Krajowej, w ich domu odbywały się szkolenia. Brałam w nich udział i nauczyłam się udzielania

---

Rodzinie Odyńskich udało się przetrwać wojnę. Po „wyzwoleniu" przez Armię Czerwoną Natalia wstąpiła do konspiracyjnego Związku Obrońców Wolności. Na zdjęciu: Natalia Odyńska w 1944 roku

pierwszej pomocy, a nawet strzelania. Po pewnym czasie zostałam przerzucona do Wołkowyska, gdzie wstąpiłam jako sanitariuszka do oddziału podporucznika Gustawa Heczki „Skorpiona". To był cichociemny, skoczek z Anglii. Bardzo bojowy oficer. Nasz oddział zajmował się dywersją.

Koniec Armii Krajowej

Bitwa była naprawdę zażarta. Oddział „Skorpiona" ostrzeliwał się pod lasem. Nasi chłopcy pakowali w Niemców całe serie z karabinów maszynowych, rozrywały się granaty, słychać było bojowe okrzyki.

Nieprzyjaciel miał jednak miażdżącą przewagę i musieliśmy się wycofać. Kilku chłopaków było rannych, krew lała się z otwartych ran. Podbiegłam do nich, zaczęłam z torby sanitarnej wyciągać bandaże, opatrunki. Ręce mi się trzęsły ze zdenerwowania, musiałam się jednak opanować, wziąć się w garść. Ode mnie zależało życie tych żołnierzy. Praca tak mnie pochłonęła, że nie zdawałam sobie sprawy z tego, jak blisko podeszli Niemcy. Nagle tuż koło ucha świsnęła mi kula. Na włosach poczułam pęd powietrza. Obejrzałam się i zamarłam z przerażenia. Zobaczyłam ich. Niemcy biegli prosto na nas. Jednym susem wskoczyłam do pobliskiego dołu. W tej samej sekundzie w miejscu, w którym znajdowałam się przed chwilą, rąbnął pocisk. Eksplodował z potwornym, rozrywającym bębenki w uszach hukiem. Nieszczęsnego rannego, którego opatrywałam, rozerwało na strzępy. A stojące nad nim drzewo pękło z suchym trzaskiem i runęło prosto na mnie.

Co było dalej – nie pamiętam. Poczułam straszliwy, rozdzierający mnie od środka ból. Straciłam przytomność. Ocknęłam się po dziewięciu dniach w jakiejś wiejskiej chałupie. Okazało się, że drzewo złamało mi miednicę. Leżałam pod nim przez kilka godzin, dopiero po bitwie chłopcy odnaleźli mnie i zanieśli w bezpieczne miejsce, do zaprzyjaźnionych Polaków ze wsi Andrzejowice. Na domiar złego eksplozja tak mnie ogłuszyła, że od tamtej pory kiepsko słyszę. Noszę dwa aparaty słuchowe. Po odzyskaniu przytomności byłam bardzo osłabiona, nie mogłam mówić, otworzyć oczu. Przyszedł do mnie mój dowódca, żeby zapytać, jak się czuję. Słyszałam jego kroki i głos, chciałam mu odpowiedzieć, zameldować się, zdać raport. Nie byłam jednak w stanie. Nie miałam siły.

To był maj 1944 roku, Armia Krajowa na Kresach toczyła właśnie swoją ostatnią tragiczną bitwę. Przechodziła do historii.

Mimo że leżałam na wznak przez dwa miesiące, złamana miednica nie zrosła mi się dobrze. Złamanie było z przemieszczeniem. Kobieta, u której mieszkałam, nazywała się Michałowska, bardzo o mnie dbała. Karmiła, myła.

Wreszcie przez wieś przewalił się front. Niemcy uciekli, a na ich miejsce pojawili się Sowieci. Kiedy przyszli do chaty Michałowskiej, powiedziała im, że jestem jej chorą córką. A do tego niemową. Popatrzyli, pokręcili się po domu i poszli. Uratowała mnie.

Kiedy wyzdrowiałam, wróciłam do Brześcia. Był koniec 1944 roku. W domu zastałam oboje rodziców i rodzeństwo. Przetrwali wojnę. Z braci tylko Stefan został wywieziony. Trafił do oflagu koło Düsseldorfu. Miał wrócić dopiero po dwóch latach.

W mieście było bardzo niebezpiecznie. NKWD tropiło żołnierzy AK. Uciekłam więc do Baranowicz, gdzie zatrudniłam się w szkole. Pracowałam tam, posługując się fałszywą tożsamością, bo pani Michałowska dała mi dokumenty swojej zmarłej córki. Do domu przyjeżdżałam bardzo rzadko i tylko w nocy. Bałam się, że ktoś zauważy, doniesie.

Część kolegów z konspiracji uwierzyła w ogłoszoną przez Sowietów amnestię. Ujawnili się, a potem trafili do bezpieczniackich kazamatów. Wielu z nich zamordowano metodą katyńską, strzałem w tył czaszki. Innych wywieziono do łagrów.

Nie mieliśmy już żadnych wątpliwości – to nie było żadne wyzwolenie, tylko nowa okupacja. Brześć wraz z połową Polski został wchłonięty przez Związek Sowiecki.

Na Polesiu powstała nowa tajna organizacja. Nazywała się Związek Obrońców Wolności, czyli ZOW. Oczywiście nie mogło mnie w niej zabraknąć. Byłam łączniczką i kursowałam między Brześciem, Kobryniem a Baranowiczami. Opiekowaliśmy się ludźmi represjonowanymi przez sowieckie władze. Dbaliśmy o cmentarze, zabytki. Sowieci niszczyli bowiem wszelkie ślady polskości. Chcieli, żeby nic po nas nie pozostało.

Wkrótce doszło do nieszczęścia. Jeden z naszych kolegów spił się na weselu. A ponieważ wziął ze sobą broń, zaczął strzelać na wiwat. Zaraz pojawiło się NKWD i go aresztowało. Dostał w tyłek i zaczął sypać.

Byłam zupełnie nieświadoma niebezpieczeństwa. 27 lipca 1948 roku obchodziłam dwudzieste pierwsze urodziny. Mama zorganizowała przyjęcie, zaprosiła moje koleżanki i kolegów. Tańczyliśmy całą noc.

Były wakacje, jako nauczycielka, miałam labę. Mama poprosiła mnie, żebym została u nich kilka dni dłużej. Powiedziała, że jakby co, to mnie ukryją. Uległam i zostałam, nie wróciłam do Baranowicz. To ułatwiło Sowietom zadanie. Aresztowali mnie w domu rodziców 28 lipca, dzień po moich urodzinach. Rewizja trwała kilka godzin. Znaleźli ukrytą broń mojego młodszego brata, Jeremiego. Jego oczywiście również zabrali.

Zaczęło się.

Natalia i Olgierd do łagru trafili za działalność w AK. Przewrotny los sprawił, że na Syberii znaleźli miłość życia. Na zdjęciu: Natalia i Olgierd po zwolnieniu z obozu

Jak zostałam szpiegiem

Cały czas miałam ze sobą dokumenty na nazwisko Michałowska. Enkawudziści od razu powiedzieli mi jednak, że wiedzą, kim jestem naprawdę. Mimo to przez pierwsze dwa tygodnie śledztwa trzymałam się tej wersji. Do prawdziwej tożsamości przyznałam się dopiero po konfrontacji z innym członkiem AK. On potwierdził, kim jestem. Nie było już sensu udawać.

Przez pierwsze trzy doby nie pozwolili mi nawet na chwilę usiąść. Musiałam trzymać ręce skrzyżowane z tyłu. Cały czas mnie przesłuchiwali. Słaniałam się na nogach z powodu braku snu.

Okazało się, że nasze aresztowanie miało – oprócz działalności konspiracyjnej – drugie dno. Mój starszy brat, Stefan, po oswobodzeniu obozu w Düsseldorfie, nie wrócił do Brześcia. Pojechał do Polski

Ludowej i zapisał się do szkoły w Warszawie. Zrobił maturę, a potem poszedł na studia. Rodzice przysyłali mu przez znajomego kolejarza pieniądze, wymienialiśmy się też tą drogą listami. Kiedy inne brzeskie rodziny się o tym dowiedziały, również zaczęły przez tego znajomego przekazywać listy. Była to wspaniała okazja do ominięcia komunistycznej cenzury. Ostatnia partia listów trafiła jednak nie do rodzin, lecz w ręce NKWD. Nasz „listonosz" został aresztowany i zdradził, że listy zanosił zawsze do państwa Odyńskich. Na tej podstawie sowiecka tajna policja uznała, że ja i Stefan jesteśmy... groźnymi szpiegami. Według NKWD mieliśmy podjąć pracę dla wywiadu imperialistycznego. Była to piramidalna bzdura, ale za bardziej błahe rzeczy w Związku Sowieckim można było dostać kulę. Zrobiło się groźnie.

Gdy NKWD wyprowadzało mnie z mieszkania w Brześciu, Stefana w Warszawie aresztowało UB. Siedział na Rakowieckiej półtora roku. Był tam dręczony, zmuszano go, żeby się przyznał, że jest na usługach Londynu.

Z drugim bratem, Jeremim – który siedział w sąsiedniej celi więzienia w Brześciu – porozumiewałam się alfabetem Morse'a. Pukaliśmy do siebie przez ścianę.

Pewnego dnia rodzice w paczce przemycili informację, że będą stać pod więzienną bramą. Wspięłam się na barki koleżanki i wyjrzałam przez jedyne małe okienko. Rzeczywiście, byli. Zaczęłam do nich machać, bardzo się wzruszyłam. Wtedy strażnik – który podglądał nas przez judasza – wpadł wściekły do celi i siłą zwalił mnie na ziemię. Nawet tego mi odmawiali, zobaczenia bliskich przez więzienną kratę. Za karę trafiłam do karceru. Gdy wyszłam po kilku dniach, z paczki od rodziców już nic nie zostało. Dziewczyny wszystko zjadły. Nie miałam nawet o to do nich wielkiego żalu, wszystkie byłyśmy takie głodne.

„Sąd" odbył się 17 września 1948 roku. Zostaliśmy z Jeremim skazani za „zdradę ojczyzny". Wyrok: dwadzieścia pięć lat łagru i pięć lat pozbawienia praw obywatelskich. Gdy to usłyszałam, nogi się pode mną ugięły. Dwadzieścia pięć lat? To przecież więcej, niż wówczas miałam!

Sowieci dali mi kopię wyroku. Złożyłam go w kosteczkę i zaszyłam w poduszce, którą dostałam w paczce od rodziców. Jak przyszli i chcieli mi ten papier zabrać, skłamałam, że zużyłam go w ubikacji. Powiedziałam, że taki wyrok tylko do tego się nadaje. Dzięki temu ocalał. Wrócił ze mną z Workuty w tej samej poduszce.

Najpierw trafiliśmy do Moskwy, do słynnego więzienia na Butyrkach, które pamiętało jeszcze czasy carskie. Był tam punkt *pieriesilny*, czyli rozdzielczy. Stamtąd dopiero rozwozili nas do poszczególnych łagrów. Tych z najcięższymi wyrokami wysyłali na północ, za koło podbiegunowe. Znalazłam się w tej grupie. Przewieźli nas do Kirowa, gdzie pozwolono mi napisać list do rodziny. Poprosiłam o ubrania, bo w Moskwie recydywistki, z którymi siedziałam w celi, wszystko mi ukradły.

Potem rozpoczął się ostatni etap transportu. Wkrótce stanęłam przed bramą obozu. Nie spodziewałam się niczego dobrego. W moim wyroku było zaznaczone, że jako wyjątkowo groźny „wróg ludu", mam być kierowana do najcięższych prac fizycznych. Tak zaczęła się moja łagrowa golgota…

Powrót

Gdy trafiłam do łagru, nie przypuszczałam, że spędzę tam tyle lat. Nie sądziłam również, że na wygnaniu wezmę ślub. Niestety, kilka dni po ceremonii mama musiała wyjechać z Workuty. Ogromnie tęskniłam i w końcu zdecydowałam się na podjęcie szalonego ryzyka: postanowiłam nielegalnie pojechać do rodziców, do Brześcia. Gdy dziś o tym myślę, uważam, że było to całkowite wariactwo.

Musiałam przejechać przez co najmniej trzy punkty kontrolne, w których sprawdzali przepustki. Wsiadłam jednak do pociągu i ruszyłam na zachód. Liczyłam, że się uda. W przedziale siedział ze mną jakiś facet. Przyglądał mi się, a ja starałam się nie zwracać na niego uwagi.

– Ty łagiernica? – spytał wreszcie. – Z obozu?

Odpowiedziałam twierdząco. Nie było sensu tego ukrywać. Opowiedziałam mu wszystko. Gdzie jadę, że nie mam dokumentów...

–A jak ty przejedziesz przez punkty kontrolne? – zdziwił się.

– Jakoś przejadę.

Wtedy on się zamyślił i powiedział:

– Daj mi swój dowód osobisty.

Zrobiłam to, co kazał. Gdy stanęliśmy na pierwszym punkcie kontrolnym, powiedział enkawudzistom, że jestem jego żoną i że śpię. Tak dotarliśmy do samej Moskwy. Byłam mu bardzo wdzięczna. Gdy się rozstawaliśmy, spytałam, kim jest.

– Oficerem śledczym w jednym z łagrów – odparł.

A mnie zamurowało.

Przyjechałam do Brześcia tylko na pięć dni, odwiedziłam też rodzeństwo we Lwowie. Dwaj bracia, Wiesław i Bogdan, studiowali tam medycynę. Siostra Irena również. Było wspaniale zobaczyć rodzinne strony, choć teraz – z czym nie mogłam się pogodzić – to już nie była Polska.

Wkrótce musiałam wracać na Workutę. Na szczęście w powrotnej drodze już przepustek nie sprawdzano. Nikt przecież dobrowolnie w tamtą stronę nie jechał. Przywiozłam jedzenie, a mężowi w prezencie radio.

Mama Olgierda przysłała tymczasem jego sfałszowany akt urodzenia. Został w nim o kilka lat odmłodzony. Tak, żeby wyszło, że w dniu aresztowania był niepełnoletni. Dzięki temu we wrześniu 1956 roku został ostatecznie zwolniony. Mogliśmy złożyć na milicji dokumenty pozwalające na repatriację do Polski. Dostaliśmy zgodę 15 grudnia 1956 roku. Kiedy wyruszyliśmy, byłam w dziewiątym miesiącu ciąży. Długą podróż - o dziwo - zniosłam bardzo dobrze. Po tym, co przeżyłam w łagrach, wszystko wydawało mi się banalnie proste. Kilka tysięcy kilometrów z brzuchem? Cóż to dla mnie!

Granicę PRL przekroczyliśmy 22 grudnia, dwa dni przed Wigilią. Wzruszenie było olbrzymie, choć – niestety – nie wracaliśmy do wolnej ojczyzny. Była to jednak rodzinna ziemia, tu było nasze miejsce. Gdy ktoś mówi mi dzisiaj, że emigruje, bo na Zachodzie

---

Wypuszczenie z łagru nie zawsze oznaczało wolność – Polacy, osiedlani przymusowo w Workucie, nieraz długie lata czekali na zezwolenie na powrót do kraju. Na zdjęciu: byli więźniowie łagru na Workucie, od lewej Franciszek Sitnik, Jadwiga Ambroziewicz, Natalia Odyńska, Wanda Cejko, Janina Zuba, Stanisław Kuźma i Michał Tatarzycki

można lepiej zarobić, nie mogę tego zrozumieć. Lepiej jeść sam chleb z solą, ale we własnym kraju. Zwłaszcza że teraz Polska jest już wolna. Nasza.

Pojechaliśmy do Gdańska, rodzinnego miasta męża. Tam 6 stycznia 1957 roku urodziłam syna. Na imię daliśmy mu Jeremi, po moim zamordowanym bracie. Nasza córka Mariola – czyli Maria Jolanta – urodziła się po dwóch latach. Już w Warszawie. Mam wnuki, a nawet trójkę prawnucząt.

Z mężem ułożyło mi się dobrze, ale za to z teściową fatalnie. Nie była zadowolona z naszego związku, bo upatrzyła sobie dla Olgierda inną kandydatkę na żonę. Jakąś lekarkę. Dopiero na łożu śmierci wyznała mi, że tak naprawdę mnie lubiła najbardziej.

Moi rodzice też w końcu przyjechali do Polski. Nic ich już w Brześciu nie trzymało. Pracowałam wiele lat jako sekretarka dyrektora elektrowni. Mąż zmarł w 1989 roku - w roku odzyskania niepodległości. Oboje działaliśmy w Związku Łagierników.

Po wielu latach, w 1992 roku, wróciłam na Workutę wraz z dwoma kolegami z łagru. Była z nami Telewizja Polska. Kręciła film dokumentalny *Zdrajcy ojczyzny*. Z takiego paragrafu zostaliśmy bowiem skazani przez sowiecki sąd.

Tym razem jednak powitano nas na Workucie zupełnie inaczej. Na dworcu czekała delegacja Memoriału, rosyjskiej organizacji zajmującej się badaniem sowieckich zbrodni. Witano nas z wielkimi honorami. Byłam wtedy prezesem naszego związku.

Kiedy dotarłam na miejsce, w którym znajdował się niegdyś obóz, zobaczyłam, że zmienił się krajobraz. Na początku nie mogłam dojść, w czym rzecz. Dopiero potem zorientowałam się, że zniknęły olbrzymie hałdy węgla, które niegdyś usypywałam wraz z innymi więźniami. Tym węglem wyrównano cały teren, zacierając wszelkie ślady po łagrze. Pod grubą warstwą węglowego miału razem z barakami i drutem kolczastym zostały też groby ofiar. W tym grób mojego brata. Po naszym cierpieniu, po całym koszmarze sowieckiego ludobójstwa nie miał pozostać nawet ślad. Tak jakby to się nigdy nie wydarzyło.

Ale przecież my pamiętamy. A po nas pamiętać będą kolejne pokolenia.

Natalia Zarzycka z domu Odyńska
(rocznik 1927)

DANUTA

PESTKA OD ANDERSA

Do naszego dworu na polowania przyjeżdżał niegdyś sam car. Okolice te słynęły bowiem w całym imperium ze wspaniałej zwierzyny. Mój rodzinny majątek – Duszków – znajdował się na Wileńszczyźnie.

Kiedy upadł carat, Polska i Rosja Sowiecka podpisały w 1921 roku traktat ryski, który podzielił naszą małą ojczyznę granicą. Duszków cudem znalazł się po stronie polskiej. Sowiecka linia demarkacyjna przebiegała kilometr od naszych włości. Swoją drogą, tylko temu zawdzięczam, że się urodziłam. Otóż mój ojciec, Bogdan Sylweriusz Zagrajski, pracował w Wojskowym Instytucie Geograficznym w Warszawie. W 1921 roku został wyznaczony do przeprowadzenia w naszej okolicy pomiarów i wytyczenia dokładnej linii granicznej. Odwiedzał wtedy miejscowe dwory. Przybył i do Duszkowa, gdzie poznał moją mamę. Zakochali się w sobie. Wkrótce się pobrali i zamieszkali w Warszawie. Tam w 1923 roku przyszłam na świat. Całą młodość spędziłam jednak na Kresach.

Rodziców mamy pamiętam bardzo dobrze. Dziadek był nobliwym, starszym panem, prawdziwym gentlemanem i typowym kresowym ziemianinem. Babcia rozmawiała z nami przeważnie po francusku. Duszków był dużym majątkiem, którym zarządzał ekonom. Chłopi mówili po białorusku. W pobliżu znajdował się i kościół, i cerkiew.

Zimy przebiegały pod znakiem polowań. My, jako dzieci, braliśmy udział w nagance. Brnęliśmy w śniegu po pas i robiliśmy dużo hałasu. Było przy tym dużo pisków i rzucania się śnieżkami. Świetnie się wtedy bawiliśmy. Do lasu służba przywoziła bigos w ogromnych kotłach. I oczywiście wódkę.

Wieczorami, gdy drwa trzaskały w kominku, panowie grywali namiętnie w brydża, a panie czytały książki. Gdy teraz o tym opowiadam, wydaje się to takie nierealne. Jakby wyjęte z jakieś sentymentalnej kresowej powieści. Ten świat jednak istniał naprawdę. A ja byłam jego częścią.

Mój ojciec był przed wojną dość znaną postacią. W 1934 roku został zaproszony przez Norweskie Towarzystwo Geograficzne do wzięcia udziału w wyprawie polarnej na Spitsbergen. Pojechało w sumie siedem osób, pracowali pod kierownictwem wybitnego taternika i himalaisty Stefana Bernadzikiewicza. O ich postępach na bieżąco donosiła prasa.

Uczestnicy wyprawy wykonali pierwsze dokładne mapy topograficzne i geologiczne terenu. Duża część szczytów i lodowców została nazwana na pamiątkę ich imieniem. W ten sposób mój tata został unieśmiertelniony. Jeden z lodowców do dziś nazywa się *Zagrajskiisen*.

Chodziłam do warszawskiej szkoły rodzin wojskowych na Pradze, której opiekunką była sama pani marszałkowa Aleksandra Piłsudska. Mieszkaliśmy przy placu Narutowicza, w kolonii Lubeckiego. Z bratem uwielbialiśmy chodzić na ślizgawkę, a ponieważ byliśmy jeszcze mali, pilnował nas ordynans taty. Chyba nie był specjalnie zadowolony z tego „bojowego" zadania. Zwłaszcza że ślizgaliśmy się bez opamiętania wiele godzin. Latem grywaliśmy w tenisa na kortach

---

Słynna wyprawa polarna z 1934 roku pod przywództwem taternika i himalaisty Stefana Bernadzikiewicza sporządziła pierwsze dokładne mapy norweskiej wyspy Spitsbergen. Na zdjęciu: ojciec Danuty, Bogdan Sylweriusz Zagrajski, który był uczestnikiem wyprawy

w Ogrodzie Botanicznym. Chodziłam też na lekcje gry na fortepianie, kilka razy w tygodniu miałam konwersacje z francuskiego. W 1939 roku miałam iść do pierwszej klasy liceum. Na wakacje jak zwykle pojechaliśmy do Duszkowa. Tam zastała nas wojna.

U boku przemytników

Tak jak wspominałam, majątek dziadków znajdował się tuż przy granicy ze Związkiem Sowieckim. 17 września dowiedzieliśmy się, że wkroczyli Sowieci. Najpierw nad naszym dachem z rykiem silników przeleciały samoloty. Wydawało mi się, że są tak nisko, że obłupią komin.

Wuj, który miał majątek obok naszego, natychmiast zabrał rodzinę i uciekł do Wilna. My z babcią, mamą i bratem zostaliśmy jednak na miejscu. Może rodzina łudziła się, że kobiet i dzieci nie ruszą? Myliliśmy się.

Wkrótce dostaliśmy list od taty. Był w Wilnie. Został wzięty do niewoli przez Armię Czerwoną, ale udało mu się uciec z transportu. Teraz już wiemy, że w ten sposób uniknął kuli w tył czaszki w Katyniu. Był przecież oficerem Wojska Polskiego. Na razie jednak był bezpieczny, Wilno znalazło się pod kontrolą Litwinów.

Bolszewicy wyrzucili moją rodzinę z domu. Byli bardzo agresywni, wymachiwali naganami. Schroniliśmy się w sąsiednim miasteczku – nazywało się Raków. Nie mieliśmy ze sobą ciepłych rzeczy, do Duszkowa przyjechaliśmy przecież tylko na letnie wakacje.

Zesłania uniknął tylko ojciec rodziny Zagrajskich, Bogdan Sylweriusz. Danuta wraz z młodszym bratem Jerzym i matką Wandą rozpoczęła tułaczkę przez Kraj Ałtajski, Persję i Irak aż do Wielkiej Brytanii. Na zdjęciu: Zagrajscy w 1934 roku

Robiło się coraz bardziej niebezpiecznie. Represje wobec Polaków się nasilały. Postanowiliśmy więc przedrzeć się do Wilna, do taty. Granica od razu po wybuchu wojny została zamknięta, więc mama – która była niezwykle zaradna – porozumiała się z przemytnikami. Dzięki ich pomocy przedostaliśmy się na drugą stronę. Jechaliśmy na wozie, przykryci plandekami i sianem.

Gdy dotarliśmy do Wilna, wydawało nam się, że jesteśmy uratowani. Terytorium okupowane przez bolszewików zostawiliśmy za sobą. Tylko jak tu znaleźć tatę w tak dużym mieście! Mama długo chodziła, licząc na to, że spotka kogoś znajomego, kto udzieli jej jakichkolwiek informacji. Niestety, niczego nie zdołała się dowiedzieć. Zmęczona i zrezygnowana, postanowiła pomodlić się w wileńskiej katedrze. I tam wydarzył się cud. Spotkała tatę na schodach.

W Wilnie powstała szkoła dla dzieci uchodźców, do której poszliśmy z bratem. Po kilku miesiącach mieszkania u kolegi taty wynajęliśmy, za drobną opłatą, własny domek. Ojciec dostał pracę. Życie jakoś się toczyło, choć Polakom pod litewską okupacją nie było

wcale łatwo. Litwini uprawiali szowinistyczną, brutalną politykę lituanizacji polskiego Wilna.

Nasze nadzieje, że wyrwaliśmy się bolszewikom, okazały się płonne. Bolszewicy przyszli do nas. W czerwcu 1940 roku Armia Czerwona wkroczyła na Litwę. Cały kraj – a wraz z nim i Wileńszczyzna – został wchłonięty przez sowieckiego kolosa.

Aresztowano nas rok później, 14 czerwca 1941 roku. Tata akurat wyjechał za miasto, NKWD zastało w domu tylko mamę, brata i mnie. Zawieźli nas prosto na dworzec. Rozpaczaliśmy, że nie ma z nami taty, ale z drugiej strony cieszyliśmy się, że uniknął straszliwego losu.

Wieźli nas dwa tygodnie. Mniej więcej w połowie podróży dowiedzieliśmy się z głośników rozstawionych na stacji, że wybuchła wojna między Niemcami a Związkiem Sowieckim. Wywołało to w naszych wagonach euforię. Ktoś wreszcie ośmielił się zaatakować naszego największego wroga. Dawało to nadzieję na ratunek.

Nienawiść większa niż do Niemców

Nasz pociąg zakończył bieg w Alejsku, w syberyjskim Kraju Ałtajskim. Stamtąd rozwieziono nas do jakichś zapomnianych przez Boga posiołków. Oczywiście od razu zaprzęgnięto nas do pracy. Ja miałam wówczas osiemnaście lat, mój brat czternaście. Do tego mama. Niewiele chyba z nas mieli pożytku.

Cóż to były za warunki! Nam, przybyszom z Polski, nie mieściło się w głowie, że ludzie mogą tak żyć. Spaliśmy na barłogach, rozciągniętych na ubitym klepisku. W chałupie był nawet piec, nie było jednak czym w nim palić. Dzienny przydział jedzenia wynosił parę kromek starego, czerstwego chleba. O wszechobecnym robactwie nie muszę chyba mówić.

Zaczęliśmy pracę od budowy baraków, które miały być przeznaczone dla ewakuowanej ludności sowieckiej. Dali nam narzędzia, ale zupełnie nie potrafiliśmy się nimi posługiwać. Od razu doszło do nieszczęścia. Mój brat pierwszego dnia pracy odrąbał sobie palec. Mama wpadła w panikę. Tam nie było przecież żadnej pomocy lekarskiej! Nie pamiętam już, jak się udało go pozszywać. Cierpiał okrutnie. Na szczęście nie wdało się żadne zakażenie. Został jednak okaleczony na całe życie.

Wtedy wyznaczono nam inną pracę. Mieliśmy wyciągać z rzeki spławiane nią bale drewna. Drewno samo w sobie jest ciężkie, a co dopiero kiedy nasiąknie wodą. Ta praca przekraczała siły nastolatki. Gdy wieczorem przywozili nas do kołchozu, byłam nieprzytomna ze zmęczenia. Ubranie wisiało na mnie w strzępach. Padałam na barłóg i zasypiałam.

Dlaczego oni tak nas męczą? Co im zrobiliśmy? Zadawaliśmy sobie te pytania i nie potrafiliśmy znaleźć odpowiedzi. Dla nas to był szok kulturowy. Z zamożnej, czystej Polski nagle przeniesiono nas do jakiegoś wielkiego grajdołu. Moje ręce nawykły do gry na fortepianie, a teraz musiałam przenosić nimi ciężkie belki.

Lato na Syberii było bardzo upalne. Taki klimat nie sprzyja osobom chorym na serce. Mama, która miała od lat problemy kardiologiczne, bardzo cierpiała. Ale nie mogła uskarżać się na swój los, bo bolszewicy daliby jej jeszcze cięższą pracę. Skargi były surowo zabronione. Nienawidzili Polaków bardziej niż Niemców.

W ten sposób żyliśmy z dnia na dzień, nie wiedząc, czy dożyjemy kolejnego wschodu słońca. Z przerażeniem myśleliśmy o zbliżającej się zimie. Wyprzedaliśmy się już z wszystkich rzeczy, które zabraliśmy z Wilna. A sowieckie racje żywnościowe były głodowe. Stanęło przed nami widmo śmierci głodowej.

Pewnego dnia, było to chyba w połowie sierpnia, przyjechali do nas funkcjonariusze NKWD. Zebrali nas i oświadczyli, że jesteśmy wolni i możemy sobie iść, dokąd chcemy. Byliśmy zdumieni, baliśmy się, że to jakaś pułapka. Okazało się jednak, że dla Polaków rzeczywiście została ogłoszona amnestia. Sikorski podpisał układ z Sowietami. Był to pierwszy szczęśliwy dzień na zesłaniu.

Pojechaliśmy koleją do Taszkientu. Tam byli nasi wojskowi. Co to była za radość zobaczyć polskie mundury! Zobaczyć orzełki na czapkach! Wstąpiła w nas nadzieja, że może jeszcze nie wszystko stracone. Może jednak z tego bagna się wyrwiemy. W jedno tylko nie mogliśmy uwierzyć i z jednym nie potrafiliśmy się oswoić – że Związek Sowiecki stał się nagle naszym sojusznikiem…

W polskim mundurze

Wojsko polskie formowało się w Buzułuku w pobliżu Samary. Dzieliło nas jeszcze od tego miasta siedemset kilometrów, a więc – jak na warunki syberyjskie – śmieszna odległość! Na miejscu od razu zgłosiliśmy się do sztabu. Mama spotkała tam kilku kolegów ojca. Serce zabiło mi mocniej. Może on też? Niestety, nikt nie wiedział, co się z nim dzieje. Nikt nie miał o nim żadnych wiadomości.

Koledzy taty poradzili nam, żebyśmy postarały się o przyjęcie do kobiecych oddziałów wojskowych. Mój brat z miejsca zapisał się do junaków. O tym, żebyśmy zostali z cywilami, nie było mowy. W końcu byliśmy rodziną oficerską!

Ażeby dostać się do wojska, musiałyśmy przejść badania lekarskie. Ja nie miałam z tym problemu. Jednak mama, z jej chorym

---

Wanda i Danuta szybko podjęły decyzję o zaciągnięciu się do kobiecych formacji, organizowanych przy Armii Andersa. „W końcu byliśmy rodziną oficerską!" – wspomina Danuta. Na zdjęciu: Wanda Zagrajska w angielskim mundurze w Iraku, około 1942 roku

sercem... Nie przyjęli jej. Byłyśmy zrozpaczone, bo to oznaczało, że musimy się rozdzielić. Udało nam się tego uniknąć na zesłaniu, a teraz miałybyśmy się rozstać po przybyciu do swoich? Nie mogłyśmy do tego dopuścić! Mama ubłagała oficerów, żeby pozwolili jej chociaż odpłynąć z wojskiem do Persji.

Mój brat odjechał pierwszym transportem. My musiałyśmy czekać aż do sierpnia 1942 roku. Mama w międzyczasie zachorowała na jakąś paskudną tropikalną chorobę. Ledwo z tego wyszła. Wreszcie przepłynęłyśmy Morze Kaspijskie i znalazłyśmy się w Persji.

W Teheranie otrzymałyśmy osobny namiot, gdzie mogłyśmy odpocząć po tym wszystkim, przez co przeszłyśmy przez ostatni rok. Była tam również łaźnia, co dla nas – przybyszek z nieludzkiej ziemi – było wielkim luksusem. Na zesłaniu panowały katastrofalne warunki higieniczne i zwłaszcza sprawy natury kobiecej stanowiły prawdziwą mordęgę.

Jadłyśmy głównie to, co dostarczali nam Anglicy. A więc peklowaną wołowinę, suche biskwity, angielską marmoladę. Ależ ona była przeraźliwie słodka. W porównaniu z sowiecką „dietą" był to raj. Najważniejsze było jednak, aby pić olbrzymie ilości wody. W całym swoim życiu nie wypiłam jej chyba tyle, co wtedy.

Na szczęście udało się załatwić sprawę mamy. Po ponownych badaniach dali jej najgorszą kategorię, ale do wojska przyjęli. Wstąpiłyśmy razem do słynnej Pomocniczej Wojskowej Służby Kobiet. I w ten sposób stałyśmy się Pestkami. Tak na nas mówiono.

Była to kobieca formacja powstała z inicjatywy generała Władysława Andersa podczas tworzenia Polskich Sił Zbrojnych w Sowietach. W sumie było nas parę tysięcy. Dostałam piękny angielski mundur z polskimi odznaczeniami i od razu poczułam się bardzo ważna i potrzebna. Byłam dumna.

Skierowano mnie do Iraku. Przemieszczaliśmy się ciężarówkami przez czerwone, spalone słońcem góry. Żar lał się z nieba. Co pewien czas spotykaliśmy tylko samotnych Beduinów. Jechaliśmy nad przepaściami, było to niezwykle niebezpieczne. Samochody prowadzili Arabowie, którzy doskonale znali teren. Tak przynajmniej sobie wmawiałyśmy, starając się uspokoić.

Jechaliśmy za dnia, a nocami rozbijaliśmy obozowiska. Siadywaliśmy przy ognisku, a nad nami rozpościerało się rozgwieżdżone niebo. Słychać było cykanie owadów, gdzieś w oddali wyły szakale. Czuliśmy się jak bohaterowie *W pustyni i w puszczy*.

Na pustyni AnNafud

W Iraku znowu zamieszkałyśmy w obozie wojskowym. Oczywiście nad wszystkimi namiotami górował jeden duży, z kasynem oficerskim w środku. Taka już chyba była wojskowa tradycja. Oficerowie mogli tam zjeść kolację, wypić drinka, zapalić cygaro. Niektóre Pestki również tam bywały...

Oficerowie spali na rozkładanych łóżkach, my musiałyśmy się zadowolić kocami. W rezultacie i tak spałyśmy na piasku. Najgorsze były jednak muchy i komary. Mimo rozwieszonych wszędzie moskitier owady i tak zawsze znajdowały jakąś dziurkę i wlatywały do środka. Zmora! Do namiotów właziły także obrzydliwe jaszczurki. Niektóre koleżanki reagowały na nie dość histerycznie.

Do zadań Pestek należała głównie opieka nad rannymi, praca w kuchni, szkole, administracji i w łączności. Zgłosiłam się do tej ostatniej. Zostałam skierowana na kurs na pustyni AnNafud. Mama służyła jako świetliczanka w obozie junaków w Palestynie.

Na kursie dzień rozpoczynałyśmy od musztry. Prowadzili ją przedwojenni oficerowie i podoficerowie. Upał był nie do zniesienia, a my biegałyśmy po pustyni w... zimowych mundurach. Letnie jeszcze nie przyszły. Nie da się chyba opisać uczucia ulgi, jaką czułyśmy, zrzucając ten ciężki, gruby, przepocony strój. Potem naturalnie wskakiwałyśmy pod prysznic. Po takich ćwiczeniach czułam się o dziesięć kilo lżejsza.

Spałyśmy w namiocie w sześć. Trzy z jednej, trzy z drugiej strony. Nocami zrywały się straszne burze piaskowe, które rzucały namiotem we wszystkie strony i wyrywały go z ziemi. Nie było wtedy innego wyjścia, musiałyśmy natychmiast rozstawiać go od nowa, co w burzy piaskowej było nie lada wyczynem. Piach wciskał nam się do oczu i ust. Boleśnie smagał twarz. Nocami słyszałyśmy także wycie szakali, które podchodziły pod obóz. Na szczęście nigdy nas nie zaatakowały, bały się ognisk, które były palone przez całą noc. Ognia nie bali się za to Arabowie, którzy pod osłoną ciemności zakradali się między namioty i nas okradali. Byli bardzo sprytni, nakrywali się prześcieradłami w kolorze piasku, tak że zupełnie zlewali się z pustynią. Wartownicy nie byli w stanie ich dojrzeć.

Kurs trwał od jesieni 1942 roku do lata 1943, prawie rok. Na końcu przydzielili nas do konkretnych oddziałów. Żal było się rozstawać z dziewczynami, bardzo się wszystkie zaprzyjaźniłyśmy. Poprosiłam o możliwość pójścia do szkoły dziewcząt w Nazarecie. Bardzo chciałam zdać maturę.

Dostałam sześć miesięcy na zdanie egzaminów, a maturę wyznaczono na luty 1944 roku. Był to niesamowicie krótki czas. Musiałam ślęczeć nad książkami całe dnie i noce. Oficerowie mówili, że młodzież potrzebna jest na froncie, a nie w szkołach. Sama nie wiem, jak ja tę maturę zdałam.

Moja prośba o wysłanie mnie na uniwersytet francuski w Bejrucie została odrzucona. Tylko nieliczni mogli się tam dostać.

Przerwaną przed wojną edukację Danuta kontynuowała w szkole dla dziewcząt w Nazarecie, gdzie w trybie przyspieszonym podchodziła do matury.
Na zdjęciu: Danuta w 1939 roku, przed małą maturą w Warszawie

– Co ty sobie myślisz, przecież trwa wojna – mówiła moja komendantka. – Na studia iść się zachciało! Też nie miała kiedy.

Zamiast na studia do Bejrutu oficerowie wysłali młodych Polaków pod Monte Cassino. Wielu z nich zostało tam rozerwanych na strzępy przez nieprzyjacielskie pociski. Myślę, że dla Polski lepiej byłoby, gdyby przeżyli, mogli zdobyć wykształcenie, zrobić coś dla kraju.

Katastrofa statku „Laconia"

Co się w tym czasie działo z moim bratem? Jego losy ułożyły się w sposób niesamowity. W Teheranie spotkał dwie kobiety, które widziały, jak moja mama w Sowietach zapadła na tropikalną chorobę. I te baby powiedziały mu, że mama zmarła! Nie mając już niczego, co trzymałoby go w Persji, zapisał się na pierwszy transport do Wielkiej Brytanii. Wyruszył w podróż statkiem, ale nie najkrótszą drogą przez Morze Śródziemne – na którym grasowała Kriegsmarine – tylko naokoło Afryki. Z Egiptu do Kapsztadu, a stamtąd na północ.

Ta jednostka nazywała się „Laconia" . Był to przedwojenny statek pasażerski, przerobiony na potrzeby wojska. Na pokładzie było blisko pięciuset marynarzy i oficerów. Głównie Brytyjczyków, ale również stu trzydziestu Polaków. Pod pokładem siedziało dwa tysiące włoskich jeńców wojennych. Do tego kilkudziesięciu cywilów, głównie kobiety i dzieci. W sumie dwa tysiące siedemset trzydzieści dwie osoby.

12 września w okolicach wyspy Świętej Heleny statek „Laconia" został namierzony przez U-Boota. Niemcy zaczekali, aż zapadnie zmrok, i w świetle księżyca wpakowali w brytyjski statek dwie torpedy. Jedna z nich uderzyła w dolny pokład, zabijając kilkuset

Włochów. Wśród jeńców wybuchła panika, zaczęli desperacko szturmować górny pokład, aby dostać się do szalup. Tam stali już jednak Anglicy i pakowali do łodzi swoich żołnierzy. Do napierających na nich Włochów otworzyli ogień. Działy się tam dantejskie sceny, a w środku całego zamieszania był mój brat!

Przekonany, że jego matka nie żyje, Jerzy zaokrętował się na płynącej do Wielkiej Brytanii „Laconii". Cudem przeżył storpedowanie statku i kilka dni dryfowania po oceanie. Na zdjęciu: Jerzy Zagrajski, około 1943/1944 roku

Na łodziach ratunkowych nie starczyło miejsca dla wszystkich Włochów, w rezultacie zaczęli skakać do wody, a tam czekały już na nich rekiny. Istne pandemonium.

Dowódca U-Boota Werner Hartenstein, gdy zorientował się, co się dzieje, zdecydował się na ratowanie dryfujących w wodzie ludzi. U-Boot wynurzył się na powierzchnię i zaczął wyciągać z wody rozbitków. W akcję ratunkową zaangażowały się również inne niemieckie okręty podwodne.

Hartenstein nadał przez radio sygnał do aliantów, informując o tym, co się dzieje. Wezwał ich do odebrania rozbitków. Mimo to amerykański bombowiec Liberator z premedytacją zbombardował U-Boota, zabijając wielu alianckich żołnierzy. Niemiecki okręt podwodny, aby uniknąć zniszczenia, musiał się błyskawicznie zanurzyć. Potopiło się wielu ludzi. W sumie zginęło tysiąc sześćset osób.

To była bardzo głośna sprawa, w jej wyniku admirał Karl Dönitz zabronił swoim jednostkom ratowania rozbitków. Po latach na podstawie tych dramatycznych wydarzeń nakręcony został film *Zatopienie „Laconii"*, z Andrew Buchanem w roli głównej.

Mój brat przez kilka dni dryfował na jakiejś tratwie. W pełnym słońcu, na słonym oceanie. To była męczarnia. Wyłowili go w końcu francuscy marynarze. Znalazł się w Casablance, skąd Anglicy zabrali go na Wyspy. W ten sposób trafił do Anglii.

Wojna w Europie

Zostałam przerzucona do Włoch, gdzie trwały zacięte walki z Niemcami. Z Port Said w pobliżu Kanału Sueskiego wyruszyłam polskim „Batorym". Na kontynencie europejskim stopę postawiłam dzień po zwycięstwie pod Monte Casino. Był 20 maja 1944 roku.

Gdy znalazłam się w strefie wojny, pomyślałam o rodzinie. O tym, jak ułożyły się nasze losy. Mama w Palestynie, ja we Włoszech, brat w Anglii, a o tacie słuch zaginął. Myślałam, że może jest nadal w Polsce, a może – deportowany przez Sowietów – kona gdzieś w zapomnieniu na dalekiej Syberii.

Moja baza łączności została umieszczona w porcie San Giorgio nad Adriatykiem. Obsługiwałam radiostację, telefony i telegrafy. Nasze wojsko szło naprzód, toczyły się krwawe boje. Praca paliła nam się w rękach. Odczytywałyśmy i wysyłałyśmy dalej rozkazy i meldunki. Telegramy przychodziły alfabetem Morse'a. Musiałyśmy je rozszyfrować i przekazywać do punktu odbiorczego, z którego rozwożono pocztę po oddziałach. Pracowałyśmy na trzy zmiany. Od ósmej wieczór do drugiej rano, potem od drugiej rano do ósmej wieczór, a trzeciego dnia od ósmej wieczorem do ósmej rano. Wojna trwała dwadzieścia cztery godziny na dobę. Dopiero po trzech dniach mogłyśmy wziąć dzień wolny.

Przy okazji zobaczyłam całe Włochy. W miarę jak nasze dywizje wyzwalały kolejne opanowane przez Niemców terytoria, jechałyśmy za nimi z naszymi radiostacjami. Mieszkaliśmy w zarekwirowanych mieszkaniach i hotelach.

Wojna to jednak nie tylko walka i ciężka praca. Byłyśmy młode, ciekawe świata, wrażeń. Podczas nielicznych chwil wytchnienia udawało się obejrzeć jakiś zabytek, pójść na plażę. Adriatyk urzekł mnie wówczas do tego stopnia, że po wojnie – już jako dorosła kobieta – wszystkie wakacje z rodziną spędzaliśmy we Włoszech.

We Włoszech poznałam też miłość mojego życia. Nazywał się Adam Hewanicki i był adiutantem pułkownika, który kiedyś razem z moim ojcem brał udział w wyprawie polarnej. Przed wojną prawie ukończył studia we Lwowie. Chciał teraz kontynuować naukę we Włoszech, ale go nie przyjęli. Na uczelni powiedziano mu, że musi pokazać indeks z zaliczeniami dotychczasowych semestrów. A jak on miał mieć indeks, gdy w środku nocy wypędzono go z domu i wywieziono na Sybir?! W takich sytuacjach myśli się raczej o zabraniu chleba, a nie indeksu. Włoscy profesorowie nie byli jednak w stanie tego pojąć.

Ja jakimś cudem na studia w Rzymie się dostałam. Razem ze mną uczyli się żołnierze Armii Krajowej, którzy bili się w powstaniu, dostali się do niewoli niemieckiej, a potem zostali wyzwoleni przez aliantów. W 1946 roku Włosi nas jednak wyrzucili. Nie chcieli już polskich żołnierzy, w kraju panowały nastroje prosowieckie. Studiów w Rzymie nie było mi dane skończyć.

Urwany pamiętnik

Do Anglii przyjechałam w roku 1946. Miałam ze sobą dużą walizkę, ale nie dałam rady jej wnieść po schodach na statek, którym przepływaliśmy przez kanał La Manche. Na dole stał patrol, który odbierał bagaże i zajmował się ich przewozem. Oddałam im walizkę, dostałam pokwitowanie.

Kiedy przyjechałam do Anglii i poszłam odebrać bagaż, okazało się, że walizka jest rozpruta i ściągnięta metalowym drutem. Wszystko, co lepsze, zniknęło. Jedwabna bielizna, ubrania z nylonu. Anglicy rozkradli moją garderobę! Nie było to sympatyczne przywitanie przez nowy kraj.

Mama przyjechała do Wielkiej Brytanii kilka miesięcy później. Tam też połączyłyśmy się z bratem. Jaka to była dla niego radość, że jednak żyjemy! O ojcu żadnych wiadomości nadal nie miałyśmy. Nawet najmniejszego śladu. A od naszego rozstania minęło pięć lat.

Dopiero potem dowiedziałyśmy się, że próbował dostać się z Wilna do Warszawy. I właśnie wtedy słuch o nim zaginął. Ktoś przywiózł nam nawet jego pamiętnik, który prowadził od chwili naszego aresztowania. Urywał się w momencie podjęcia decyzji o wyjeździe do stolicy.

Tata zniknął. Co się z nim stało? Nie wiem tego do dziś. Nie ma nawet grobu, na którym mogłabym mu zapalić świeczkę czy złożyć kwiaty.

Staraliśmy się w Anglii zacząć od nowa. Poszłam do *college'u*. Mój brat skończył mechanikę. Ożenił się z Angielką, z którą wyjechał do Kanady. Nawet nieźle im się tam wiodło. Z mamą nigdy się już nie zobaczył. Umarła, zanim zdążył nas po raz pierwszy odwiedzić.

Adam skończył architekturę na polskim wydziale Uniwersytetu Londyńskiego. Pracował w stołecznym magistracie londyńskim, gdzie poznał córkę Józefa Piłsudskiego, Jagodę. Nasi synowie się zaprzyjaźnili. Ja pracowałam w Thomas Cook Travel Agency. Ślub wzięliśmy w 1948 roku. Mam córkę i syna.

Do Polski Ludowej po raz pierwszy pojechaliśmy w 1960 roku. Chciałam odwiedzić rodzinę. Jechaliśmy samochodem przez Niemcy Wschodnie. Podróż była niezwykle uciążliwa. Co chwila nas zatrzymywali, legitymowali, przeszukiwali samochód. Gdzie jedziemy? Po co? Do kogo?

Przyjazd do kraju był szokiem. Kto nie widział Warszawy przed wojną, ten nie zna tego miasta. To była piękna, europejska metropolia. Paryż Północy. Miasta, które zobaczyliśmy, nie byłam w stanie rozpoznać. Podobnie było z całą Polską. Szara, smutna, komunistyczna. Inni w niej mieszkali ludzie.

Nie odnalazłam tego kraju, z którego wypędzono mnie w roku 1941. To był już inny świat.

Danuta Hewanicka z domu Zagrajska
(rocznik 1923)

WERONIKA
W SZEREGACH WYKLĘTYCH

Postawili mnie przed sądem. Siedziałam w otoczeniu milicjantów i słuchałam wyroku. Kiedy to było? Niedawno. W roku 2013. Rozprawa odbyła się w Szczuczynie. Białoruskie władze nałożyły na mnie wysoką grzywnę – równowartość mojej emerytury. Za co? Za kultywowanie pamięci o moich poległych towarzyszach. O żołnierzach kresowych oddziałów Armii Krajowej, którzy zginęli w walce z sowieckim najeźdźcą.

Formalnie postawiono mi zarzut zorganizowania nielegalnego zgromadzenia. Odbyło się ono we wsi Raczkowszczyzna. W miejscu, gdzie w 1949 roku poległ podporucznik Anatol Radziwonik „Olech", dowódca jednego z ostatnich oddziałów Żołnierzy Wyklętych. Postawiliśmy tam krzyż, zorganizowaliśmy mszę polową. Pojawiło się dużo polskiej młodzieży, przyjechał nawet konsul. Doprowadziło to do wściekłości białoruskie władze. Dla nich my, akowcy, nadal jesteśmy „bandytami" i „faszystami".

Organizacja, której jestem prezesem – Związek Żołnierzy Armii Krajowej na Białorusi – cały czas boryka się z problemami ze strony reżimu. Krzyż, który postawiliśmy, został spiłowany przez „nieznanych świadków" i gdzieś wywieziony.

Jeżeli jednak władze myślą, że mnie zastraszą, to się grubo mylą. Nie złamały mnie katownie NKWD i łagry na Workucie. Nie uda się więc to również im. Dopóki będę żyła, będę stawiała krzyże upamiętniające poległych Polaków.

Synagoga, kościół i cerkiew

Urodziłam się we wsi Pacewicze w powiecie wołkowyskim. Wtedy była to część II Rzeczpospolitej. Nasza, licząca około dwieście domów, wieś była mieszana. Większość mieszkańców stanowili Białorusini, ponadto dwadzieścia cztery polskie rodziny. I jedna żydowska.

Jak układały się nasze relacje z sąsiadami? Bardzo dobrze. Obie społeczności okazywały sobie szacunek. Kiedy wypadały prawosławne święta, nie robiliśmy prania ani innych prac domowych, żeby nie urazić Białorusinów. Oni postępowali tak samo w święta katolickie.

W soboty w Pacewiczach było wielkie sprzątanie, wszystkie rodziny porządkowały podwórka i domy. Na niedzielę musiało być czysto. Oni szli do cerkwi, a my do kościoła. A potem nasze mamy i babcie siedziały razem na ławeczkach i rozmawiały. Nikt wówczas nie żywił do nikogo urazy, nie było żadnych napięć.

Obecnie jest zupełnie inaczej. Najsmutniejsze jest to, że nienawiść do Polaków płynie z cerkwi. Tam nie chcą nas widzieć, nawet na pogrzebach czy weselach. Zawsze żegnam się po katolicku i prawosławnym księżom to się nie podoba. Mówią o tym otwarcie, a wierni to powtarzają. Ech, pieskie czasy.

Teraz nawet powietrze jest gorsze niż przed wojną. Wszystko się zmieniło. Wtedy jak była wiosna, to była wiosna. Jak lato, to lato. A jak zima, to zima z prawdziwego zdarzenia. Z zaspami śniegu, po których jeździło się saniami, z trzaskającym kilkudziesięciostopniowym mrozem.

W II Rzeczpospolitej żyło nam się dobrze, lekko. Pamiętam to doskonale, choć byłam przecież małą dziewczynką. Chciałabym, żeby świat, z którego przyjdzie mi odejść, był takim samym miejscem, w jakim przyszłam na świat w 1931 roku. Niestety, to niemożliwe.

Ojciec mój, Józef Oleszkiewicz, był inżynierem, budował drogi i mosty. Mieliśmy mały, ładny domek, tata prowadził w nim swoją kancelarię. We współpracy z miejscowymi gospodarzami położył bruk na naszej wiejskiej drodze. Była to duma całej wsi.

Weronika spędziła szczęśliwe dzieciństwo w wielokulturowych Pacewiczach. Wojna na zawsze zmieniła jej życie i rodzinne strony. Na zdjęciu: Weronika tuż przed aresztowaniem, wczesne lata 50.

Proponowali nam, żebyśmy przenieśli się do miasta, ale ojciec – mimo że warunki pracy byłyby tam lepsze – odrzucił tę ofertę. Tak jak my wszyscy, był fanatycznie przywiązany do naszej ziemi. To była dla nas świętość.

W domu było nas troje: Irena, Antoni i ja, najmłodsza. Mama, Stanisława, nie pracowała zawodowo, zajmowała się domem. W naszej przedwojennej szkole narodowość nie miała znaczenia. Polak czy Białorusin – wszyscy byli traktowani jednakowo.

Synagoga, kościół i cerkiew stały blisko siebie. Wspomniałam już o tej rodzinie żydowskiej, która mieszkała w Pacewiczach. Ich dom znajdował się naprzeciwko naszego, po drugiej stronie drogi. Kiedy przychodził szabas, szliśmy z rodzeństwem przed ich dom i z ciekawością przyglądaliśmy się żydowskim rytuałom. Modlili się, nakręcając na ręce skórzane pasy. W szabas – zgodnie z nakazem ich religii – nie robili nic, nawet nie palili w piecu. Stosunek do tej rodziny był życzliwy.

W Wołkowysku mieszkała krawcowa Ilda, Żydówka. Ależ ona pięknie szyła! Kiedy Niemcy zaczęli wywozić Żydów, ludzie ze wsi proponowali, że ją ukryją. Nie zgodziła się. Z getta już nie wyszła. Ani ona, ani jej mąż, Muszwa, ani ich siedmioro dzieci. Wszyscy zostali zgładzeni.

Kula dla „polskiego pana"

Przyszedł nieszczęsny wrzesień 1939 roku. Najpierw na Polskę napadli Niemcy, a zaraz potem spadł kolejny cios: wkroczyli bolszewicy! Na Kresach rozegrały się wówczas dramatyczne, rozdzierające sceny.

W naszych okolicach już przed wojną działały kontrolowane przez Moskwę podziemne komunistyczne struktury. Państwo polskie je zwalczało, ale o tym, jak to wyglądało, najlepiej mówi anegdota, opowiadana przez mojego tatę. Otóż śmiał się on z pewnego miejscowego komunisty, który dostał pół roku więzienia. Gdy odsiedział ten wyrok... odmówił wyjścia na wolność! Powiedział, że mu w celi dobrze. Ma co jeść, ma czyste ubranie, dbają o niego. Kiedy role się odwróciły, nie mogliśmy z ich strony liczyć na podobne traktowanie.

W pobliżu naszej wsi było jezioro, którego brzeg porastały piękne kaczeńce. Kiedy do naszej wsi przyjechały ciężarówki wypełnione żołnierzami Armii Czerwonej, komuniści stanęli przy drodze, wiwatowali i rzucali te kaczeńce pod koła pojazdów. Strasznie mnie to rozzłościło. Jak oni tak mogą! Odruchowo zaczęłam wyrywać z ziemi chwasty z korzeniami i ciskałam nimi w te sowieckie pojazdy.

Do domu wróciłam cała czarna od ziemi. Powiedziałam mamie, że to chyba jakieś diabły przyjechały, w długich płaszczach i takich dziwnych, szpiczastych czapach. Mama była przerażona, gdy dowiedziała się, co zrobiłam. Przebrała mnie w czyste ubranie i powiedziała, żebym nigdy więcej nie zbliżała się do bolszewików.

Dwa dni po rozpoczęciu okupacji sowieckiej do naszego domu przyszedł znany miejscowy komunista. Na rękawie miał czerwoną opaskę. Przyszedł po to, żeby... zabić ojca. Na moich oczach rozegrała się przerażająca scena. Wszedł z załadowanym, gotowym do strzału karabinem. Ojciec akurat wychodził z kancelarii. Komunista podniósł broń i wycelował w tatę. Ojciec zamarł. Stali tak naprzeciwko siebie dobrą chwilę. Tata patrzył w czarny wylot lufy, a ten człowiek miał palec na spuście. W końcu ojciec wydusił z siebie:

– Za co?

A on mu odpowiedział, że za to, że on polski „pan".

Zaczęłyśmy strasznie płakać, byłyśmy przerażone. Największą przytomnością umysłu wykazała się moja siostra Irena. W ostatnim momencie doskoczyła do tego komunisty, podbiła mu karabin i kula zamiast w tatę poszła w sufit. Ojciec skorzystał z zamieszania i uciekł. Schronił się w chlewie u sąsiada – prawosławnego Białorusina. Komunista chodził wściekły po całej wsi i go szukał. Na szczęście nie znalazł.

Wieczorem przyszedł do nas ten sąsiad i mówi do mamy:

– Stasia, Józek u mnie. Prosi, żeby Irena wyprowadziła mu rower pod krzyż.

Było już szaro, kiedy siostra wymknęła się z domu. Ojciec pojechał do Wołkowyska. Tam polska inteligencja zaczęła organizować ruch oporu. Kierował nim Michał Stojanowski „Cygan". Tata od razu zaangażował się w konspirację. Do domu przyjechał dopiero po kilku miesiącach.

Ciekawie potoczyły się natomiast losy tego komunisty, który chciał go zamordować. Otóż wyjechał do Związku Sowieckiego i tam go zabili jego towarzysze.

Nadszedł rok 1940. Była zima, gdy dowiedzieliśmy się, że nasza rodzina znalazła się na liście osób przewidzianych do wywózki. Jednak nikt po nas nie przychodził. Najwidoczniej czekali, aż pojawi się ojciec – chcieli nas złapać i wywieźć razem. Całe szczęście, że jednak nie zdążyli. W czerwcu 1941 roku rozpoczęła się wojna z Niemcami. Komuniści wpadli w panikę i uciekli w popłochu, a okupacja sowiecka zmieniła się w niemiecką. Rozpoczął się nowy rozdział naszego życia.

Pseudonim „Różyczka"

Pamiętam, jak przyjechali do nas żołnierze Wehrmachtu na ryczących motorach. Na pierwszy rzut oka wyglądali lepiej niż Sowieci. Mieli inteligentniejsze twarze, czystsze mundury. Szybko jednak przekonaliśmy się, że byli siebie warci. Najważniejsze było jednak to, że tata mógł wreszcie wrócić do domu.

Antoni Oleszkiewicz pseud. „Iwan", brat Weroniki, walczył do końca – nigdy nie pogodził się z porażką i sowietyzacją swojej małej ojczyzny. Na zdjęciu: Antoni w mundurze partyzanckim

We wsi był pewien młody chłopak, który zaciągnął się do stworzonej przez Niemców policji. To był nasz, Polak. Zakochał się po uszy w mojej siostrze, ale ona nie chciała mieć z nim nic wspólnego. Dała mu kosza. Wtedy on ze złości zapisał ją na roboty do Niemiec. Przyszli po Irenę do domu i zabrali ją do Wołkowyska. Tam udało jej się jakoś uciec i wróciła do Pacewicz. Od tamtej pory musiała się jednak ukrywać.

Mój brat Antoni działał w konspiracji. Bardzo mu zazdrościłam, rwałam się do działania. Czasami powierzał mi jakieś drobne zadania, pozwalał, żebym mu pomagała – przenosiła meldunki i jakieś paczki. Nie zgadzał się jednak na formalne wstąpienie przeze mnie do Armii Krajowej. Mówił, że jestem za mała, że nie wytrzymam, nie podołam. Tak długo jednak go prosiłam i namawiałam, że w końcu ustąpił. To był rok 1944, miałam trzynaście lat. Kazał mi przyjechać w umówione miejsce do lasu, miałam tam zostać zaprzysiężona. Na miejscu był już mój brat, Antoni Oleszkiewicz „Iwan", lokalny komendant Bronisław Chwieduk „Cietrzew" oraz kapelan Antoni Bańkowski „Eliasz". Byłam bardzo przejęta. Tosiek, czyli mój brat, nagle zmienił jednak zdanie. Powiedział, że to za wcześnie, że może za rok mnie przyjmie. Nie mogłam w to uwierzyć. Przecież już mi obiecał! W jednej sekundzie zalałam się łzami. Wtedy ksiądz kapelan zaczął przekonywać Antoniego.

– No, pozwólcie jej. Ona już przecież długo z nami współpracuje. Dużo wie, zna tę robotę. Po co zwlekać? – mówił.

Antoni znowu musiał zmienić zdanie. Komendant wtedy zapytał, jaki bym chciała przyjąć pseudonim. Z tego wszystkiego nie pomyślałam o pseudonimie! Stałam jak oniemiała, próbując coś wymyślić, zanim znowu nie zmienią zdania. Wtedy ksiądz powiedział:

– Zobaczcie, jaka ona śliczna, jak różyczka. Niech będzie „Różyczką".

Taki mi właśnie nadali pseudonim. Stałam się członkiem Armii Krajowej.

A w międzyczasie znowu zmieniła się okupacja. Niemcy odeszli, na ich miejsce wrócili bolszewicy. Nasze okolice zostały wydarte Polsce i włączone do Związku Sowieckiego. Rozpoczęła się epopeja Żołnierzy Wyklętych. Byłam jednym z nich.

Polska tu wróci

Na naszych oczach rozgrywał się wielki dramat. 19 stycznia 1945 roku Armia Krajowa została rozwiązana. Komendant naszego okręgu Władysław Liniarski „Mścisław" zniósł przysięgę i rozpuścił wojsko do domów.

Nie mogliśmy się z tym pogodzić. Polska przecież nie odzyskała wolności, nasza walka zatem nie dobiegła końca. W 1945 roku złożyliśmy powtórną przysięgę, teraz już w Zrzeszeniu „Wolność i Niezawisłość".

Zadania dostawałam różne. Przenosiłam meldunki, zbierałam informacje na temat rozmieszczenia oddziałów Armii Czerwonej i NKWD. Gdy Sowieci urządzali obławę, razem z innymi łączniczkami nosiłam im zaopatrzenie do leśnych bunkrów. Byłam niepozorna, zwinna i niesamowicie zaangażowana w służbę.

Większość ludzi była jednak zmęczona trwającą od sześciu lat wojną. W naszych okolicach zginęło tylu Polaków... Nie było domu, w którym kogoś by nie opłakiwano. Modlono się, żeby ten koszmar się wreszcie skończył. Nikt, w najgorszych snach, nie przypuszczał jednak, że przegramy. Że zostaniemy potraktowani tak okrutnie.

Zakończenie wojny było dla Polaków szokiem. Wielu straciło ducha. Kiedy okazało się, że znaleźliśmy się w Związku Sowieckim, dużo osób postanowiło porzucić domy i wyjechać do komunistycznej Polski. Moja rodzina również. Mieliśmy już przygotowane dokumenty na tę podróż, byliśmy spakowani. Planowaliśmy dołączyć do sióstr ojca, które były już po tamtej stronie.

Ojciec nagle gdzieś jednak wyjechał. Wrócił dopiero po kilku dniach. Przestąpił próg, spojrzał na nas i powiedział:

– Nigdzie nie jedziemy. Polska tu wróci.

Więc zostaliśmy. A Polska nie wróciła.

Długo żyliśmy jednak tą nadzieją. Gdyby nie ona, nikt by nie służył w podziemiu, nikt nie szedłby na śmierć. A przecież walczyliśmy dalej. Mało kto wie, że po 1945 roku za linią Curzona jeszcze przez kilka lat biły się polskie oddziały partyzanckie.

Kresowiacy nie chcieli pogodzić się z zaborem ich ziemi, nie chcieli zgodzić się na stworzenie kołchozów. Młodzież chciała się bić.

Sytuacja stawała się jednak coraz trudniejsza. Ziemie nasze „oczyszczano" z Polaków, bezpieka była coraz groźniejsza, zaciskała się wokół nas pętla. Obławy, areszty, śmierć. Znam takie rodziny, które miały po pięcioro dzieci i wszystkie służyły w naszych leśnych oddziałach. I wszystkie zginęły...

Nie tak to sobie wyobrażaliśmy! Pamiętam rozmowy, jakie toczyliśmy jeszcze podczas wojny. Mówiliśmy o naszych planach, o tym, co będziemy robić, kiedy skończy się wojna, kiedy Polska odzyska niepodległość. Jedni mówili, że pójdą się uczyć, drudzy, że zostaną i będą uprawiać ziemię. Oczywiście żaden z tych planów nie został zrealizowany. Nasze pokolenie było stracone.

Po wojnie nadeszły ciężkie czasy. Ojca aresztowali z czterdzieści razy. Enkawudziści przychodzili zawsze nocą. Bili kolbami w okna i drzwi. Wrzeszczeli. A my trzęśliśmy się ze strachu. Każdej nocy, zasypiając, obawialiśmy się, że się pojawią.

Bolszewikom nie podobało się to, że ojciec pod okupacją niemiecką pracował w swoim zawodzie. Czyli budował drogi. Stąd te aresztowania. Za każdym razem jednak go wypuszczano, ktoś się musiał za nim wstawiać – był w końcu świetnym fachowcem. Niestety, szczęście się od niego odwróciło. Po kolejnym aresztowaniu nie wrócił.

Ojca skazano na dziesięć lat. Daleko go nie wysyłali, siedział w więzieniu w Wołkowysku. Dwa razy go odwiedzałam. Enkawudziści powiedzieli mi tam, że ojca mogą wypuścić na wolność. Ale pod warunkiem, że mój brat wyjdzie z lasu. Ujawni się, zaprzestanie walczyć. Gdy powtórzyłam to Antoniemu, żachnął się:

– Czyś ty zwariowała? Złożyłem przysięgę i nigdy nie złożę broni. Nie porzucę swoich ludzi i nie zdradzę organizacji. Nigdy! Zresztą – machnął ręką – ojca i tak nie wypuszczą.

Rozumiałam go, bo przecież w podziemiu byliśmy wszyscy. Nawet mama pomagała. Potajemnie piekła chleb i prała bieliznę dla naszych chłopaków. Każdy Polak wspierał ich, jak mógł. Ryzyko było olbrzymie, bo bezpieka miała wszędzie swoje oczy i uszy.

W 1948 roku nasz komendant „Cietrzew" został aresztowany. Wpadł również kapelan. Wtedy na czele oddziału stanął Alfons Kopacz „Wróbel". A mój brat został jego zastępcą. Nosił pseudonim „Iwan". Walczyliśmy dalej.

Po którejś ze zbiórek jeden z żołnierzy, miał na imię Staszek, odwiózł mnie do domu końmi. Było już bowiem późno, ciemno. Niebo było rozgwieżdżone. Jechaliśmy razem, to był fajny chłopak. Żyje zresztą do dziś, mieszka w Wałbrzychu.

Kiedy po wielu latach spotkaliśmy się na zjeździe łagierników – Staszek przyjechał na niego z żoną – zapytał, czy pamiętam tę naszą nocną jazdę. Odpowiedziałam, że oczywiście. A on na to:

– A wiesz, ja chciałem cię wtedy pocałować…

Niedługo potem poznałam mojego Jasia. Był szalenie przystojny. Pochodził z zamożnej chłopskiej rodziny, bolszewicy takich jak oni nazywali kułakami. Mieli kawał lasu, czterdzieści hektarów ziemi. Na tamte czasy to był majątek. Byliśmy z jednej parafii.

Na początku zainteresował się mną jego młodszy brat. Przychodził, zabiegał o mnie. Nadeszło Boże Narodzenie. Byłam u koleżanek na świątecznym spotkaniu, akurat był na nim Jasio. Zaproponował, że mnie odprowadzi do domu. Zgodziłam się. Na kolejnym spotkaniu zaproponował, żebyśmy razem poszli na zabawę sylwestrową. I tak się zaczęło. Na tej zabawie był zresztą jego młodszy brat i zobaczył nas razem. Nie wiem, jak to załatwili między sobą.

Wkrótce zauważyłam, że jestem śledzona. Chodzili za mną wszędzie. Gdy pojechałam z meldunkiem, wsiedli nawet ze mną do pociągu. Musiałam uciekać. Schroniłam się w innej wiosce w powiecie wołkowyskim. Tam poczułam się bezpiecznie, przestałam się bać. I to mnie zgubiło.

Pojechałam w odwiedziny do siostry i wtedy dopadło mnie NKWD. Był 7 kwietnia 1951 roku. Wtrącili mnie do straszliwego więzienia w Grodnie. Moje dotychczasowe życie zostało raptownie przecięte, urwane. Rozpoczął się koszmar.

Bez przebaczenia

Bito mnie co noc. Gdy nocą zabierali mnie z celi, jakoś szłam o własnych siłach, nad ranem, z powrotem, ciągnęli mnie nieprzytomną po korytarzu. Na ogół zresztą po przesłuchaniach nie trafiałam do celi, tylko do betonowego karceru. To była niewielka klitka, miała może metr na metr. Biegały po niej szczury, a blaszany kubek był przytwierdzony łańcuchem do ściany. Wieczorem znowu zabierali mnie na te straszne przesłuchania. Pamiętam, że raz kazali mi klęczeć z rękami wyprostowanymi nad głową. A do każdej dłoni wsadzili mi po cegle. To była straszliwa tortura. Z ogromnego wyczerpania zemdlałam. Obudziły mnie potężne kopnięcia oficera śledczego. Pierwsze w bok, drugie w głowę. Innym razem oprawcy złamali mi dwa palce w drzwiach.

Chodziło im o Antoniego. „Gdzie jest twój brat? Gdzie jest twój brat? Gdzie jest twój brat?" - powtarzali to pytanie w kółko podczas bicia i katowania... Setki i tysiące razy. Nic im jednak nie mówiłam. W końcu urządzili mi konfrontację z pewnym młodym akowcem. Powiedział wszystko. Że mnie rozpoznaje, że byłam łączniczką komendanta... Nawet nie mam o to do niego wielkich pretensji. Zmaltretowali go w sposób nieludzki.

Po jednym z kopnięć w głowę pękła mi czaszka. Wgnieciona kość do dzisiaj uciska nerw. Wielokrotnie byłam z tym w szpitalu. Prześwietlali mnie, badali, niestety, lekarze są bezradni. Nic nie da się zrobić. Do dzisiaj co pewien czas mam ataki straszliwych bólów głowy. Kiedy to się zaczyna, krzyczę na cały dom.

Mówią mi często: „Trzeba wybaczyć". A ja nie potrafię.

Pytałam oficera śledczego, co się dzieje z moją mamą. Inni więźniowie dostawali od rodziców paczki, a do mnie nic nie przychodziło. Obawiałam się najgorszego. Że ona też... Śledczy zwodził mnie jednak, mówił, że mama jest pewnie zajęta, bo trwają sianokosy. Dopiero kolejny enkawudzista przyznał, że aresztowano ją kilka miesięcy po mnie. To był dla mnie straszny cios. Myśl, że ona może przechodzić to, co ja, była nie do zniesienia. Tak mi było jej szkoda. Jej i taty. O sobie nie myślałam, tylko o nich.

W sumie w więzieniu siedziałam pięć miesięcy. Pod koniec stałam się apatyczna, straciłam chęć do życia. Nie widziałam już sensu w tym, żeby dalej to znosić. Przestałam jeść *bałande*, czyli rzadką, paskudną więzienną zupę. Chciałam się zagłodzić na śmierć. Wtedy postawili mnie przed sądem. To była kpina. Trzech zbirów odczytało mi gotowy wyrok: jako „wróg ludu" zostałam skazana na dwadzieścia pięć lat łagru z artykułu 58. Ćwierć wieku. Po zakończeniu rozprawy podjęłam próbę samobójczą. Próbowałam powiesić się w celi na ręczniku.

Przesłuchiwana, torturowana, uznana za wroga ojczyzny – z 25-letnim wyrokiem Weronika znalazła się na katordze, nie wiedząc, czy kiedykolwiek wróci do kraju i ukochanego mężczyzny. Na zdjęciu: Weronika już po wyjściu z łagru, w 1955 roku

W sądzie poprosiłam, żeby przysłali moją mamę do tego samego miejsca, gdzie ja będę. O dziwo, zrobili to. Ona podczas śledztwa wcale nie kryła się z tym, że pomagała partyzantom. Mówiła o tym otwarcie.

– Tam mój syn, tam dzieci, tam Polacy – mówiła śledczym. – Cóż więc dziwnego, że im nosiłam różne rzeczy.

W ten sposób również okazała się „zdrajcą sowieckiej ojczyzny" i „elementem kontrrewolucyjnym". Kara mogła być tylko jedna – obóz koncentracyjny na straszliwej, skutej lodem Workucie.

Tak rozpoczęła się nasza łagrowa tułaczka. Na stacji kolejowej w Grodnie, jeszcze przed załadowaniem nas do wagonów bydlęcych, spotkałam pewną polską staruszkę. Miała siedemdziesiąt pięć lat i była w naszym transporcie.

– Dzieci, a co to takiego ta polityka? – dopytywała się zdezorientowana. – Dostałam wyrok za to, że zajmuję się polityką. Ale ja nie wiem, o co chodzi. Przyszli chłopcy z mojej wioski, ci sami, którzy jako malcy bawili się z moimi synkami. Nakarmiłam ich, dałam chleba na drogę. Jaka to polityka?

Sowieci wlepili jej dwadzieścia pięć lat łagru za wspieranie „faszystowskiej organizacji podziemnej". Nawet się z tego śmiała. Mówiła, że władze w ten sposób przedłużyły jej życie do stu lat. Tyle bowiem będzie miała, jak skończy jej się wyrok. Nawet nie dojechała do Workuty. Jej ciało wyrzucili w drodze z pędzącego pociągu.

Pamiętam dzień odjazdu. Było bardzo zimno, w powietrzu czuć było nadchodzącą zimę. Gdy siedzieliśmy w pociągu, czekając na odjazd, pilnowali nas młodzi chłopcy, którzy dopiero co zostali wcieleni do Armii Czerwonej. Jeden z nich mi się przyglądał.

– Ależ ty piękna! – powiedział. – A za co ciebie osądzili?

Powiedziałam mu, że pracowałam w sklepie, coś zginęło i niesłusznie posądzono mnie o kradzież. Wtedy spytał, na ile mnie skazali?

– Na trzy lata – odpowiedziałam.

– O, ja akurat wysłużę moje trzy lata w wojsku i ciebie odnajdę. Daj mi tylko swój adres.

Zgodziłam się, ale postawiłam warunek. Musi wrzucić dla mnie list do skrzynki. Napisałam naprędce kilka słów: „Jasio, nie czekaj. Ja skazana na dwadzieścia pięć lat". Żołnierz rzeczywiście nadał ten list, bo po latach dowiedziałam się, że Jasio go otrzymał.

Dlaczego tak napisałam? Nie chciałam, żeby na mnie czekał. Nie miałam prawa tego od niego żądać. Był młody, miał powodzenie u kobiet, a my przecież nie byliśmy nawet zaręczeni... dwadzieścia pięć lat to szmat czasu. Nie wiedziałam nawet, czy w ogóle z tej Workuty wrócę...

Oczy pełne rozpaczy

Ruszyliśmy w drogę. Minęliśmy Orszę, tam nas ostrzygli i odwszawili. Potem była Moskwa i słynne więzienie na Łubiance. Najdłuższy był trzeci etap – na Workutę. Po wyładowaniu nas na miejscu rozpoczęła się procedura sprawdzania. Funkcjonariusze NKWD zadawali nam kolejne pytania. Imię, nazwisko, imię ojca, z jakiego artykułu jesteśmy skazani.

– Artykuł 58, „zdrada ojczyzny" – odpowiedziałam. – Dwadzieścia pięć lat pozbawienia wolności i pięć lat pozbawienia praw obywatelskich.

Obok stał akurat ten żołnierz, który chciał się ze mną umówić. Gdy to usłyszał, myślałam, że z wrażenia upuści karabin:

– Jak to dwadzieścia pięć?! – krzyknął. – Przecież mówiłaś, że trzy!

Wkrótce przyjechała również moja mama. Wylądowałyśmy razem w łagrze numer cztery. Od razu zapędzono nas do katorżniczej pracy. Kopałyśmy kanał kilofami. Praca była nieprawdopodobnie ciężka. Brnęłyśmy po pas w śniegu, najpierw nasze ubrania były całkowicie przemoknięte, a po dwóch godzinach zamarzały na kość. Do tego ten straszliwy głód. Dzienna racja żywnościowa wynosiła zaledwie trzysta gramów chleba. Szybko zaczęłam chorować. Pewnego dnia dostałam ataku ślepej kiszki. Upadłam na ziemię, z której podniosło mnie dwóch strażników. Wzięli mnie pod pachy i zaczęli prowadzić do lazaretu. Znowu się jednak przewróciłam. Oni stanęli nade mną i jeden mówi do drugiego:

– Chyba zdechła.

A ja miałam dwadzieścia jeden lat! Chciałam żyć. Wycharczałam więc:

– Nie...

Wtedy mnie podnieśli i zaczęli prowadzić dalej.

W szpitalu trafiłam na świetnego lekarza. Był więźniem, Polakiem, nazywał się Andrzej. Po tygodniu pobytu w szpitalu zaproponował, żebym wyszła za niego za mąż. Odrzuciłam te oświadczyny. Powiedziałam mu, że nie mam najmniejszego zamiaru brać ślubu w łagrze.

Potem nawet tego żałowałam. Czy Andrzej przeżył? Nie wiem. Nigdy później już go nie spotkałam. Po tygodniu od powrotu do baraku przeniesiono mnie do innego łagru, tak zwanego specjalnego. Był to obóz o zaostrzonym rygorze, lepiej pilnowany. Rozdzielono mnie z mamą.

W łagrze specjalnym trzymali między innymi psychicznie chorych. Wielu ludzi w tym obozie zostało wykończonych. Pewnego dnia jedna z więźniarek powiedziała do mnie:

– Weronika, chodź do okna, zobacz, co się dzieje.

Podeszłam i to, co zobaczyłam, prześladuje mnie do dzisiaj. Do jednego z budynków podjechał ciężarowy samochód. Strażnicy zaczęli wrzucać do niego straszliwie wychudzone ludzkie ciała. Jedno na drugie, jak worki z kartoflami. Było ich mnóstwo. Nagle spostrzegłam coś, co zmroziło mi krew w żyłach. Niektóre ręce i nogi drgały, ruszały się. Wiele tych osób nadal żyło! Jedna z nich wpatrywała się we mnie szeroko otwartymi, pełnymi cierpienia i rozpaczy oczami. Nie było w nich nawet błagania o pomoc. Ten człowiek wiedział, że nic nie mogę zrobić, że jego los jest przesądzony.

Kim byli ci ludzie? Chorzy, wycieńczeni głodem i pracą więźniowie. Wymieszano ich z trupami i wywieziono w step. Tam umierali, zwaleni na kupę. Takie transporty opuszczały obóz bardzo często. Dopiero kiedy przychodziła odwilż i ziemia odmarzała, władze obozowe kazały wykopywać wielkie doły i wrzucano tam te wszystkie ciała.

Gdyby Bóg zechciał wskrzesić wszystkich więźniów łagrów, to w całej Rosji podniosłaby się ziemia.

Jestem już w takim wieku, że miewam problemy z zaśnięciem. W takie bezsenne noce wraca do mnie ten obraz. Ta ruszająca się góra trupów i te oczy... Do rana nie mogę wtedy zasnąć. Może to

grzech, ale do dziś czuję nienawiść do ludzi, którzy byli za to odpowiedzialni. Ludzi, którzy stworzyli ten straszliwy system. Dręczyli nas, upokarzali i mordowali.

W 1952 roku przewieziono mnie do łagru pod Krasnojarskiem. Tam pracowałam przy wyrębie lasu. Ważyłam czterdzieści pięć kilo, a piła, którą musiałam operować, ważyła trzydzieści sześć. Chleba dawali nam śmiesznie mało, do tego parzony owies – taki jak dla koni. Były dni, gdy zazdrościliśmy tym, którzy umierali. Ich udręka wtedy się kończyła.

Pogoda była ekstremalna. Śnieg leżał do maja, a w lipcu temperatura dochodziła do ponad czterdziestu stopni na plusie. We wrześniu znowu jednak spadał śnieg i mróz trzymał aż do maja.

Miałam tam dwie koleżanki, Polki z Ukrainy, Stefę i Emilię. Starałyśmy się jakoś trzymać razem. Każdego dnia z trudem zwlekałyśmy się z naszych prycz. Wkładałyśmy jeszcze mokre ubrania – nie wysychały po poprzednim dniu pracy. Zwłaszcza że rzucało się je na wielką stertę, a w baraku był tylko mały żelazny piecyk.

Niedaleko łagru znajdowała się niemiecka kolonia. Czasami wykonywałyśmy tam prace polowe. Szukałyśmy przy okazji na polach zeszłorocznych kartofli. Jeżeli się miało szczęście i znalazło kilka sztuk, można było upiec z nich w baraku na płytce placki na Wielkanoc.

Z chleba robiłyśmy z kolei różańce. Z miąższu toczyło się kulki, a następnie nawlekałyśmy je na nić. Trwało to bardzo długo, bo chleba – jak wspominałam – dostawałyśmy śmieszne ilości. Nigdy wcześniej i nigdy później nie modliłam się tak żarliwie. Płakałam, błagałam Boga, aby pozwolił mi to przeżyć i wrócić do domu.

Śniegi Workuty. Więźniom politycznym przyznawano najcięższą kategorię i zmuszano do najbardziej katorżniczej pracy. Weronika z mamą pracowały m.in. przy budowie kanału. Na zdjęciu: Workuta, lata 1955–1957

W październiku 1952 roku zostałam wezwana do obozowej kancelarii. Przyjął mnie tam oficer operatywny, czyli miejscowy bezpieczniak.

– Mogę cię pocieszyć... – powiedział.

Zrobiło mi się gorąco, tysiące myśli przeleciało mi przez głowę. Czyżby moje modły przyniosły efekt?! Zwolnienie! Wracam do domu! Wtedy jednak on dokończył:

– ...twój brat bandyta został zabity.

Gdy to usłyszałam, ugięły się pode mną nogi.

Okazało się, że bolszewicy zrobili obławę na oddział mojego brata. Został ranny, okrążony. Ostatni pocisk zostawił dla siebie, nie chciał dostać się żywcem w ręce wroga. Miał dwadzieścia cztery lata. Do dziś nie wiemy, gdzie zakopali jego ciało.

Nie pamiętam nawet, jak wyszłam z tej kancelarii. Całą noc nie spałam. Byłam odrętwiała, nie widziałam dla siebie żadnej nadziei. Ja w łagrze, mama w łagrze, tata w więzieniu, brat nie żyje. Na wolności była tylko moja siostra, ale i jej nie dawali żyć. Była przecież z rodziny „wrogów ludu".

Pomyślałam, że dobrnęłam do kresu. Że trzeba z tym skończyć. Rano, jak co dzień, poszłam na wyręb. Zasady na robotach były takie jak wszędzie. Krok w prawo, krok w lewo, strażnik strzelał bez uprzedzenia. I wiele kobiet ten krok robiło. Miały dosyć, uważały to za jedyny sposób na wyzwolenie. Postanowiłam, że pójdę w ich ślady. Nie chciałam jednak, żeby mnie zastrzelili. Postanowiłam zrobić to inaczej. W łagrze, kiedy kończy się piłować drzewo, należy krzyczeć: „strzeż się!". Wtedy wszyscy się odsuwają, a drzewo spada na puste miejsce. Gdy usłyszałam ten okrzyk zamiast uskoczyć, poszłam w stronę upadającego drzewa. Źle to jednak wyliczyłam i drzewo tylko o mnie zahaczyło gałęziami. Była to moja kolejna próba samobójcza.

„Dawno wróciłaś?"

Pewnego dnia, był już rok 1953, wezwał mnie komendant obozu. Spytał, ile mam lat i na ile zostałam skazana. Okazało się, że właśnie zdechł Stalin. Użyłam takiego słowa, bo uważam, że słowo „umarł" jest zarezerwowane dla ludzi. A on człowiekiem nie był.

Ogłoszono amnestię, w ramach której zmniejszono mi wyrok o piętnaście lat. Potem moja sprawa została jeszcze raz rozpatrzona. Uznano, że skoro wstąpiłam do Armii Krajowej jako niepełnoletnia, to można mnie wypuścić. Wyszłam z łagru w 1955 roku, tuż przed Sylwestrem. Władze obozowe kupiły mi bilet, dały parę groszy na jedzenie. Wsadzili mnie do pociągu na zachód. Przed samą Moskwą zostałam napadnięta przez bandę chuliganów. Przystawili mi nóż do gardła i zabrali pieniądze. Kolejne trzy doby jechałam bez jedzenia.

Na wolność wypuszczono również moich rodziców. Zamieszkaliśmy u siostry w Skidlu, mieście w Białoruskiej Republice Sowieckiej. Tu mieszkam do dzisiaj. Do naszej wsi nic mogliśmy powrócić. Ojciec pracował fizycznie, robił beczki. Podobnie mama, którą przydzielono do palenia w szpitalnym piecu.

Dopiero latem 1956 roku postanowiłam odwiedzić naszą rodzinną wieś. Spotkałam tam wielu znajomych, krewnych i kolegów, z którymi chodziłam do szkoły. Wieczorem poszłam z kuzynką na zabawę, która – zgodnie z dawnym zwyczajem – odbywała się u nas zawsze po odpuście. Weszłam do środka i nagle go zauważyłam. Nie mogłam uwierzyć. Mój Jasio. Był na parkiecie, tańczył z jakąś pielęgniarką. Po chwili on również mnie zobaczył. Odprowadził natychmiast tę dziewczynę na ławkę i podszedł do mnie.

– Dawno wróciłaś? – spytał.

– W zeszłym roku.

– I nie dałaś znać?!

Rodzinna wieś Weroniki stała się częścią Białoruskiej Socjalistycznej Republiki Sowieckiej, wraz ze wszystkimi tego konsekwencjami – biedą, inwigilowaniem Polaków i powszechną niesprawiedliwością. Na zdjęciu: Weronika z rodziną przed domem teściów w latach 70.

Nie odpowiedziałam. Spytałam tylko:

– A ty jak, żonaty?

– Siądźmy, porozmawiajmy.

Usiedliśmy. Nie minęło pół godziny, gdy mi się oświadczył. Okazało się, że się nie ożenił, pozostał kawalerem. Odpowiedziałam mu jednak, że nie mogę wyjść za mąż, bo nie mam dosłownie nic. Ani pościeli, ani palta. Wszystko straciłam, wszystko rozkradli. Nie mam nawet pracy. Kiepska ze mnie partia. Wtedy on się uśmiechnął.

– Nie martw się tym – powiedział. – Od tej pory o wszystko będziemy się starać razem.

Kilka dni później jechaliśmy razem rowerem. Przejeżdżaliśmy akurat obok budynku gminy. Z przeciwnej strony szedł znajomy Jaśka, księgowy z kołchozu.

– Chodź tutaj – zawołał go Jasiek. – Będziesz nam świadkiem.

Poszliśmy i z marszu wzięliśmy ślub cywilny.

Gdy wróciłam do domu, do Skidla, od razu rzuciłam:

– Mamo, wyszłam za mąż.

Mama nie zareagowała, chyba to do niej nie dotarło. Musiałam powtórzyć.

– Jak to za mąż? – krzyknęła. — Kiedy? Za kogo?

– Za Jasia.

Mama wtedy wzniosła ręce ku niebu i powiedziała:

– Bogu dzięki, że chociaż za swojego.

Potem pojechaliśmy szukać księdza, co w Związku Sowieckim nie było łatwe. Gdy go w końcu znaleźliśmy, nie zgodził się udzielić nam ślubu bez zapowiedzi.

– Weźcie pieniądze i jedźcie do biskupa – usłyszeliśmy.

Jakie pieniądze? Skąd mamy wziąć pieniądze? Była to dla nas bardzo poważna przykrość. W efekcie ślub kościelny wzięliśmy dopiero po dłuższym czasie.

Rodzina dała nam jakieś domowe sprzęty. Od teściowej dostaliśmy dwie poduszki i dwie pierzyny. A ja za kilka rubli kupiłam noszone palto. Taki mieliśmy początek.

Zamieszkałam u męża, ale kiedy zaszłam w ciążę, lekarz skierował mnie do szpitala w Grodnie. Po przeżyciach łagrowych miałam słabe serce. Dziecko na szczęście urodziło się zdrowe. To był chłopiec, nazwaliśmy go Eugeniusz. Przyszedł na świat w 1958 roku, rok później urodziłam Marynę.

Syn „wroga ludu"

Było nam ciężko. W Związku Sowieckim panowała powszechna nędza, wszystkiego brakowało. A ja jeszcze nie mogłam dostać pracy. Trochę szyłam, potem sprzedawałam lody. Kiedy już miałam dzieci, skończyłam technikum handlowe.

Miałam dostać posadę, wszystko było już umówione. Aż tu nagle do tego zakładu zadzwonili z NKWD. Pracy oczywiście nie dostałam. Bezpieka mnie obserwowała, byłam inwigilowana. Nękali również mojego męża. Był w końcu synem kułaka, a poza tym również służył w Armii Krajowej.

Kiedy w 1991 roku Związek Sowiecki wreszcie się zawalił, świętowaliśmy. To był jeden z najwspanialszych dni w moim życiu, nadzieje miałam olbrzymie. Od razu przywrócono katolickie święta, wydawało się, że będzie tak jak dawniej. Niestety, trwało to bardzo krótko. Na Białorusi szybko cofnięto zmiany. Kraj ten dzisiaj niewiele różni się od Związku Sowieckiego.

Mojego wyroku nie anulowano, nigdy nie zostałam zrehabilitowana. Władze uważają mnie więc nadal za „wroga ludu". A moich katów, zbirów z NKWD, za bohaterów. Wielokrotnie pisałam podania, żeby wskazano mi, gdzie znajduje się grób mojego brata. Za każdym razem odmawiano.

W ogóle Polakom jest tu źle. Musimy walczyć o to, żeby msza mogła być odprawiana po polsku, żeby nasze dzieci mogły w szkołach uczyć się polskiego. Wychodzimy na ulicę, protestujemy, a oni

---

Żołnierki Wyklęte, Stefania Szantyr-Powolna i Weronika Sebastianowicz, nie złożyły broni. Dzisiaj walczą o prawo do upamiętniania bohaterów, którzy zginęli za wolną Polskę. Na zdjęciu: w Wilnie podczas uroczystości z okazji 70 rocznicy operacji „Ostra Brama", lipiec 2014 rok

pakują nas do aresztów. Zupełnie jak dawniej. Chociaż mam osiemdziesiąt cztery lata, nie składam broni. Walczę. Mam tyle energii, jest tyle do zrobienia. Jestem prezesem Związku Żołnierzy Armii Krajowej na Białorusi, działam też w niezależnym od władz Związku Polaków.

Przyjeżdżam często do Polski i zawsze opowiadam o Kresach. O tym, co się u nas teraz dzieje, jak żyje się tutejszym Polakom. Mówię otwarcie, że boli mnie, iż Lwów, Grodno i Wilno nie są już w granicach Rzeczpospolitej. Kiedyś pewien polski poseł zniecierpliwił się z tego powodu.

– Co pani tak w kółko opowiada o tych Kresach? – powiedział. – Nasze Grodno, nasz Niemen, nasze Wilno… Przecież na tych Kresach nawet węgla nie ma!

– Panie pośle – odparłam – tam zostało coś znacznie cenniejszego od węgla. Tam zostało złoto. Polska jeszcze kiedyś nam podziękuje, że trwaliśmy na Kresach, że kultywujemy tu naszą kulturę i wiarę.

Zapłaciliśmy za to straszliwą cenę. Bolszewicy zmarnowali życie moim rodzicom, zmarnowali je nam i naszym dzieciom. Syn skończył szkołę marynarską w Kłajpedzie, ale nie dali mu wizy zagranicznej i nie pozwolili pływać. Usłyszał, że to dlatego, iż matka jest „wrogiem ludu".

Pozostaje już tylko nadzieja, że może naszym wnukom ułoży się lepiej. Wnuczkę Marynę, gdy tylko skończyła czternaście lat, wyprawiłam do Polski. Skończyła studia w Białymstoku. Wyszła za mąż, ma dwoje dzieci, Agatkę i Marcinka.

Czasami pytają mnie, dlaczego ja również nie wyjadę. Dlaczego nie opuszczę Białorusi. Odpowiadam, że nie ma o tym mowy. Że ja się stąd nie ruszę za żadne skarby. Jestem w tę ziemię wrośnięta korzeniami. To jest bowiem nasza ziemia. Tu są groby moich przodków i moich najbliższych. W tę ziemię wsiąkła krew mojego brata. Tu jedenaście lat temu pochowany został mój mąż. Chcę spocząć u jego boku.

Weronika Sebastianowicz z domu Oleszkiewicz
(rocznik 1931)

GRAŻYNA
WŚRÓD SYBERYJSKICH WILKÓW

Był środek nocy, kiedy wyszłam z chaty, żeby wylać wodę po myciu. Poczułam niepokój. Coś było nie tak. Nagle na śniegu mignął mi jakiś ciemny kształt. Drzwi do sieni – w której mieszkały zwierzęta – były otwarte. Włosy zjeżyły mi się na głowie. Próbowałam się wycofać, ale w tym momencie go zobaczyłam. Stał na śniegu tuż obok domu i szykował się do skoku. Majestatyczny, syberyjski wilk. Była pełnia i mogłam zobaczyć nawet poszczególne włosy na jego wielkim łbie. Były srebrzystoszare. Zamarłam, ale wilk tylko stał i wlepiał we mnie świecące ślepia. Byłam tak zdumiona, że chyba nawet przestałam się bać. Wtedy zdałam sobie sprawę, że wilków może być więcej. Że w tym momencie drugi wilk może zakradać się do zwierząt. Chlusnęłam więc na mojego wilka wodą i krzyknęłam: „pif-paf!". Zerwał się i pobiegł w step. Obok niego zaraz pojawił się drugi kształt. Rzeczywiście wilki były dwa. Para. Patrzyłam za nimi, jak się oddalają, rozpływają w ciemnościach. Scena jak z obrazów Grottgera.

Pobiegłam do przedsionka. Na szczęście zwierzętom nic się nie stało. Były całe. Historia skończyła się na strachu. A ja wkrótce miałam przekonać się, że największym wrogiem człowieka nie jest wcale dzikie zwierzę. Jest nim drugi człowiek. Była to jedna z lekcji, którą wyniosłam z zesłania.

Nazywał się Miszka i – jak sam się chwalił – miał na sumieniu jedenaście morderstw. Mieszkał w naszej wsi i dzień w dzień strasznie bił żonę. Byłam raz nawet świadkiem tego przykrego procederu.

Zwróciłam mu uwagę, ale niewiele to pomogło - nawet to, kiedy rąbnęłam go butem w głowę.

Pewnego razu Miszka zaproponował mi, żebyśmy razem poszli do sąsiedniej wsi. Załatwił tam dla nas pracę, ja miałam postawić piec. Nocami – kiedy wszyscy już spali – dorabiałam naprawianiem walonek, a za dnia stawiałam piece.

Od początku miałam złe przeczucia, ale nie mogłam przepuścić szansy na choćby najmniejszy zarobek. Akurat znajdowaliśmy się w rozpaczliwej sytuacji. W naszym domu nie było co jeść. Razem z mamą i rodzeństwem głodowaliśmy.

Wyruszyliśmy z Miszką o świcie, żeby rano dotrzeć do pracy. Przed nami był kilkunastokilometrowy marsz przez step. Na początku rozmawialiśmy. Miszka opowiadał ciekawe rzeczy o swoim rodzinnym Kaukazie. Był Inguszem. Deportowano go z ojczyzny tak jak nas. Niby wszystko było w porządku, ale ja cały czas czułam, że niebezpieczeństwo wisi w powietrzu. Rzucił się na mnie w połowie drogi. Rozpoczęła się zażarta walka. Drapałam, gryzłam. Z całych sił starałam się go od siebie odepchnąć. Byłam młoda, silna, zaprawiona przez ciężką, fizyczną pracę. Trwało to bardzo długo, Miszka moją sukienkę podarł na strzępy. Nie poddawałam się jednak. Wiedziałam, że jeżeli zwycięży, będę musiała popełnić samobójstwo. Nie mogłabym żyć ze świadomością, że zostałam pokonana. Miszka zyskiwał przewagę. Opadałam z sił, Ingusz triumfował. Wtedy zebrałam resztkę energii i z całych sił kopnęłam go w krocze. Nie miałam pojęcia, że przyniesie to taki efekt. Straszliwie zawył i odskoczył ode mnie jak oparzony. Popędził przed siebie. Doczołgałam się, cała zakrwawiona, wyczerpana, do znajdujących się

Grażyna musiała być silna, żeby przetrwać zesłanie – nie miała wyboru. Nocami naprawiała walonki, za dnia budowała piece. Na zdjęciu: Grażyna Jonkajtys po powrocie z Syberii, 1946 rok

w pobliżu łanów nieskoszonej pszenicy. Tam zaległam i na chwilę zasnęłam. Bałam się, że Miszka wróci. Kiedy się ocknęłam o świcie, nikogo na szczęście nie było.

Oczywiście cała ta historia o czekającej na nas pracy była zmyślona. Chciał mnie po prostu wyciągnąć na step i zgwałcić. Daleko od domu, żeby nikt nie usłyszał moich krzyków. Nigdy nikomu nie opowiadałam o tej przygodzie. Nawet mamie.

Żydzi z Augustowa

Rodzice moi pochodzili z Mińska Litewskiego. Ich miasto po wojnie 1920 roku znalazło się poza granicami odrodzonej Polski. Uciekli ostatnim pociągiem odchodzącym na zachód. Przyjechali do Augustowa i tu już zostali. W tym mieście przyszłam na świat.

Tata był dyrektorem szkoły, a później burmistrzem Augustowa. Mama była nauczycielką. Oboje z wielkim entuzjazmem zabrali się za odbudowę naszego kraju. Uważali, że najważniejsze jest wykształcenie młodzieży. Polskie szkoły nie musiały uczyć dzieci patriotyzmu. Dzieci w nich patriotyzmem oddychały.

To było wspaniałe, beztroskie dzieciństwo. Latem w każdą niedzielę wybieraliśmy się do lasu na grzyby. Zawsze o czwartej rano. Potem szliśmy nad jezioro i pływaliśmy łódką. Mieliśmy też rozpiętą w ogrodzie siatkę. Bez trudu zbieraliśmy dwie drużyny do gry w siatkówkę, bo było nas w domu siedmioro. Najstarszy brat, Bronisław, potem Helena, ja, Zosia, Janek, Teresa i Marian.

Bronka, najstarszego z siedmiorga rodzeństwa, Grażyna widziała po raz ostatni we wrześniu 1939 roku. Wkrótce zginął na granicy polsko-litewskiej. Na zdjęciu: legitymacja wojskowa Bronisława Jonkajtysa z 1939 roku, na mundurze widoczna dziura po kuli

Augustów, tak jak cała przedwojenna Polska, był miastem wielonarodowym. Mieszkało u nas wielu Żydów. Wśród nich było sporo oryginalnych postaci. Choćby pewien malarz pokojowy, który wszystkie zarobione pieniądze zanosił w depozyt na plebanię. Uważał bowiem, że ksiądz katolicki jest jedyną osobą, której może zaufać.

Zapamiętałam też sympatyczną Żydówkę, panią Buksztynową. Wiosną przynosiła nam codziennie nowalijki, czyli świeże, młode warzywa. Pachnące ziemią i rosą rzodkiewki, kruchą sałatę, szczypiorek i koperek. Zawsze przy tej okazji Buksztynowa plotkowała z gosposią. A ja już nigdy później nie jadłam tak wspaniałych warzyw...

Oczywiście ludzie byli różni. Choćby jeden z moich żydowskich kolegów maturalnych, który okazał się komunistą. Kiedy w 1939 roku weszli Sowieci, miał opiekować się biblioteką miejską, którą założyła moja mama. Natychmiast rozporządził, żeby usunąć z niej całą polską literaturę piękną.

Imię i nazwisko Bronisław Joukajtys

Stopień tyt. kapr. pchor.

w stanie czynnym
(stosunek do służby wojskowej)

Przynależność ewidencyjna Szkoła Podchorążych Piechoty

Przynależność służbowa 4 Kompania

Stanowisko uczeń

B. Joukajtys

Podpis właściciela legitymacji

Wszyscy nasi żydowscy sąsiedzi zostali w 1942 roku wywiezieni do obozów zagłady w Treblince i Auschwitz. Była to wielka tragedia. Ocaleli tylko państwo Rehtmanowie, właściciele młyna i przystani. Ich córka uczyła się ze mną w jednej klasie. Jak się uratowali? Musieli się chyba od Niemców wykupić, bo byli bardzo zamożni.

Bronek – czyli mój najstarszy brat – w 1939 roku dostał powołanie do wojska. Na krótko przed wybuchem wojny przyjechał do domu na urlop. Wtedy widzieliśmy Bronka po raz ostatni. Został zastrzelony przez bolszewików na granicy litewskiej.

Rodzice zaangażowali się w obronę przeciwlotniczą. Nocami mieli dyżury. Ja również pomagałam w kopaniu rowów przeciwczołgowych. Na wszelki wypadek zakleiliśmy też taśmą szyby w oknach, żeby nie pękły od wybuchów.

Polak Polakowi

1 września rano obudziło mnie buczenie. Nasilało się. Wyszłam na ganek, byłam boso, czułam pod stopami wilgoć rosy. Na ganku stał już tata. Patrzył w niebo, po którym leciały samoloty, wyglądające jak malutkie czarne krzyżyki. Spojrzeliśmy na siebie. Tata smutno pokiwał głową i powiedział:

– Jednak wojna.

Nikt w Polsce nie myślał, że wojna potrwa tak długo. Mówiono, że po trzech tygodniach będzie po wszystkim. Że razem z Anglikami i Francuzami szybko pobijemy Niemców. Mimo to rodzice zarządzili wyjazd w głąb kraju – w okolice Włodzimierza Wołyńskiego. Mieliśmy tam krewnych.

Tata 3 września odprowadził nas na pociąg. Tak jak w przypadku Bronka, było to nasze ostatnie pożegnanie. Nigdy go już nie zobaczyłam.

U naszego wuja we Włodzimierzu Wołyńskim mieszkało mnóstwo uchodźców. Musieliśmy więc schronić się na terenie pobliskiego majątku ziemskiego. Przyjęto nas tam fatalnie. Dano nam miejsce w stodole, mimo iż w domu były jeszcze wolne pokoje. Posiłki jadaliśmy w ogrodzie przed stodołą. Kiedy po raz pierwszy rozłożyliśmy na trawie obrus, przyszły ukraińskie parobki i tuż obok nas się załatwili. A potem ryczeli ze śmiechu, kiedy przerażeni zaczęliśmy przenosić talerze.

Po wkroczeniu Sowietów właściciel dworu zaproponował... żebyśmy zostali i bronili jego majątku przed bolszewickimi bandami. On z rodziną oczywiście miał zamiar natychmiast uciekać. Nie mogliśmy uwierzyć, że Polak mógł w ten sposób potraktować Polaka.

Oczywiście od razu ruszyliśmy w drogę. Na dworcu był ogromny tłum. Ludzie, którzy dopiero co przyjechali z zachodu, uciekając przed Wehrmachtem, teraz uciekali na zachód przed Armią Czerwoną. Z dwojga złego woleli już Niemców. Bolszewicy byli jak dzicz.

Wróciliśmy do Augustowa 28 października 1939 roku. Na miejscu nie zastaliśmy już ojca. NKWD aresztowało go natychmiast po wkroczeniu do miasta. Jako kierownik szkoły i burmistrz Augustowa, a więc przedstawiciel polskich elit, był przez nich przeznaczony do likwidacji. Wszelki ślad po nim zaginął.

Znaleźliśmy się w bardzo trudnej sytuacji. Samotna matka z sześciorgiem dzieci. Całe szczęście, że ludzie nam trochę pomagali. Choćby byli uczniowie mamy. Albo pewien Żyd, który jeszcze przed wojną zaopatrywał nas w drewno do palenia w piecu. Pewnego razu, gdy chwyciły pierwsze mrozy, przyszedł do nas i zapytał:

– Pani kierownikowo, co pani drewna nie zamawia?

– Nie zamawiam, panie Nowokolski, bo nie mam czym zapłacić – odpowiedziała mama.

– A kto mówi o pieniądzach? Pan kierownik tyle lat drewno ode mnie brał. Wróci pan kierownik, to się policzymy. Ile pani trzeba?

Następnego dnia przywiózł furę drewna i człowieka, który je porąbał. Oczywiście zapłaty żadnej nie przyjął. Byliśmy tym gestem solidarności bardzo wzruszeni.

W naszym mieszkaniu wkrótce pojawił się niechciany lokator. Otóż dokwaterowano nam przymusowo naczelnika NKWD. Mimo to, nie zważając na niebezpieczeństwo, co niedziela zbierał się u nas tłumek młodzieży. Śpiewaliśmy patriotyczne piosenki. Wpadły one w ucho żonie enkawudzisty, która krzątając się po domu, nuciła *Przybyli ułani pod okienko*.

Ten bolszewik rozmawiał z mamą, ubrany tylko w kalesony. Jak na zwyczaje panujące w przedwojennej Polsce, było to nie do pomyślenia. To był przedstawiciel innej cywilizacji. Kiedy jego żona prała w naszej balii z przykręconą wyżymaczką, on pomagał jej wyżymać ubrania, kręcąc korbą. Robił to z takim przejęciem, że kręcił korbą nawet wtedy, kiedy nie było już w środku ubrań. Tłumaczył nam z miną znawcy, że takiej maszyny nie wolno, ot tak, od razu zatrzymać. Śmialiśmy się z niego w duchu.

Noworodki w śniegu

Poszła wieść o pierwszej wywózce. Było to w lutym 1940 roku. Zima, noc, czterdziestostopniowy mróz. Wywlekli zaskoczonych ludzi z domów bez uprzedzenia i bez wyjaśnienia. Na wyjście z domu dali zaledwie kwadrans. W rezultacie nieszczęśnicy ci wzięli ze sobą tylko to, co zdołali schwycić.

Chorzy, starcy, dzieci – wszyscy musieli iść na zesłanie. Wielu ludzi wpadło w panikę, kobiety zaczęły rodzić po drodze na stację kolejową, a bolszewicy wyrzucali niemowlęta w śnieg. Zastrzelili należące do deportowanych rodzin psy.

Wywieźli osadników wojskowych, leśniczych i urzędników. Nas na razie oszczędzono, ale wiedzieliśmy, że nasze dni są policzone, gdyż byliśmy już wpisani na listę do deportacji. Postanowiliśmy uciekać pod okupację niemiecką. Wszystko było przygotowane, mieliśmy przejść przez granicę we wsi Zaręby Kościelne w pobliżu Łomży. Zmieniliśmy jednak zdanie po rozmowie z naszą dawną gosposią. Jej mąż pracował dla bolszewików i powiedział jej, że wywożone rodziny będą na Syberii łączone z aresztowanymi wcześniej mężczyznami. Zostaliśmy więc w domu. Uznaliśmy, że to jedyny sposób na odnalezienie ojca... Był to straszliwy błąd. Informacja ta okazała się kłamstwem.

Zabrali nas w nocy z 12 na 13 kwietnia 1940 roku. Byliśmy na to przygotowani. Zrobiliśmy zakupy, trochę żywności udało się też wyprosić u znajomych.

Procedura wyglądała tak: najpierw wyczytali nazwiska nas wszystkich z listy. Nawet mojego ośmioletniego brata Mariana. Potem oświadczyli nam, że jesteśmy skazani na przymusowe wysiedlenie w głąb Związku Sowieckiego. Przy okazji zgarnęli też naszą kuzynkę Jasię, która z nami wtedy mieszkała.

Jechaliśmy przeszło dwa tygodnie. Było koszmarnie zimno, ściany wagonu były oszronione. Nocami strażnicy przepędzali nas do kolejnych wagonów. Rozsuwali drzwi i wrzeszczeli: „*Dawaj*! *Dawaj*!". Ludzie byli zdezorientowani, głodni, zmęczeni.

Najgorzej było z małymi dziećmi. Nie można było ich przewinąć, przebrać, nakarmić. Nie było skąd wziąć mleka. Pamiętam taki przypadek: z Augustowa została razem z nami zesłana doktor stomatolog. Miała dziewięciomiesięczną córeczkę Anię, która już podczas transportu zaniemogła, a na zesłaniu poważnie zachorowała. Jej biedna mama przeszła z konającą córką na rękach

Tułaczka rozpoczęła się niemal natychmiast po wybuchu wojny, a wraz z nią pożegnanie z kolejnym członkiem rodziny – ojcem. Grażyna miała wtedy zaledwie 17 lat. Na zdjęciu: Grażyna w klasie maturalnej, 1938 rok

sześćdziesiąt kilometrów do najbliższego szpitala. Na próżno. Ratunku nie było. Gdy dzisiaj o tym myślę, serce mi się rozdziera. Pamiętam tę małą, zawiniętą w becik, dziewczynkę. Krzyczała, a potem zamilkła.

Wygód nie będzie

28 kwietnia wysadzono nas w północnym Kazachstanie, w Smirnowie. Była to stacja Kolei Transsyberyjskiej, położona w pobliżu Pietropawłowska. Tam nas porzucili. Mieliśmy czekać, aż przybędzie transport, który zawiezie wszystkich do miejsca zesłania. Kiedy? Nie wiadomo.

Przeszło sześćdziesięciu wycieńczonych, słaniających się na nogach ludzi. Zanim zdążyliśmy się rozejrzeć za jakimś schronieniem, pojawili się komunistyczni agitatorzy. Zaczęli wygłaszać peany na cześć Związku Sowieckiego. Mama im szybko przerwała.

– Skoro to jest kraina mlekiem i miodem płynąca – powiedziała – to dlaczego traktujecie nas gorzej niż bydło?

Dzięki jej interwencji przez trzy kolejne noce dzieci i starcy spali w budynku pobliskiej szkoły. My musieliśmy spać na dworze. Grzaliśmy się przy ogniskach ze sztachet wyrwanych z płotów. Nadal było piekielnie zimno.

W końcu zabrali nas do kołchozu imienia Walerego Czkałowa we wsi Poputnia. Czkałow to był słynny sowiecki pilot, który w 1938 roku zginął w katastrofie lotniczej. Na miejscu przyjął nas *priedsiedatiel*, czyli przewodniczący kołchozu. Był pijany w trupa. W ten sposób świętował 1 Maja.

Nawet w najgorszym koszmarze nie przewidywaliśmy, w jak prymitywnych warunkach będziemy żyć. Ulokowano nas w nędznej, jednoizbowej chałupinie z gliny i słomy. Zamiast podłogi – klepisko.

W tym „domu" miało się zmieścić dwanaście osób. My plus cztery mieszkające już tam osoby, miejscowi.

Nasza gospodyni, Emilia Osipowa, miała tylko jeden garnek, wbudowany na stałe w piec. Najpierw gotowała w nim jedzenie dla świń, a potem dla swojej rodziny. Obok stał sąsiek z pszenicą, na którym spali. Dzieci gospodarzy w nocy robiły do niego siusiu.

Dla nas przeznaczono niewielki kawałek klepiska. Sześć metrów kwadratowych na osiem osób. Leżeliśmy na podłodze ściśnięci jak sardynki. Nogi opieraliśmy na sąsieku. Codziennie o czwartej rano gospodyni deptała po nas, idąc oporządzić zwierzęta. Znajdowały się w malutkiej sieni.

Kiedy mama powiedziała *priedsiedatielowi*, że chciałaby zmienić mieszkanie na większe, tylko się zaśmiał.

– Wygód nie będzie, bo jesteście *wragi naroda* – oświadczył. – *My was na eto zdieś' priwiezli, cztoby wy podochli.*

Mama sama musiała więc znaleźć dla nas nowe lokum, co udało się dopiero po pewnym czasie. Była to mała, ciasna izdebka, ale przynajmniej cała dla nas. Potem przeprowadzaliśmy się jeszcze kilka razy. Na ogół z kolejnych miejsc nas wyrzucano.

Bez względu na to, ile razy zmienialiśmy mieszkanie, wszędzie na ścianach wieszaliśmy krzyż, Matkę Boską Częstochowską i orła w koronie na kawałku jedwabiu. Ponadto – koniecznie – popiersie Marszałka Piłsudskiego. Wszystko to przywieźliśmy z Polski.

Za ciężką pracę w kołchozie nikt nam nie płacił, choć była obowiązkowa. Wyprzedawaliśmy więc nasze rzeczy, mama dorabiała

---

Na zesłaniu znalazły się wraz z matką wszystkie panienki Jonkajtys – wspólnie pracowały przy wyrobie samanu i kiziaku. Razem było im łatwiej i raźniej. Na zdjęciu: siostry po powrocie z zesłania (od lewej Teresa, Grażyna, Helena i Zosia), 1946 rok

szyciem. Czasami w desperacji kradliśmy trochę ziarna. Było to wielkie ryzyko, gdyż za tę „zbrodnię" można było dostać wysoki wyrok więzienia. Musieliśmy jednak coś jeść.

Żona za prosiaka

W naszej nowej chacie nie było pieca. Nie mieliśmy więc na czym gotować. Gospodyni zaproponowała, że postawi nam nowy. Miałam jej w tym asystować. Razem ułożyłyśmy kamienie, ubiłyśmy palenisko i wmurowałyśmy ruszt. Żeby piec był mocniejszy, gospodyni do gliny dodała potłuczonego szkła.

Dzięki temu szybkiemu przeszkoleniu wkrótce zaczęłam sama stawiać piece. W ten sposób w wieku osiemnastu lat zostałam zdunem. Muszę przyznać, że kiedy przed wojną przystępowałam do matury, nie tak wyobrażałam sobie moją zawodową przyszłość...

Za postawienie pieca – choć była to potworna harówa – oczywiście nie dostawałam pieniędzy. Ludzie płacili jedzeniem. Garścią kaszy, miską zupy. Dzisiaj taka zapłata może wydawać się śmieszna, ale dla mnie wtedy to był majątek. Dzięki niej mogliśmy przeżyć.

Często chorowaliśmy. Chyba najgorsza była malaria syberyjska, znacznie gorsza od zwykłej malarii, na którą zapadłam później w Afryce. Chory, oprócz przeraźliwego osłabienia, popada w głęboką depresję. Jest całkowicie zrezygnowany.

Nie oznacza to, że na zesłaniu nigdy się nie śmiałam. Bywały momenty wesołe. Człowiek jest tak skonstruowany, że musi czasami się odprężyć. Inaczej zwariuje. Pewnego razu spotkaliśmy Kazacha (my nazywaliśmy ich Kirgizami), który na mój widok wybałuszył oczy.

– Może chciałbyś kupić moją siostrę – powiedziała do niego Helena – i wziąć ją za żonę?

Kirgiz aż podskoczył ze szczęścia, zaczął zacierać ręce.

– Ile za nią chcesz?

– Prosiaka.

Helena oczywiście żartowała, ale Kirgiz wziął to wszystko na poważnie. Musiałyśmy uciekać.

Razem z siostrą Zosią i kuzynką Jasią pracowałyśmy przy wytwarzaniu *samanu*, czyli miejscowego budulca. Jak ta praca wyglądała? Pierwszy etap wykonywały woły. Orały ziemię, którą jednocześnie użyźniały. Dorzucało się do tego sieczkę i wlewało dużo wody. Następnie widłami zgarniałyśmy tę masę do form. Ubijałyśmy ją rękami i nogami. Potem wynosiło się to na słońce, żeby wyschło.

Tę koszmarną robotę wykonywałyśmy dla Polaka, pana Zawadzkiego. Miał w naszym kołchozie zbudować oborę i poprosił nas o pomoc. Niestety, gdy skończyłyśmy, on po prostu zniknął. Nie dostałyśmy od niego żadnej zapłaty. Znowu zostałyśmy skrzywdzone przez rodaka.

A na domiar złego po tej pracy Zosia poważnie zachorowała. To było ponad jej siły. Dostała strasznych wrzodów na nogach i przez pięć lat nie mogła ruszyć się z łóżka.

Robiłyśmy także kiziak, czyli cegiełki z nawozu krowiego, którymi paliło się w piecu. Lepiło się go też ręcznie. Palił się świetnie, ale nie można było dopuścić, żeby w piecu pozostały niedopalone kawałki. Wówczas ulatniał się czad. Raz o mały włos z tego powodu nie umarliśmy. Już na wpół przytomna ocknęłam się i ostatkiem sił otworzyłam okno.

Był jeszcze jeden nieprzyjemny aspekt tej pracy. Nie miałyśmy czym zmyć z siebie zapachu krowiego łajna, które było podstawowym składnikiem kiziaku. Mydła zabranego z domu starczyło tylko na kilka tygodni. A w Sowietach ten produkt nie występował. Musieliśmy więc myć się ługiem.

Aparat NKWD poinformował miejscową ludność, że wszystkie Polki to prostytutki. Miało o tym świadczyć to, że... nosimy majtki. Tamtejsze kobiety nie mogły bowiem pozwolić sobie na tę część intymnej garderoby. W ogóle przedstawiano nas w jak najgorszym świetle.

Na początku więc tubylcy przyjęli nas wrogo. Kiedy jednak zobaczyli, że jesteśmy normalnymi ludźmi i jeszcze się modlimy, nasze relacje uległy znacznej poprawie. Z niektórymi miejscowymi kobietami nawet się zaprzyjaźniłyśmy.

Odwiedzali nas też często bracia Bogumilscy, polscy zesłańcy, Żydzi. Bardzo nam pomagali. Zimą odgarniali śnieg z naszego dachu. Wieczorami graliśmy z nimi w kierki, w duraka i w tysiąca. Mówili, że za naszymi drzwiami kończy się Związek Sowiecki.

Młodszy z nich, Beniamin, już po powrocie do Polski przychodził do nas do akademika, prosił nawet Helenę o rękę. Starszy poległ pod Monte Casino. Utrzymywaliśmy również stosunki z polską rodziną Grzelaków. Ci jednak bez przerwy pili alkohol.

Mama regularnie wysyłała do Moskwy listy z pytaniem, co się dzieje z tatą, i z prośbami o pozwolenie na powrót do kraju. Odpowiedź przyszła po pół roku. List czekał do odebrania w Jawłence, wiosce oddalonej od naszej o sześćdziesiąt kilometrów. Udałyśmy się tam z mamą na piechotę. Tymczasem zaczęły się roztopy – był kwiecień 1941 roku. Nogi ślizgały się nam na kaszy śniegowej, byłyśmy całe przemoczone. Ledwo dotarłyśmy na miejsce, nocując po drodze we wsi Pokrowka. Spotkałyśmy tam zesłanych Polaków ciężko chorych na szkorbut. Wyjmowali sobie palcami zęby z krwawiących dziąseł. Okropność.

Po dotarciu na miejsce – wielkie rozczarowanie. Naczelnik NKWD w Jawlence oświadczył nam tylko tyle, że o ojcu niczego się nie dowiemy, bo dostał dwadzieścia pięć lat więzienia bez prawa do korespondencji. I że mamy się o niego już więcej nie dowiadywać. Dziś już wiem, co się pod tym kryło – został zamordowany.

Wracałyśmy straszliwie przybite przez zaspy topniejącego śniegu. W pewnym momencie zorientowałyśmy się, że step zamienił się w jedno wielkie jezioro, po którym pływały kawały nieroztopionego lodu, boleśnie nas uderzając. Woda sięgała nam już niemal po pas. Każdy kolejny krok groził utonięciem, znalazłyśmy się w pułapce. Ogarnęła nas rozpacz. Czyżbyśmy miały tak głupio zginąć? W ostatniej chwili uratował nas nasz *priedsiedatiel*. Tak, ten sam, który mówił, że mamy zdechnąć. Jechał akurat z innymi mężczyznami na komisję wojskową. Wciągnęli nas na wóz, zdjęli nasze przemoczone buty i dali nam suche walonki. W domu rodzeństwo natarło nas porządnie spirytusem i dało do wypicia „tatę z mamą", czyli koktajl złożony z pół szklanki spirytusu i pół szklanki soku wiśniowego. Trzymaliśmy go właśnie na taką okoliczność. Od razu zwaliło nas z nóg, ale pomogło. Mimo lodowatej kąpieli nie zachorowałyśmy.

Mama w końcu dostała pracę w spółdzielni krawieckiej w Karniejewce. Tamtejszy *priedsiedatiel* wyglądał jak połączenie psa

---

Po ojcu Grażyny, Jeronimie, słuch zaginął – nie pomogły prośby i listy wysyłane przez matkę do Moskwy. Informacja, że na zesłaniu rodziny będą łączone, okazała się tylko okrutną plotką. Na zdjęciach: Jeronim i Maria Jonkajtysowie w 1906 roku

i świni. Miał małe, głęboko osadzone oczka, zadarty nos i za krótką wargę. Gdy mówił, ta warga podjeżdżała mu do góry, odsłaniając krzywe, brudne zęby. Wzbudzał przerażenie pracowników, ale mama się go nie bała. Pewnego dnia maszyna przecięła stopę małej dziewczynce z Augustowa. Jej matka przybiegła do mamy z płaczem, że *priedsiedatiel* nie chce dać konia, żeby pojechać do lekarza. Bo były żniwa. Mama zrobiła mu dziką awanturę.

– Nie chcesz dać konia dla Marysi?! – mówiła. – Przecież twój chłopak z kołchozu przerżnął jej nogę! Nie chcesz dać? To ciebie na twoich dzieciach Pan Bóg pokarze!

Piredsiedatiel był tak zdumiony, że ktoś ośmielił się do niego tak mówić, że konie szybko się znalazły. Dziewczynka po dwóch miesiącach wróciła ze szpitala chudziutka i kulejąca. Lekarz źle wykonał operację. Została kaleką do końca życia.

O krok od śmierci

Mimo podpisania paktu Sikorski-Majski nie udało nam się wyjechać. Zostałyśmy na „nieludzkiej ziemi" jeszcze kilka długich lat. Mijały kolejne szare dnie i miesiące, wypełnione codzienną walką o przetrwanie.

Nasza sytuacja stawała się coraz trudniejsza. Janek został siłą wcielony do Armii Czerwonej. Zosia leżała w łóżku, powalona chorobą. A my znowu znaleźliśmy się bez dachu nad głową. Przygarnął nas wówczas Ingusz Miszka. Tak, ten sam, który próbował mnie zgwałcić.

Pewnego razu, gdy stawiałam piec, zaczęła strasznie boleć mnie głowa. Dosłownie na czworaka kończyłam oblepiać piec gliną. Za wszelką cenę chciałam skończyć robotę. W drogę powrotną do domu wyruszyłam już późną nocą. Nagle zerwał się straszny stepowy wicher, tak zwany buran. Zwalił mnie z nóg. Pewnie bym tam umarła, gdyby nie to, że zobaczyłam w oknie naszego domu płomyk lampki. Oznaczało to, że mama nie śpi i czeka na mój powrót. Postanowiłam dobrnąć tam za wszelką cenę. Do domu. Ostatnie kilkadziesiąt metrów już się czołgałam. Zdołałam zastukać do drzwi. Przerażona mama pomogła mi dowlec się do łóżka i rozebrać. Umyła mi twarz ciepłą wodą. Przez trzy dni leżałam bez życia. Mój młody organizm przetrwał jednak i tę próbę.

Niestety, następnym razem poszło już gorzej. Straszliwy wicher zerwał się, gdy szłam z Jasią po wodę. Rzucił mnie w zaspę. Wróciłam ledwo żywa, cała mokra, przemarznięta na kość. Kolejne sześć tygodni pamiętam jak przez mgłę. Miałam czterdzieści stopni gorączki. Nic nie jadłam, z trudem piłam. Z moim ciałem działo się coś dziwnego. Zbierała się we mnie ropa, strasznie cuchnęło. Modliłam się tylko o to, żeby wytrzymać do wiosny, bo zimą nie da się przecież wykopać grobu. Ziemia jest zbyt zmarznięta.

To był już rok 1945. Przyszło do nas rozporządzenie NKWD, że możemy wracać do Polski. Wszyscy mieli stawić się w urzędzie po specjalne zaświadczenie od komunistycznego Związku Patriotów Polskich, uprawniające nas do wyjazdu. A ja byłam umierająca.

Sowieckie lekarki dwukrotnie odmówiły mi pomocy. Mimo posłanych koni, nie chciały do mnie przyjechać. Nagle któregoś dnia poczułam straszliwe dławienie w gardle… To ta straszna ropa, która zbierała się w moim organizmie... Zaczęła wylewać mi się przez usta... Mama podkładała mi ręczniki, ścierki, wszystko, co miała pod ręką. A ze mnie się lało i lało. Krztusiłam się, dławiłam, płakałam. To był koszmar, myślałam, że konam. Nagle temperatura spadła mi do trzydziestu pięciu stopni, a palce zrobiły się fioletowe, sine. Mama usiadła przy mnie, odgarnęła mi z głowy mokre od potu włosy i powiedziała przez łzy:

– Córeczko, pewnie pójdziesz do Boga.

Zamknęłam oczy, usnęłam. Po paru godzinach obudziłam się, spojrzałam na mamę i powiedziałam:

– Mamo, jestem strasznie głodna.

A w domu nic do jedzenia oczywiście nie było. Moja siostra Teresa pobiegła w te pędy do wsi, skąd przyniosła trochę ukradzionego mięsa. Mama je usmażyła i był to mój pierwszy posiłek po sześciu tygodniach. Ale ja chciałam jeść dalej! Mama sprzedała garnitur ojca – cały czas trzymaliśmy go w nadziei, że tata jednak wróci – a potem zegarek. Całe pieniądze poszły na jedzenie. Miałam olbrzymi apetyt. Przeżyłam. To było przesilenie choroby.

2 marca 1946 roku wyjechaliśmy do Polski. Na zesłaniu spędziliśmy sześć lat.

Na gruzach Warszawy

Po wielu tygodniach koszmarnej podróży przez Związek Sowiecki przekroczyliśmy polską granicę. Przynajmniej tak nam się wydawało. Nie zdawaliśmy sobie jeszcze wówczas sprawy z tego, do jakiego kraju wracamy. Wiedzieliśmy tylko tyle, że odebrano nam Kresy.

Nasz pociąg miał jechać do Słupska, na tak zwane Ziemie Odzyskane. Zatrzymaliśmy się jednak na długi postój na warszawskiej Pradze. Razem z siostrą poszłyśmy na poszukiwanie krewnych. Część z nich mieszkała na Mokotowie, w willi przy Ikara, którą później bezprawnie zagarnął Wojciech Jaruzelski. Miałyśmy też nadzieję, że może w Warszawie odnajdziemy ojca lub choćby jakieś informacje o nim.

Gdy stanęłyśmy na brzegu Wisły, zamarłyśmy z przerażenia. W miejscu, gdzie niegdyś znajdowało się wielkie, tętniące życiem miasto, rozciągało się gigantyczne rumowisko. Morze wypalonych ruin po sam horyzont. Obie się popłakałyśmy. Tyle zostało z naszej stolicy, tyle zostało z naszej ojczyzny.

Czekałyśmy na przejazd mostem pontonowym. Po obu stronach stały posterunki wojskowe i regulowały ruch. W tłumie dostrzegłyśmy znajomą siostrę zakonną. Siedziała na wozie. Od razu rzuciłyśmy się do niej, a ona błyskawicznie chwyciła za torebkę. Wzięła nas za złodziejki! Tak też wyglądałyśmy. W strasznych sowieckich łachach, w znoszonych walonkach z dziurami zatkanymi słomą. Brudne, śmierdzące, wychudzone.

– Siostro, czy siostra nas nie poznaje? Jesteśmy Jonkajtysówny z Augustowa, dopiero co wróciłyśmy z Syberii.

Natychmiast zabrała nas na wóz i pojechałyśmy z powrotem na Pragę, do klasztoru. Tam, jedząc krupnik z chlebem i ocierając łzy, opowiedziałyśmy o naszych losach.

W Warszawie już zostaliśmy. Zosię oddaliśmy do szpitala, a my zamieszkaliśmy w zakonie Sióstr Franciszkanek Rodziny Maryi przy ulicy Hożej. Prowadziły go na gruzach Warszawy, wykonywały wspaniałą robotę, niosąc pomoc pogorzelcom.

Pierwszej nocy mój czternastoletni brat Marian umył się, włożył czystą piżamę, pogładził się po najedzonym brzuchu i powiedział:

– Te siostry powinny żywcem pójść do nieba. Znowu jestem Europejczykiem.

Mama wróciła do zawodu nauczycielki. Ja, żeby utrzymać się na studiach, udzielałam korepetycji. Zdecydowałam się pójść na architekturę na politechnice.

Na studiach poznałam przyszłego męża, Jerzego. Pobraliśmy się w 1951 roku w Miechowie pod Krakowem w pięknym dwunastowiecznym kościele bożogrobców. Proboszczem był tam ksiądz, który przed wojną, w roku 1916, udzielał ślubu moim rodzicom w Mińsku Litewskim.

Minęło jedno pokolenie, a tak wiele się zmieniło...

Po studiach dostałam przydział do biura projektów osiedli robotniczych. Potem byłam kierownikiem pracowni urbanistycznej, która zaplanowała otoczenie Pałacu Kultury. Personalny naskoczył tam na mnie, że psuję im statystykę. Jako jedyna w biurze nie zapisałam się bowiem do Towarzystwa Przyjaźni Polsko-Radzieckiej. Namawiał mnie, nalegał, przymilał się, groził. Nie uległam.

Syna Jacka urodziłam w 1955 roku, Kasię w 1956, a Marka w 1960. Już jak urodził się Jacek, mąż powiedział do mnie:

– To co? Przestaniesz teraz pracować. Musisz zająć się dzieckiem i domem.

Byłam wtedy kierownikiem dużego zespołu. Trzęsłam całą robotą. Nie mogłam tego porzucić.

– Mylisz się. To ty zostaniesz w domu – odpowiedziałam ostro – a ja wracam na etat.

Kariera zduna, która zapewniła Grażynie przetrwanie na zesłaniu, jeszcze długo była obiektem żartów. Na zdjęciu: karykatura narysowana przez kolegów z politechniki, 1950 rok

Mąż dosłownie zdębiał. Pytał, czy ja tak serio? Czy to przypadkiem nie żart? Twardo stałam przy swoim. Skończyło się na tym, że zatrudniliśmy gosposię.

Łącznie pracowaliśmy z mężem na pięciu etatach, mimo to pieniędzy nigdy nam nie starczało. W PRL płacono głodowe pensje. A gdy już pojawiały się jakieś pieniądze – nie było czego za nie kupić. Co innego partyjni, oni mieli wszystko.

Wprawdzie w końcu kupiliśmy samochód – koszmarnego NRD-owskiego trabanta – ale zaraz musieliśmy go sprzedać. Nie byliśmy go w stanie utrzymać. Wreszcie powiedzieliśmy: dość. Tak się żyć nie da. Nie po to przeżyłam Syberię, żeby teraz męczyć się w komunistycznym kraju.

Mężowi udało się załatwić wyjazd do Afryki. Został doradcą ministra do spraw planowania przestrzennego Republiki Ghany. Wyjechał i zaczął mi przysyłać pieniądze, żebym mogła spłacić długi. Po pewnym czasie ściągnął mnie i dzieci do siebie.

Potem zamieszkaliśmy razem w Nigerii. To była całkowita zmiana. Z szarego, siermiężnego PRL na Czarny Ląd. Sawanny, egzotyczne dzikie zwierzęta, nieznane wcześniej barwy, zapachy i smaki. Inne życie.

Napisałam tam wspomnienia, które posłałam do Jerzego Giedroycia, redaktora paryskiej „Kultury". Od razu je wydał. Moja historia bardzo go poruszyła, moją mamę nazwał „prawdziwą bohaterką". Myślę, że miał rację. To dzięki niej przeżyliśmy to syberyjskie piekło. Była nie do pokonania. Aby nas ocalić, gotowa była zrobić wszystko.

Moje dzieci rozjechały się po świecie. Kasia mieszka teraz w Chicago, Marek w Singapurze. Tylko Jacek jest w Polsce.

Jerzy zmarł na zawał w 1987 roku. Muszę powiedzieć, że nigdy nie myślałam, że to on umrze pierwszy. Nie mówiąc już o przeżyciu go o trzydzieści lat. Był harcerzem, żeglarzem, miał fenomenalną kondycję. A ja byłam po sześciu latach Syberii. Po tych wszystkich chorobach, przejściach, katordze. Najwyraźniej, zamiast wykończyć, zesłanie mnie jednak zahartowało. Wzmocniło.

Grażyna Jonkajtys-Luba
(rocznik 1922)

BARBARA

DZIEWCZYNA ZE LWOWA

Do tej pory pamiętam ciężki metaliczny dźwięk zamykającej się za mną więziennej bramy. Trafiłam do tak zwanej celi ogólnej, w której na niewielkiej przestrzeni gnieździło się kilkadziesiąt więźniarek. Trzymałyśmy się w piątkę. Ja, moja bratowa i jeszcze trzy polskie dziewczyny. Wszystkie byłyśmy z tak zwanych dobrych domów, a musiałyśmy siedzieć z prostytutkami, złodziejkami i morderczyniami. Zdegenerowanymi sowieckimi więźniarkami, które straszliwie klęły i zachowywały się w sposób ordynarny. Nie wiem, skąd brały narkotyki, ale cały czas były odurzone. Wyglądały strasznie – ludzkie wraki.

Sowieckie prostytutki tym się różniły od innych kobiet, że nosiły półdługie włosy, luźno spadające na ramiona. Zwykłe Rosjanki miały włosy długie, ale zawsze schowane pod chustami. Od czasu tych więziennych przeżyć nie znoszę u kobiet takiego krótkiego uczesania. Prostytutki cały czas okradały nas z resztek nędznego dobytku.

Zmuszono nas do pracy w znajdującej się pod miastem, nad rzeką Irtysz, garbarni. Przenosiłam na głowie wysuszone, ale z grubsza tylko oczyszczone, zwierzęce skóry do wielkiego drewnianego bębna. Miały tam zmięknąć. Była to praca ciężka i straszna. Odbywała się w niebywałym smrodzie, który wydzielały skóry.

Śmierdziało również w wielkiej, betonowej sali, w której spałyśmy. Brud był w niej wszechobecny. Aby uchronić się od pluskiew, kładłyśmy się na podłodze, a naokoło naszego legowiska rozlewałyśmy wodę. Oczywiście nic to nie pomagało, bo pluskwy spadały na nas z góry, z sufitu.

Z czasem, całe szczęście, zaczęłyśmy pracować na nocną zmianę. Przenieśli nas też do innego pomieszczenia, z nowymi pryczami. Nie musiałyśmy już obcować z tymi strasznymi kobietami.

Między północą a drugą miałyśmy przerwę na jedzenie. Więźniarki jadły oskrobiny z garbowanych skór. Był to obrzydliwy zwierzęcy topiony tłuszcz. Do tego kawałek czerstwego chleba. Brzydziłam się tym tłuszczem potwornie. Pomimo głodu, który trawił moje trzewia, nie byłam w stanie wziąć tego paskudztwa do ust. Łaziły też wtedy po nas szczury.

Raz w tygodniu była łaźnia. Przed myciem musiałyśmy oddać ubrania do odwszenia. Potem nagie przechodziłyśmy do sali, w której strażnicy – mężczyźni! – rozdawali nam po kawałku mydła. Przypatrywali się naszym ciałom i wymieniali między sobą nieprzyzwoite uwagi. Moja bratowa mówiła wtedy do mnie:

– Nie patrz w ich kierunku. Oni są dla nas powietrzem.

Na początku buntowałam się przeciwko takiemu upadlaniu kobiet, z czasem jednak przywykłam. Byłam coraz bardziej obojętna, apatyczna. Sowieckie więzienie mnie wykańczało. Było ponad moje siły. Nie mogłam zrozumieć, dlaczego ci ludzie nas tak dręczą. Miałam przecież dopiero dwadzieścia dwa lata.

Proces bez obrońców

Za kraty trafiłam w 1943 roku, po odkryciu grobów w Katyniu. Świat dowiedział się wówczas, że NKWD wymordowało naszych oficerów. W efekcie doszło do zerwania stosunków między

---

W dniu wybuchu wojny Barbara miała 18 lat i całe życie przed sobą. Najpierw razem z rodziną została zesłana do Kazachstanu, potem trafiła do więzienia za odmowę przyjęcia sowieckiego paszportu.
Na zdjęciu: Barbara z czasów nauki w gimnazjum, 1932 rok

Związkiem Sowieckim a Polską. A na polskich zesłańców, którzy znajdowali się pod władzą bolszewików, spadły nowe represje.

W tej grupie znalazła się również moja rodzina. Od trzech lat pracowaliśmy w sowchozach Kazachstanu, do którego deportowano nas wagonami bydlęcymi w roku 1940. Teraz bolszewicy postanowili przeprowadzić tak zwaną paszportyzację, czyli zmusić Polaków do przyjęcia sowieckiego obywatelstwa.

Odmówiliśmy. Odebraliśmy to jako kolejny akt bezprawia. Uważaliśmy się za obywateli Rzeczpospolitej! W odpowiedzi rozpoczęły się aresztowania. W tajnym procesie, w którym nawet nie uczestniczyłam, dostałam dwa lata więzienia za nieposiadanie dokumentów. Nasze polskie dokumenty uznano za nieważne. A sowieckiego paszportu nie przyjęłam. W świetle sowieckiego prawa byłam więc człowiekiem *biezprizornym*, czyli bezdomnym. O wyroku zostałam poinformowana *post factum*. Nie miałam prawa do obrony. Po prostu zakomunikowano mi o karze.

Siedziałam w Semipałatyńsku – w tym samym mieście, w którego okolicach po wojnie Sowieci wybudowali wielki poligon, gdzie zdetonowali swoją pierwszą bombę atomową.

Szliśmy dwadzieścia pięć kilometrów do rejonu, skąd mieli nas po rozprawie wsadzić do więzienia. Tam usłyszałam wyrok. Dwa lata pozbawienia wolności. Był kwiecień, szła wiosna.

Do więzienia ruszyłam razem z całą grupą polskiej młodzieży, która tak jak ja odmówiła zrzeczenia się polskiego obywatelstwa. Byliśmy z siebie dumni, pochód ten zamieniliśmy niemal w demonstrację patriotyczną. Śpiewaliśmy, z pogardą patrzyliśmy na strażników.

Brzmi to teraz bardzo naiwnie, ale wydawało nam się, że w ten sposób pokażemy Sowietom nasz hart ducha. Że nasz bunt zostanie dostrzeżony. Byliśmy jeszcze młodzi i naiwni. Jeden ze strażników spojrzał na mnie z politowaniem, pokręcił głową i powiedział:

– Jaka ty głupia, po co ty leziesz do tego więzienia? Nawet nie wiesz, co cię tam czeka.

Miał rację.

Ach, ten Lwów!

Najszczęśliwsze lata mojego życia spędziłam w zakładzie dla psychicznie chorych w Kulparkowie. Mieszkałam tam osiemnaście lat. Od razu jednak wyjaśniam – nie byłam tam pensjonariuszką, mój tata tam pracował. Na terenie zakładu przydzielono nam służbowe mieszkanie. Zajmowaliśmy je w piątkę. Rodzice, ja, brat i siostra.

Kulparków leżał tuż za granicami Lwowa. Żeby dostać się do śródmieścia, trzeba było dojść do ulicy 29 Listopada i tam złapać tramwaj, który jechał aż pod Wysoki Zamek. Nie było to znowu tak daleko, ale dla mnie, wówczas małej dziewczynki, wydawało się wielką wyprawą.

Nawet teraz odbywam tę trasę z zamkniętymi oczami. Pamiętam każdy dom, każdą witrynę sklepową. Twarze mijanych ludzi. Ale przede wszystkim atmosferę. Każdy, kto urodził się we Lwowie, wie, o czym mówię. Ależ to było piękne miasto, pełne zabytków i wspaniałych ludzi! Niestety, dzisiaj już nie istnieje. Umarło, gdy po wojnie wypędzono z niego lwowiaków. Zostały tylko mury.

Mój ojciec, Edward Böhm, urodził się w Śniatyniu na Pokuciu. Jego przodkowie tuż po pierwszym rozbiorze Rzeczpospolitej przybyli do Galicji z niemieckiej Wirtembergii i szybko się spolonizowali.

Tata był niespokojnym duchem. W młodości chciał zostać marynarzem. Pojechał więc ze starszym bratem nad Morze Adriatyckie, do dalekiego portu w Puli. Dziś miasto to leży w granicach Chorwacji, ale wówczas należało do cesarstwa Austro-Węgier. Tata skończył tam niemiecką szkołę dla mechaników okrętowych.

W Puli poznał hrabiego Ignacego Korwin-Milewskiego, znanego polskiego milionera i kolekcjonera sztuki. Gdy tata skończył nauki, Milewski złożył mu korzystną propozycję. Otóż kupił on od arcyksięcia Stefana Habsburga z Żywca jacht, który na cześć swojej ojczyzny nazwał „Lithuania". Chciał na tym jachcie odbywać rozmaite egzotyczne wyprawy i tata miał mu w nich towarzyszyć jako oficer. Proponował ojcu bardzo korzystne warunki. W całą sprawę zaangażował się też arcyksiążę Habsburg. Nawiasem mówiąc, podczas I wojny światowej był on pretendentem do polskiej korony. Ogłosił, że jest Polakiem, a swoje córki wydał za polskich arystokratów. List napisany przez niego do ojca, który zachował się do dziś, zaczyna się od słów: „Mój kochany Böhm".

Plany obu panów spełzły na niczym. Tata odmówił. Powody tej decyzji stanowią rodzinną tajemnicę. Zamiast na egzotyczne rejsy udał się do Przemyśla. Tam poznał siostrę swojego przyjaciela, w której zakochał się na zabój. Mimo że miała zaledwie siedemnaście lat i chodziła jeszcze do szkoły, czym prędzej ją poślubił. To była moja mama, Anna Janicka.

Rodzice do Kulparkowa wyjechali zaraz po ślubie. Kiedy w trakcie ich wesela ciotki mamy dowiedziały się, gdzie para młoda będzie mieszkać, złapały się za głowy.

– Co to za nieszczęście – mówiły. – Żeby jedno było chore, to się jeszcze zdarza. Ale oboje? I to w tak młodym wieku? Cóż za tragedia!

Ciocie z żałości się całkowicie rozkleiły, a inni goście myśleli, że były wzruszone ceremonią. Dopiero potem dowiedziały się, że tata w Kulparkowie dostał posadę pracownika technicznego, który odpowiadał za funkcjonowanie maszyn znajdujących się na terenie zakładu.

Rodzice mieszkali najpierw w gmachu głównym, co trochę jednak przerażało moją mamę. Czuła się tam nieswojo. Niebawem nasza rodzina przeniosła się do pobliskiego uroczego domku, otoczonego pięknym ogrodem, w którym bawiłam się jako dziecko.

Tenis i obcasy

Jak wyglądało dzieciństwo spędzone wśród nerwowo chorych? Było bardzo szczęśliwe, moje relacje z pacjentami układały się poprawnie. Część z nich pracowała w pracowniach mechanicznych i przy piłowaniu drewna. Inni pomagali w domach pracowników.

Mieliśmy bardzo sympatyczną i inteligentną głuchoniemą gospodynię. A także lokaja, który popełnił jakąś straszną zbrodnię, ale ponieważ wykryto u niego chorobę umysłową, zamiast do więzienia

---

Rodzina była przerażona, kiedy usłyszała, że rodzice Barbary zamieszkają w zakładzie dla umysłowo chorych. Mała Barbara nie miała jednak nic przeciwko temu – w Kulparkowie spędziła szczęśliwe lata dzieciństwa i młodości.
Na zdjęciach: rodzice Barbary, Anna i Edward. Fotografie z początku XX wieku

trafił do naszego szpitala. Był bardzo oddany rodzinie. Nazywał się Słucki i był z nami do kwietnia 1940 roku. Aż do końca.

Gdy byłam mała, lubiłam siadywać na ławeczce przed domem i z olbrzymiej filiżanki popijać kakao. Pacjenci, pielęgniarze i inni pracownicy zakładu, idąc do pracy kasztanową aleją, machali do mnie przyjaźnie.

Mój brat Edek zorganizował drużynę futbolową, złożoną z kulparkowskich dzieci. Mnie zawsze stawiał na bramce, ale nie dla obrony strzałów, bo byłam w tym kiepska, lecz po to, żebym mogła podawać im piłkę. Grałam także namiętnie w tenisa na znajdującym się na terenie zakładu korcie. Ta gra pochłonęła mnie do reszty. Nawet kiedy chodziłam już do szkoły – imienia hetmana Żółkiewskiego – codziennie rano przed lekcjami przez godzinę odbijałam rakietą piłkę. Często byłam po tenisie bardzo zmęczona. Jak bowiem inaczej wytłumaczyć to, że zdarzyło mi się zemdleć u dentystki na fotelu? Co ciekawe, u tej pani doktor w domu mieszkała znana komunistka Wanda Wasilewska. Raz nawet otworzyła mi drzwi, gdy przyszłam na załatanie dziury w zębie.

Mam słabość do wysokich obcasów. W naszym mieście był słynny sklep z butami, opisany zresztą pięknie przez Witolda Szolginię w jednej z jego książek o Lwowie. Byłam jego najmłodszą klientką. Należy tu powiedzieć, że wtedy kupowanie butów wyglądało zupełnie inaczej niż dziś. To była cała ceremonia. Nogi kładło się na specjalne podpórki, a subiekt biegał po sklepie i przynosił coraz to nowe pary do przymierzenia. Oczywiście to on je zakładał na nogi klienta. A co to były za buty! Nie ma nawet porównania z tą dzisiejszą tandetą.

Barbara zawsze była wielką miłośniczką butów. Tzw. prunelki, jedwabne szpilki z darów amerykańskich, zachowała do dziś i bardzo o nie dba – chodzi w nich tylko po domu

Słabość do pięknych butów pozostała mi na całe życie. Kiedy do Kazachstanu przyjechały amerykańskie dary dla polskich zesłańców, wybrałam sobie z nich nie jakieś praktyczne buty, tylko właśnie piękną parę jedwabnych szpilek, tak zwane prunelki. Mam je zresztą do dziś. Są śliczne, ale chodzę w nich tylko po mieszkaniu, bo nie chcę, żeby się zniszczyły.

Ojciec należał do „Gwiazdy", czyli Stowarzyszenia Polskich Rękodzielników i Przemysłowców. Była to słynna przedwojenna organizacja społeczna, do której należeli głównie przedsiębiorcy i inteligencja. Organizowali bale charytatywne, udzielali się społecznie. W rocznicę uchwalenia Konstytucji 3 maja spotykali się o szóstej rano na Wysokim Zamku, aby śpiewać patriotyczne pieśni. Raz nawet uczestniczyłam w takiej uroczystości. Arystokracja miała swój własny klub – „Strzelnicę". Oczywiście obie organizacje ostro ze sobą rywalizowały.

Młodzież w szkołach była rozpolitykowana. Ja byłam na przykład zagorzałym narodowcem, członkiem NOG-i, czyli Narodowej Organizacji Gimnazjalnej. Złożyłam tam specjalną przysięgę. Oprócz tego należałam oczywiście do harcerstwa. Po śmierci Dmowskiego na znak żałoby nosiłam na ramieniu czarną opaskę. Za Piłsudskim nie przepadałam. W zakładzie taty nielegalnie rozrzucałam ulotki wyborcze, co było zakazane. Brat zawsze gonił mnie, próbując mi te ulotki odebrać. Raz uciekając przed nim, spadałam ze schodów i strasznie się potłukłam.

Jedną z moich znajomych była Irena Jarosiewicz, późniejsza słynna artystka i druga żona generała Andersa. Znałam się z nią od dziecka. Jej ojciec był grekokatolickim duchownym w zakładzie w Kulparkowie. Już wówczas Irena była piękną dziewczyną, wszyscy się nią zachwycali. Miała – jak to się dziś mówi – dużo seksapilu. W czasie wojny dawała na Syberii występy z grupą artystyczną

„Warsa". Gdy poznała Andersa, razem z artystami przyłączyła się do jego armii. Przeszła z nią szlak bojowy aż do Włoch.

Ponowny kontakt nawiązałyśmy wiele lat po wojnie. Spotykałyśmy się, kiedy przyjeżdżała z Londynu na wizyty do kraju. Chodziłyśmy wtedy razem do koleżanki, z którą również znałyśmy się z dzieciństwa, na pyszne pierogi ruskie. Wspominałyśmy stare, dobre czasy. Raz odwiedziłam ją w jej pokoju w Bristolu. Zachwycałam się tam łazienką – była ogromna. Wszędzie porozwieszane były jej piękne długie suknie. W rzeczywistości szarego PRL Irena Anders jawiła się jak przybyszka z innej planety.

Amatorzy zegarków

We wrześniu 1939 roku nasze mieszkanie zajęli Niemcy. Na szczęście nie było nas w domu. Spędzili tam zresztą tylko jedną noc. Wyjedli nam ze spiżarni część zapasów. Jeden z żołnierzy, Austriak, przez roztargnienie zostawił list od mamy, która szukała go w różnych oddziałach. Był bardzo wzruszający.

Pomyślałam wtedy o moim starszym bracie Edwardzie, który został zmobilizowany do wojska. Mama się o niego martwiła tak samo, jak matka tego Austriaka. To może wydawać się dziwne, ale ci niemieccy żołnierze zostawili nawet jakieś polskie pieniądze jako rekompensatę za bałagan, jakiego narobili.

Mój kuzyn, major Wojska Polskiego, zgubił swoją jednostkę i przyszedł do nas do Kulparkowa, zmęczony i obszarpany. Dałam

---

W dzieciństwie na terenie zakładu w Kulparkowie mieszkała również Irena, przyszła żona gen. Andersa. Po wojnie Barbara spotykała się z Ireną wielokrotnie, w Polsce i Wielkiej Brytanii. Na zdjęciu: dzieci pracowników zakładu (Barbara w pierwszym rzędzie pierwsza od lewej, Irena Jarosiewicz trzecia od prawej w drugim rzędzie), 1926 rok

mu wtedy swoją szkolną teczkę, bo nie miał w czym nieść rzeczy. Przedarł się potem przez Rumunię do Wielkiej Brytanii, gdzie został już na stałe. Kilka lat po wojnie dostałam informację, że na poczcie czeka na mnie paczka od tego kuzyna. Odesłał mi w niej moją szkolną teczkę! Musiałam długo przekonywać urzędnika, żeby nie zapłacić za nią cła. Na poczcie myśleli bowiem, że bogaty kuzyn z Londynu przysyła mi jakieś zachodnie smakołyki.

Ale wróćmy do września. Najgorszy okazał się dzień, w którym zaatakowali nas Sowieci. Mój brat, podporucznik rezerwy Edward Böhm, miał wówczas dyżur na Poczcie Głównej przy ulicy Słowackiego. To właśnie on odebrał meldunek o tym, że 17 września Armia Czerwona przekroczyła polską granicę.

Meldunek ten był zwiastunem wielkiej tragedii Polski, ale również jego tragedii osobistej. Wkrótce po zajęciu Lwowa bolszewicy go aresztowali i wywieźli do obozu w Starobielsku. W 1940 roku mój ukochany starszy brat został zamordowany strzałem w tył czaszki w Charkowie – był jedną z ofiar zbrodni katyńskiej.

Pierwsze aresztowania wśród ludności cywilnej rozpoczęły się w grudniu. Tuż przed Bożym Narodzeniem wywieziono wszystkich księży. Sowieci dysponowali spisem rodzin inteligenckich i wojskowych. Na liście „wrogów ludu" znalazła się również nasza rodzina.

Przyszli po nas 13 kwietnia 1940 roku. Mój wuj był zegarmistrzem i przy wszystkich możliwych okazjach obdarowywał nas zegarkami. Zebrała się tego pokaźna kasetka, która stała na stole. Gdy sołdaci ją zobaczyli, aż zaświeciły się im oczy. Natychmiast pozakładali je sobie na ręce. Ukradli wszystkie.

Spakowaliśmy ciepłe rzeczy, pudło mydła, parę kilogramów mąki w blaszanym pojemniku. Mieliśmy też przygotowaną skrzynkę z prowiantem do wysłania mojemu bratu do obozu w Starobielsku. Na zesłaniu służyła nam później jako stół. Z naszego domu wywieziono pięć osób. Rodziców, mnie, siostrę i żonę mojego brata.

Z książek wzięłam tylko Pismo Święte, a mama książeczkę do nabożeństwa. Najbardziej nie mogłam oczywiście odżałować pism Dmowskiego, które uratowałam przed zniszczeniem ze szkolnej biblioteki. Co ciekawe, wzięliśmy też sześć materacy z łóżek.

Nie wiedzieliśmy, że w tym czasie, kiedy nas wywożono ze Lwowa, mojego brata akurat bestialsko zamordowano w Charkowie...

Podróż trwała trzy tygodnie. Miałam ze sobą malutki kalendarzyk, w którym notowałam mijane stacje i wrażenia. Kiedy 15 kwietnia przekroczyliśmy polską granicę, rozmowy w wagonie ucichły. Wszyscy pogrążyli się w ponurych myślach. Dziesięć dni później przekroczyliśmy Ural i opuściliśmy Europę. Jechaliśmy w głąb Azji.

Na miejscu byliśmy 1 maja. To był sam środek Kazachstanu. Ze stacji wieziono nas nocą ciężarówkami, a potem wozami drabiniastymi, zaprzęgniętymi w woły. Ostatni odcinek był najgorszy – dwadzieścia pięć kilometrów na rozklekotanym, podskakującym na wybojach gruchocie. Wilgotny piasek chrzęścił w szprychach kół. U kresu podróży wóz utknął na samym środku rzeki, która szeroko rozlała z powodu roztopów. Koła ugrzęzły, uparte woły nie chciały dalej iść. Czerwony ze złości Kazach zeskoczył z konia do wody i przeniósł na brzeg nasze bagaże. Wołom było bez nich lżej i dzięki temu jakoś przeczłapały przez rzekę.

My do tego nie *priwykli*

Wieś, do której nas zesłano, nazywała się Czygilek i znajdowała się w obwodzie semipałatyńskim. Było nas sześćdziesiąt dziewięć osób, przeważnie żony oficerów i policjantów z dziećmi. Zakwaterowano nas w stajniach, które akurat stały puste, bo bydło zostało wyprowadzone w góry na wypas. Ledwie zdążyliśmy się jako tako rozlokować, kiedy zarządca zajrzał do nas przez wąskie okienko i ryknął:

– *Dawaj*! Do roboty!

Od tego „sympatycznego" okrzyku odtąd codziennie zaczynaliśmy pracę. Nie było żadnego obwieszczenia ani wiecu. Po prostu zarządca kołchozu przyjeżdżał i zaganiał nas do roboty, tak jak wcześniej wyganiał na pastwisko woły, które przed nami były w tej stodole.

Zaczęło się od wyrabiania słynnego kiziaku, czyli cegiełek z krowiego łajna ze słomą, przeznaczonych na opał. Nigdy nie zapomnę tego widoku. Po kilku godzinach szykowania się ze stodoły wyszły przedstawicielki lwowskiej inteligencji. Eleganckie panie w angielskich kostiumach i w letnich pantoflach. Stanęły przed zarządcą z wyczekującą miną. Gdy ten kazał im wejść do dużego zbiornika i ubijać gołymi nogami gnój, omal nie dostały zawału serca. Nie pomogły długie namowy i groźby. Za nic w świecie nie chciały się tego dotknąć. Jedna z nich, pani Janina Kilianowa, zaczęła tłumaczyć zarządcy, mieszając słowa polskie, rosyjskie i ukraińskie:

– *My* ludzie z *goroda*, *my* do tego nie *priwykli*.

O dziwo, opór tych kobiet był skuteczny. Zarządca sowchozu po prostu zgłupiał. Nigdy nie miał do czynienia z takim ludźmi, nigdy nikt mu się nie sprzeciwiał. Z tymi paniami do końca nie dał sobie rady.

My nie mieliśmy tyle szczęścia i od początku ciężko pracowaliśmy. Robiliśmy kiziak, a mężczyźni wyrabiali *saman*, czyli cegły z gliny, słomy i końskiego nawozu. Pani Aniela Biesiadecka, żona znanego lwowskiego bibliofila, chodziła po stepie i zbierała te suche placki. Miała w ręku naostrzony patyk, na który je nabijała i wrzucała do worka.

W czasie sianokosów ładowaliśmy na wozy siano. Była to żmudna i ciężka praca, trwająca dwanaście godzin dziennie. Wieczorami byliśmy po prostu skonani. A co gorsza, organizm nie mógł się zregenerować, bo nas głodzono. Rarytasem były miejscowe *gurty*, czyli słone kawały przeraźliwie twardego sera. Trzeba je było przez godzinę trzymać w ustach. Dopiero wówczas, nieco rozpuszczone, dawały się pogryźć. Smakowało to strasznie.

Śmiałyśmy się z dziewczynami, że wyglądamy jak wilkołaki. Nie dość, że wiecznie głodne, to na dodatek przeraźliwie zapuszczone. Włosy miałam zaplecione w warkocz, który przypominał jeden wielki zmierzwiony kołtun. W dzisiejszych czasach taka fryzura jest, zdaje się, modna i nazywa się dredami. Nie przypadła mi jednak do gustu. Wyglądałam okropnie.

Jedyną zaletą tej pracy był niesamowity, odurzający zapach stepu. Tak intensywny, że aż wiercił w nosie. Syberia była pełna takich kontrastów. Z jednej strony surowy klimat i katorżnicza praca, z drugiej – piękna i dzika przyroda. Trudno jednak doceniać walory otoczenia, gdy ręce krwawią po ciężkiej pracy, a w żołądku ssie. Zdecydowanie nikomu nie życzę podobnej „wycieczki".

Z czajnikiem za stodołę

W październiku do naszej fermy wróciło bydło. Musieliśmy więc zwolnić lokum. Rodzice postanowili, że przeniesiemy się do wsi, która nazywała się Bolszaja Bukoń. Miejscowość ta pamiętała jeszcze stare, dobre carskie czasy, bo bardzo różniła się zabudową i rozplanowaniem terenu od sowieckich kołchozów. Ostała się choćby cerkiew, oczywiście nieczynna. Było to ewenementem, gdyż większość świątyń bolszewicy zniszczyli. Znajdowała się tam też szkoła, a nawet *bolnica*, czyli szpital. Niestety, tylko na osiem łóżek. Przez miejscowość płynęła rzeczka, a okalał wszystko cudowny wierzbowo-topolowy las.

Zamieszkaliśmy w domu u Kazachów. A utrzymywaliśmy się głównie z handlu wymiennego. Co ciekawe, w Bolszoj Bukoni można było dostać tanie sowieckie perfumy, czyli po rosyjsku *duchi*.

Kupowałyśmy je na litry. Było to dla nas, kobiet, wybawienie – wreszcie mogłyśmy zabić ostry zapach potu. W sklepie pojawiała się też kawa! Prawdziwa, ziarnista, w workach. Kazaszki nie miały pojęcia, co to jest, więc gotowały ją jak fasolę. Musiałyśmy je nauczyć ją przyrządzać. Na targu kupiliśmy... *Dzieła zebrane* Włodzimierza Lenina. Wszyscy się temu dziwili, ale mieliśmy z nich wiele pożytku. To było prestiżowe, piękne wydanie. Strony były bardzo duże, za to tekstu niewiele, a marginesy szerokie. Wycinaliśmy więc te marginesy i sklejaliśmy ze sobą. Dzięki temu mieliśmy doskonałe kartki do pisania. A resztę książki, a więc myśli „genialnego wodza" bolszewizmu, używaliśmy zgodnie z ich wartością, czyli jako papieru toaletowego.

W Bukoni zmienialiśmy mieszkanie trzy razy. Zawsze mieszkaliśmy u Kazachów, nigdy u Rosjan. Nie mogliśmy się przemóc, żeby żyć z nimi pod jednym dachem.

Jest taka znana anegdota o żonach sowieckich oficerów, które w 1939 roku we Lwowie wybrały się do teatru w ukradzionych z polskich szaf koszulach nocnych. Otóż u nas było to samo! Tata pewnego dnia wymienił na jedzenie kilka koszul nocnych mamy. Były bardzo ładne, koronkowe, niektóre nawet z prześwitującymi elementami. Rosjanki były tym lekko zgorszone, ale mimo prześwitów dumnie chodziły w nich po wsi.

Kazachowie bardzo nas interesowali. Ich obyczaje, język, tryb życia. Dla nas, przybyszy z Europy, byli całkowitą zagadką. Szybko się z nimi zaprzyjaźniliśmy. Spodobał nam się między innymi... sposób, w jaki załatwiali naturalne potrzeby. Tak jak Rosjanie chodzili za stodołę, ale w odróżnieniu od nich zawsze z czajnikiem, żeby móc po wszystkim umyć ręce.

Kazachowie zaprosili nas kilka razy na pieczonego barana. Uwielbiałam herbatę, którą pili po jedzeniu. *Czaj* podawany z mlekiem. Kazachowie dodawali sobie jeszcze do niej... barani tłuszcz. Ja oczywiście nigdy nie dałam się do tego przekonać.

Gdy mama gotowała dla nas nędzną zupę, zawsze towarzyszyła jej któraś z Kazaszek. Uważnie patrzyła, jak gotuje w wykopanym na stepie dołku. Bardzo ich ciekawiliśmy. Również byliśmy dla nich egzotyką. Tamtejsze kobiety ubierały się bardzo starannie, w kolorowe spódnice i różne wstążki. Gotując z mamą, opowiadały

---

Kazachskie kobiety z ciekawością przyglądały się polskim zwyczajom. Dla nich parzenie kawy i gotowanie zupy w dołku na stepie było równie egzotyczne, jak dla zesłańców czaj z mlekiem i baranim tłuszczem. Na zdjęciu: familia Karadżigitów, u której rodzina Barbary mieszkała w pierwszym roku zesłania

jej coś po kazachsku, a mama, nic nie rozumiejąc, odpowiadała im po polsku. Bardzo lubiłam przysłuchiwać się tym „konwersacjom".

Tatarzy, z którymi również się zaprzyjaźniliśmy, mieli w chacie kilka płyt Fryderyka Chopina i patefon. Nie mam pojęcia, skąd się to u nich wzięło! Oni chyba też tego nie wiedzieli. Należeli do najbogatszej grupy kołchoźników, deportowanych z Krymu jeszcze przed II wojną światową. Pogardzali Rosjanami, mówili: „Jacy oni głupi, ciemni".

Głód wśród Polaków w Kazachstanie był przerażający. Staraliśmy się pomagać, jak mogliśmy. Do naszej chaty na zupę przychodziła mała dziewczynka. Dla ochrony przed śniegiem w drzwiach izby ustawiliśmy w poprzek deskę. Dziewczynka ta była tak słaba, że aby przejść przez próg, musiała podnosić rękami własne nóżki. Odmawiały jej posłuszeństwa. Jej matka była żoną pułkownika ze Lwowa, który został aresztowany przez bolszewików. Zupełnie nie radziła sobie na zesłaniu. Zagubiła się, załamała. Wkrótce zmarła. Jej córeczkę umieszczono w straszliwym sowieckim sierocińcu. Po powrocie do kraju utrzymywałam z nią kontakty.

Przed kilkoma laty w Bykowni pod Kijowem znaleziono czarny grzebień do włosów austriackiej firmy Matador Garantie, na którym zostały wyryte nazwiska Polaków zamordowanych przez NKWD. W tym Bronisława Szczyradłowskiego, ojca tej dziewczynki, którą dokarmialiśmy. W ten sposób, tuż przed śmiercią, dowiedziała się, co się stało z jej ojcem.

W celi NKWD

Tata zrobił się bardzo ostrożny. Szczególnie w kontaktach z aparatem bolszewickim. Gdy w 1941 roku ogłoszono amnestię dla Polaków, powiedział, że nie będziemy się przebijać do Andersa. Bał się trudów podróży i epidemii tyfusu, który wykończył tylu Polaków, próbujących dostać się do wojska. Zostaliśmy więc w Bukoni, gdzie przez dwa lata ojciec pełnił funkcję polskiego męża zaufania na Bukoń i dziewięć sąsiednich kołchozów. W tym czasie sporządził bardzo dokładny spis zamieszkującej te tereny polskiej ludności: z przedwojennymi adresami i datami urodzenia. Dokument ten zachował się do dziś.

Czy mam jakieś pozytywne wspomnienie z Kazachstanu? Przyjazd księdza Tadeusza Fedorowicza! Dla nas, Sybiraków, to postać ważna. Kiedy rozpoczęły się wywózki, ksiądz Fedorowicz postanowił, że dobrowolnie dołączy do tych nieszczęsnych ludzi, aby nieść

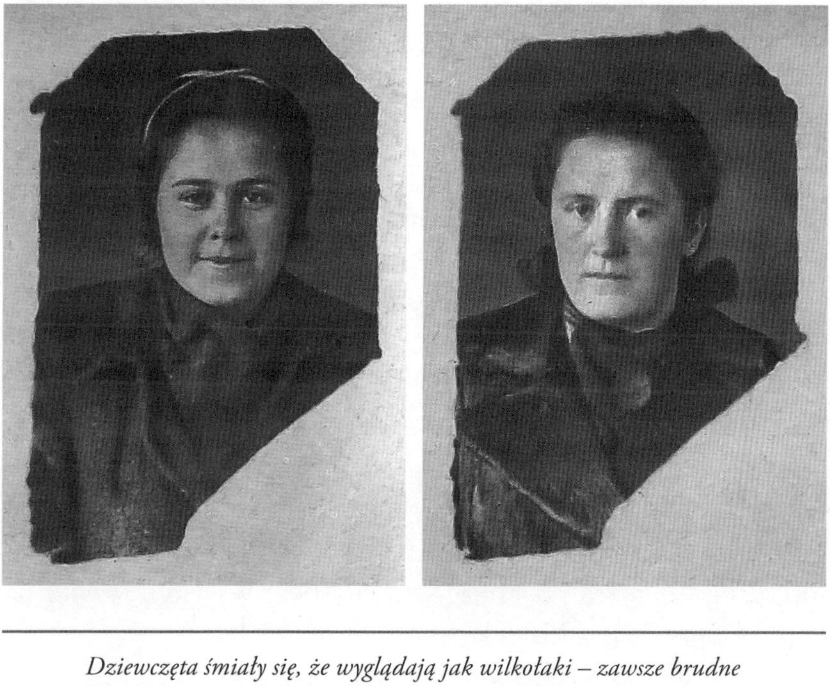

Dziewczęta śmiały się, że wyglądają jak wilkołaki – zawsze brudne i głodne. W miejscowości Bolszaja Bukoń spędziły kilka trudnych lat, z których pozostała garść dobrych wspomnień. Na zdjęciach: Barbara i Jadwiga Böhm w Kazachstanie, 1943 rok

im posługę duszpasterską. Podszedł więc do jednego z transportów i oświadczył zdumionym bolszewikom, że chce jechać na Syberię. Strażnik popukał się w czoło, ale go wpuścił do bydlęcego wagonu. Ksiądz trafił na Ural, gdzie pracował przy wyrębie lasu.

Kiedy ogłoszono amnestię i Polacy mogli podróżować po Związku Sowieckim, udał się do armii Andersa, ale tam postanowiono, że pojedzie do Kazachstanu, do tych Polaków, którzy nie zdołali się stamtąd wydostać. Zatrzymywał się w kolejnych kołchozach, posiołkach i wsiach, gdzie odprawiał msze i udzielał sakramentów deportowanym.

Do nas przybył w lutym 1942 roku. Mszę odprawił przy ołtarzu, nakrytym obrusem z wyprawy ślubnej mojej siostry. Był to święty człowiek. Zapomniany bohater. Wydał wspaniałe wspomnienia.

Muszę powiedzieć o jeszcze jednej bardzo ważnej dla mnie rzeczy. Po ogłoszeniu amnestii, w 1942 roku w Bukoni powstała polska szkoła. Oczywiście nie taka z prawdziwego zdarzenia, ale dzieci uczyły się w niej języka polskiego, historii, geografii. Inicjatorem tego przedsięwzięcia był Stanisław Błoński. Ja z moją bratową od razu zgłosiłyśmy się jako nauczycielki. Dostałam nawet podziękowanie za swoją pracę od delegata polskiej ambasady w Kujbyszewie. I skromną zapłatę.

Gdy w 1943 roku doszło do zerwania stosunków między polskim rządem a Sowietami, szkoła natychmiast przestała istnieć. Rozpoczęła się paszportyzacja. Początkowo przyjęcia sowieckiego obywatelstwa odmówiliśmy wszyscy. Mamie funkcjonariusz NKWD poradził wtedy, żeby rzuciła się z mostu. Ona jednak nie miała najmniejszego zamiaru popełniać samobójstwa. Wywieźli ją więc na karne roboty do dalekiego kołchozu.

To się mogło wydarzyć tylko w Związku Sowieckim, w tym kraju permanentnego bałaganu. Otóż mama z tego kołchozu uciekła! Ukrywała się przez kilka dni, a potem, jak gdyby nigdy nic, wróciła do taty. Sowieci nic jej nie zrobili. Akcja paszportyzacji była wielką improwizacją. Władze nad nią nie panowały. Same już nie wiedziały, kto podpisał zrzeczenie się obywatelstwa polskiego, a kto nie. Nie potrafiły tego kontrolować.

Ojciec siedział tylko jeden dzień. Wpakowali go do celi ze zwyrodniałymi, agresywnymi kryminalistami. Był całkowicie załamany. Najpierw zesłanie, a teraz jeszcze więzienie. To go dobiło. Uległ więc i podpisał. Przyjął sowieckie obywatelstwo. Uważał, że to i tak nie jest warte złamanego grosza. Że to się nie liczy.

Ponieważ moja siostra została zmobilizowana do komunistycznego wojska Zygmunta Berlinga, do więzienia zabrano tylko mnie i żonę mojego brata. Mama straszliwie rozpaczała, była przekonana, że tego nie przeżyjemy. Tata wreszcie zdecydował się przyjść do naszego więzienia. Szedł kilka dni, to było blisko, pięćdziesiąt kilometrów, ale on był taki słaby... Gdy się spotkaliśmy, powiedział wprost:

– Podpisujcie. Dalszy opór nie ma sensu. Wykończą was tu. A wy przecież musicie żyć, musicie przeżyć.

Tata nie pozostawił nam wyboru. Przeszedł taki szmat drogi, był na skraju fizycznego wyczerpania. Musiał zapłacić strażnikom łapówkę, żeby uzyskać zgodę na widzenie. Nie mogłyśmy mu tego zrobić. Podpisałyśmy więc ten świstek papieru. Dla nas nie miał żadnego znaczenia, przecież całym sercem czułyśmy się Polkami.

Wkrótce opuściłyśmy więzienne mury. Przed samym wyjściem na wolność zamknęli nas jeszcze w specjalnych izolatkach NKWD, w których dwadzieścia cztery godziny na dobę były włączone jaskrawe żarówki. Nocą to była mordęga. Nie pozwalano nam w ogóle spać, również za dnia. Chyba chcieli nas w ten sposób dodatkowo nastraszyć. Dać nauczkę.

Nie wiem, co się stało z resztą polskich więźniarek. Wszystkie zostałyśmy umieszczone tam na podstawie tego samego wyroku. Zachowałam go aż do wyjazdu ze Związku Sowieckiego. Tuż przed wejściem do pociągu zniszczyłam go jednak. Bałam się, że znajdą go przy mnie celnicy i zawrócą do więzienia. Drugi raz bym tego nie przeżyła.

Gorzki powrót

Wkrótce po naszym wyjściu z więzienia wydarzyła się tragedia. Tata był straszliwie wyczerpany drogą do Semipałatyńska, to było ponad jego siły. W nocy dostał wylewu. Nawet nie wiedział, że umiera. Mama zaczęła krzyczeć, kazała mi natychmiast pędzić po felczerkę.

Ten nocny bieg do tej pory powraca do mnie w snach. Przedzieram się przez pustą wieś, nie ustaję, mimo przerażenia i rozpaczy. Słyszę tylko ujadanie psów. Krew pulsuje mi w skroniach, z trudem łapię oddech. Muszę wytrzymać, biec dalej, szybciej. Tam kona mój tata!

Nie wiem, jak w ciemnościach dotarłam do tej felczerki i sprowadziłam ją do taty. Przybyła jednak za późno. Mogła tylko stwierdzić zgon.

Pochowaliśmy tatę na łące za stajniami. Tam gdzie chodziło bydło. Na grobie ułożyłyśmy kamienie, żeby jakoś zabezpieczyć grób przed zwierzętami, oznaczyć go. Na nic się to jednak nie zdało. Znajomy, który po wojnie pojechał w te okolice, nadaremnie próbował odszukać grób. Nic z niego nie zostało. Nawet najmniejszy ślad.

Po śmierci taty przeniosłyśmy się do Semipałatyńska. Robiłam czapki na drutach, a potem kapelusze. Moczyłam wyprasowaną słomę i modelowałam ją w rękach. Rosjanki były tymi kapeluszami zachwycone. To był w Semipałatyńsku krzyk mody.

Coraz więcej zesłanych Polaków wracało. Zaczęła się tak zwana repatriacja. Sowieci puszczali ludzi do Polski, bo wiedzieli, że i tak będą mieć nad nimi kontrolę. Nasz kraj znalazł się przecież pod ich okupacją.

Jadwiga, moja siostra, która była w wojsku, przysłała nam tak zwany *wyzow*, czyli zaproszenie. Jej jednostka stacjonowała w Bugurusłanie. To była już europejska część Rosji, a więc zawsze bliżej domu. Sprzedaliśmy wszystko – oprócz trzech materaców i należącej do ojca laski – i ruszyliśmy w drogę. Niestety, laska w czasie podróży podarła nam materace, a w końcu i tak nam ją ukradli. Jak więc widać, trzeba było wtedy sprzedać wszystko.

Gdy dotarłyśmy na miejsce, okazało się, że Jadwiga jest już we Lwowie. Zimę z roku 1944 na 1945 spędziłyśmy więc w Bugurusłanie. Mojej bratowej Marysi udało się dostać pracę w zakładzie mięsnym. Przynosiła nam kiełbasę, którą, jeszcze gorącą, chowała pod bluzkę. Strasznie się przez to poparzyła.

Mnie któregoś razu na ulicy zaczepił miejscowy muzyk, skrzypek. Był Żydem. Akompaniowałam mu na fortepianie podczas audycji radiowych. Bardzo był ze mnie zadowolony. Ten człowiek miał żonę, Polkę, ciężko chorą na gruźlicę. Pewnego dnia zaproponował mi, że jak jego żona umrze, to on się ze mną ożeni i razem pojedziemy do Polski. Jak każdy sowiecki człowiek marzył o tym, żeby wyrwać się z „raju robotników i chłopów". Oczywiście na jego propozycję nie przystałam. Pisał do mnie listy, kiedy byłam już studentką w Toruniu. Co się z nim stało – nie wiem. Nie odpisywałam, a i on wkrótce przestał pisać. Kontakt się urwał.

Pamiętam, że kiedy wyjeżdżaliśmy do Polski, podarował nam litr spirytusu. Powiedział, że daje nam to, co ma najcenniejszego.

Sleepingiem do Polski

Po niecałym roku Jadwiga przysłała nam drugi *wyzow*, tym razem już do Polski. Z Bugurusłanu pojechałyśmy do Moskwy, gdzie musiałyśmy załatwić dalsze formalności. Nocowałyśmy na podłodze w ambasadzie Polski Ludowej. Obok nas leżała rodzina komunistycznego pisarza Jerzego Putramenta. Jego żona – cicha, starsza pani i dwie rozentuzjazmowane siostry. Opowiadały nam o cudownych przygodach, jakie przeżyły na Uralu, i o wspaniałych warunkach, jakie tam miały. Głód, poniewierka – nic z tych rzeczy, o niczym takim nie słyszały. Były wprost zachwycone pobytem w Sowietach. Nie mogłam ich słuchać.

Tak się dziwnie złożyło, że do Warszawy odchodził tylko pociąg *sleepingowy*. Tym, niewidzianym od 1939 roku, środkiem lokomocji wróciłyśmy więc z naszego pięcioletniego zesłania. Wyglądało to jak ponury dowcip. Po tej całej nędzy, głodzie i cierpieniach, po tym wszystkim, co przeszliśmy – taki luksus.

Do Lwowa oczywiście wrócić nie mogłyśmy. Nasze rodzinne miasto zostało zagrabione i oderwane od ojczyzny. Pojechałyśmy do Warszawy. Gdy tam przybyłyśmy, był rok 1945.

Moja siostra Jadwiga odnalazła starego kolegę ze Lwowa, który w czasie wojny był cichociemnym. Zrzutkiem z Włoch, który walczył w konspiracji przeciwko Niemcom. Brał udział w powstaniu warszawskim i w jakiejś potyczce został inwalidą. Stracił jedno oko i słuch. Jadwiga przyjęła jego oświadczyny i zaczęli planować ślub.

Wszystko już było przygotowane, gdy Jadwiga uległa strasznemu wypadkowi. Szła przez park, prawdopodobnie wracała ze służby, kiedy nagle poczuła potworne uderzenie w sam środek kręgosłupa. Zaczęła broczyć krwią, straciła przytomność. Upadła na ziemię. Już w szpitalu okazało się, że trafiła ją w plecy kula, którą wystrzelił jakiś żołnierz. Ten człowiek tłumaczył się później, że nastąpiło to przez przypadek, że strzelał do ptaków. Było to jednak trochę podejrzane.

Jadwiga po tym postrzale była prawie umierająca. To cud, że z tego wyszła. Jako rekompensatę dostała mieszkanie w Sopocie. Wkrótce przeprowadziłyśmy się do niej na Wybrzeże.

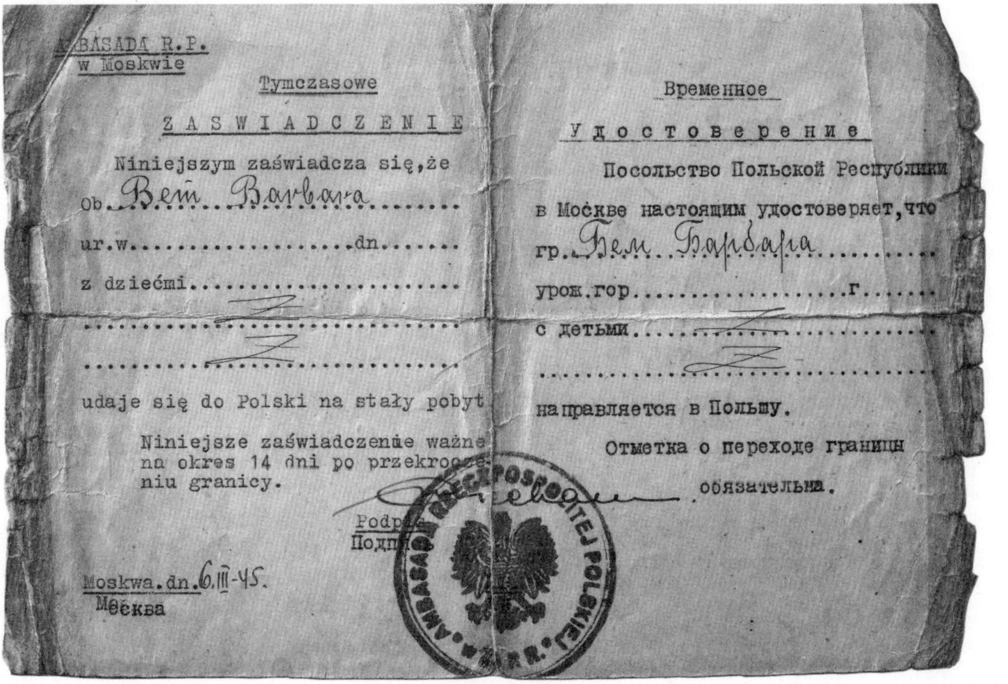

AMBASADA R.P.
w Moskwie

Tymczasowe
ZASWIADCZENIE

Niniejszym zaświadcza się,że
Ob. Bem Barbara
ur.w.....................dn.......
z dziećmi..........................
udaje się do Polski na stały pobyt
Niniejsze zaświadczenie ważne na okres 14 dni po przekroczeniu granicy.

Podpis
Подпись

Moskwa.dn. 6.III-45.
Москва

Временное
Удостоверение

Посольство Польской Республики в Москве настоящим удостоверяет,что гр. Бем Барбара
урож.гор....................г......
с детьми..........................
направляется в Польшу.
Отметка о переходе границы обязательна.

AMBASADA RZECZYPOSPOLITEJ POLSKIEJ w Z.S.R.R.

Po śmierci ojca Barbara z matką i rodzeństwem przeniosła się do Semipałatyńska, a stamtąd dalej na zachód, w kierunku Polski. Ostatecznie do Warszawy dotarli w 1945 roku, po podróży w wagonie sleepingowym – taki luksus po 5 latach zesłania wyglądał jak ponury dowcip. Na zdjęciu: zaświadczenie o możliwości powrotu do kraju, 1945 rok

Jerzego poznałam na studiach w Toruniu. Oboje byliśmy na historii. Podczas studiów często jeździłam do Warszawy. Chodziłam tam do teatru, chciałam sobie zrekompensować lata sowieckiej posuchy. Jerzy zawsze odprowadzał mnie na pociąg, a po drodze deklamował wiersze. Tym chyba mnie urzekł. Kiedy mi się oświadczył, zgodziłam się.

Pobraliśmy się w 1952 roku w Sopocie, ale zamieszkaliśmy w Warszawie, w mieszkaniu, w którym żyję do dziś. Z tym, że wtedy zajmowaliśmy tylko jeden pokój. W pozostałej części mieszkali lokatorzy. Ot, uroki komunizmu. W podróż poślubną wybraliśmy się w Tatry, do harcerskiego schroniska na Głodówce.

Dopiero po sześciu latach dostałam pracę w Bibliotece Uniwersyteckiej. Ledwo wiązaliśmy koniec z końcem. Mąż był literatem, sporo tłumaczył. Miał niezwykłą zdolność do języków. Władał aż siedemnastoma, między innymi: fińskim, estońskim, łotewskim i oczywiście łaciną. Jego tłumaczenia zajmują cały regał w naszym mieszkaniu. Razem z innymi zesłańcami przez czterdzieści lat spotykaliśmy się w Laskach z okazji rocznicy wywózek czy urodzin księdza Fedorowicza.

Jerzy zmarł przed trzema laty. Na kamienicy umieściliśmy z synem pamiątkową tablicę poświęconą mojemu mężowi.

Łukasza urodziłam w 1960 roku. Skończył politechnikę, jest znakomitym specjalistą w dziedzinie promieniowania optycznego. Mam dwie wnuczki, obie studiują, podróżują i w zasadzie niczym się nie martwią. Bardzo się cieszę, że mogą mieć taką wspaniałą, beztroską młodość. Że ich pokoleniu zostało oszczędzone to, przez co my musieliśmy przejść.

Prawdziwym triumfem był dla mnie rok 1989. To, że Polska odzyskała wolność, a ten straszliwy system, który tak skrzywdził moją rodzinę, przeszedł do historii. Sowieci zamordowali mi brata i ojca, dręczyli mnie w więzieniu, deportowali nas na stepy Kazachstanu... Czegoś takiego nie da się wymazać z pamięci.

Wywózka odebrała mi moje najlepsze lata. Potem, po wojnie, starałam się odrobić ten stracony czas. Czym mi się udało? Nie wiem. Chyba tak.

Barbara Litwiniuk z domu Böhm
(rocznik 1921)

ZDZISŁAWA

Z UKOCHANYM PRZEZ TAJGĘ

Nazywam się Zdzisława Wójcik i mam sto lat. Urodziłam się w 1915 roku w Krakowie, który wówczas znajdował się pod zaborem austriackim. Byłam więc poddaną cesarza Franciszka Józefa. Czasy były trudne, ale i ciekawe. Trwał pierwszy rok Wielkiej Wojny, Austro-Węgry i Niemcy zwarły się w śmiertelnym boju z Rosją. Polski nie było jeszcze na mapie.

W swoim życiu dużo przeżyłam i wiele widziałam. Dwie wojny światowe, deportację w głąb Związku Sowieckiego, pobyt w więzieniach, Afrykę i Kanadę. Utratę, a potem odzyskanie niepodległości przez Polskę. W 1989 roku miałam siedemdziesiąt cztery lata, byłam już na emeryturze i wydawało mi się, że całe życie mam już za sobą. Okazało się inaczej. Od dwudziestu sześciu lat żyję w wolnym kraju i wiele udało mi się w tym czasie zrobić.

Zostałam jednak ukształtowana przez II Rzeczpospolitą. Może to zabrzmi jak banał, ale to był naprawdę inny świat. Ludzie byli ulepieni z innej gliny. Harcerstwo, szkoła, patriotyczne domy. Świeże jeszcze opowieści o powstaniach i bojach o niepodległość. Zależało nam na czymś więcej niż tylko na osobistym powodzeniu. Byliśmy zahartowani, gotowi do poświęceń.

Może właśnie dlatego, gdy doszło do katastrofy i nasz świat w jednej chwili rozpadł się na kawałki, udało mi się znieść wszystko, co zgotował los? Udało mi się przetrwać i nie stracić nadziei.

Dopóki śmierć nas nie rozłączy

Po odzyskaniu przez Polskę niepodległości moja rodzina przeniosła się z Krakowa do Poznania. Mój ojciec, Kazimierz Józef Wójcik, był profesorem geologii i jednym z organizatorów Uniwersytetu Poznańskiego. Mama przed wyjściem za mąż udzielała lekcji muzyki. Pięknie grała na fortepianie. Była miłośniczką opery.

W Poznaniu przeżyłam dzieciństwo, poszłam na studia i poznałam miłość mojego życia. Jedyną. Trudno uwierzyć, że od tamtych wydarzeń minęło już osiemdziesiąt lat! Wszystko mam tak mocno wyryte w pamięci, jakby to było wczoraj. Obrazy, dźwięki, zapachy. Uczucia.

To było na zaręczynowym przyjęciu mojej koleżanki. Siedziałam przy stole z moją siostrą i przyjaciółkami. Dziewczęce rozmowy, żarty, śmiech. Wtedy zobaczyłam tego chłopaka. Stał w pobliżu i coś opowiadał.

Może się to wydawać dziwne, ale zakochałam się w nim natychmiast, gdy go usłyszałam. Nazywał się Mieczysław Stein. Tego wieczoru opowiadał z przejęciem i werwą, że chciałby zostać podróżnikiem. O egzotycznych krajach, które chciałby odwiedzić, o Afryce i Saharze. Słuchałam go jak zauroczona. Czy był przystojny? Tak, chyba tak. Ale to nie było dla mnie wówczas najważniejsze. Zaimponował mi niezwykłością, pasją, ambicjami. Naprawdę trudno jest spotkać na swojej drodze takiego mężczyznę.

Niestety, Mieczysław nie odwzajemnił od razu mojego uczucia. Minęło kilka lat, zanim zwrócił na mnie uwagę. A ja myślałam

---

Początkowo Mieczysław zainteresowany był piękną Wiesią, starszą siostrą Zdzisławy. Nie spodziewał się, że jego prawdziwa i jedyna miłość czeka na niego tuż obok. Na zdjęciu: Wiesława i Zdzisława Wójcik w dzieciństwie, jeszcze przed przeprowadzką do Poznania. Kraków, lata 1919–1920

o nim cały czas. On zaś na początku był zainteresowany moją siostrą, Wiesławą, która była już zaręczona. Po pewnym czasie zrozumiał, że nie ma u niej szans. I dopiero wtedy zauważył, że piękna Wiesia ma młodszą siostrę, że ja w ogóle istnieję. Umówił się ze mną na randkę. To spotkanie utwierdziło mnie w przekonaniu, że to jest ten jedyny. Wtedy między nami zaiskrzyło.

Na Uniwersytecie Poznańskim studiowałam dwa kierunki – rolnictwo i botanikę. Dyplom inżyniera rolnictwa zdobyłam w 1937 roku. Od razu musiałam zacząć szukać pracy. Po śmierci ojca nasza sytuacja materialna znacznie się pogorszyła. Dostałam propozycję objęcia posady w stacji badawczej w Sarnach nad rzeką Słucz na Kresach Wschodnich. Nie chciałam jednak wyjeżdżać z Poznania, zwłaszcza że Mietek nie mógł opuścić miasta – właśnie kończył pracę dyplomową. Ale czy on ma poważne zamiary? Czy warto dla niego odrzucać intratną ofertę pracy? Biłam się z myślami. Postanowiłam w końcu przeprowadzić mały eksperyment. Pobiegłam na jego wydział i wyciągnęłam go do parku. Pamiętam, że była piękna pogoda. Usiedliśmy na ławce i opowiedziałam mu o wszystkim. Słuchał z przerażeniem, a potem zaczął mnie usilnie namawiać, żebym w żadnym wypadku nie godziła się na tak daleki wyjazd. Gdy spytałam, dlaczego, odpowiedział, że nie zniósłby rozstania. Że nie chce, abym była tak daleko. I chce, żebyśmy byli razem do końca życia. Na tej ławce poprosił mnie o rękę. Oczywiście oświadczyny przyjęłam. Mietek powiedział mi wtedy, że będziemy razem, dopóki śmierć nas nie rozłączy. Obydwoje głęboko wierzyliśmy, że tak właśnie będzie. Nie myliliśmy się, choć wtedy wyobrażaliśmy sobie to zupełnie inaczej. Nie mogliśmy przewidzieć tego, co się stanie...

Zostałam więc w Poznaniu i kontynuowałam studia na drugim kierunku. Formalnie Mieczysław oświadczył mi się dopiero w sierpniu 1939 roku, po ślubie mojej starszej siostry. Następni w kolejce mieliśmy być my. Niestety, zamiast na ślubnym kobiercu znaleźliśmy się na tułaczej drodze.

Poznań był blisko granicy z Trzecią Rzeszą, jego mieszkańcy lepiej niż Polacy z innych części kraju – zdawali sobie sprawę, czym grozi niemiecki najazd. Mój narzeczony obawiał się, że jego nazwisko znajdzie się na czarnych listach przedstawicieli polskiej inteligencji przeznaczonych do eksterminacji. Natychmiast po ataku Hitlera Mieczysław postanowił, że uciekamy na wschód.

1 września 1939 roku spotkałam na ulicy dziewczynkę w stroju uczennicy gimnazjum. Biała bluzka, niebieskie wstążeczki, kucyki. Stała pod murem szkoły i kurczowo ściskała kierownicę roweru, trzęsąc się ze strachu. To była Ata Danczowska, matka słynnej obecnie skrzypaczki Kai Danczowskiej.

– Proszę pani, czy oni mnie zabiją? Czy oni mnie zabiją? – pytała gorączkowo. A ja nie potrafiłam jej odpowiedzieć. Wiedziałam jednak, że tego dnia skończyło się nasze dotychczasowe życie i zaczęła się nowa era. Że do przeszłości nie będzie powrotu.

Ona dla tebja kto?

Razem z Mietkiem uciekliśmy na wschód, ostatecznie dotarliśmy do Lwowa. Było to piękne, majestatyczne miasto, które po prostu kipiało polskością. Nie był to jednak czas, by się nim zachwycać i zwiedzać je. Martwiliśmy się, gdzie się podziać, jak sobie poradzić, z czego żyć. Lwów był pełen wojennych tułaczy z zachodniej i centralnej Polski, którzy uciekając przed Niemcami, wpadli z deszczu pod rynnę. Prosto w objęcia Sowietów.

Pod rządami bolszewików zapanowały chaos, strach i terror. Nie udało nam się uzyskać zezwolenia na powrót do części Polski okupowanej przez Niemców. Wkrótce rozpoczęły się masowe deportacje w głąb Związku Sowieckiego. Przyszli po nas w czerwcu 1940 roku. Zostaliśmy aresztowani razem z rodziną państwa Skórskich, u których mieszkaliśmy przez ponad pół roku. Ich dwie córki były moimi i mojej siostry bliskimi przyjaciółkami.

Jako powód zatrzymania enkawudziści podali odmowę przyjęcia przez nas sowieckich paszportów. Uważaliśmy się za Polaków, jak więc mogliśmy przyjąć obywatelstwo obcego kraju? Z NKWD nie było jednak żadnej dyskusji. Bolszewicy zabrali nas do dużego kościoła – chyba Marii Magdaleny – gdzie gromadzili ludzi przed transportem na stację kolejową.

Nam dwojgu udało się uciec – wykorzystaliśmy ogólny zamęt i chaos. Z tobołkami pod pachą przekradliśmy się z powrotem do miasta. Pierwszą noc spędziliśmy w podwórzu domu, z którego dopiero co nas zabrali. Do dziś pamiętam ten adres: Kadecka 28, naprzeciwko pięknego parku Stryjskiego.

We Lwowie tymczasem trwała wielka obława. Słychać było krzyki, pojedyncze strzały, warkot pędzących ciężarówek. W nocy co chwila w niebo wystrzeliwały race świetlne, oświetlając dachy budynków upiorną, czerwoną poświatą. Bolszewicy szukali Polaków, którzy pochowali się w domach lub uciekli ze stacji.

Następną noc spędziliśmy przy szklarniach w pobliżu szpitala psychiatrycznego w Kulparkowie. Rano zdecydowaliśmy się wyjść z kryjówki. Zauważyli nas od razu. Podbiegł do nas ukraiński milicjant i zapytał:

– *Paszporty jest'*?

– Nie ma – odpowiedzieliśmy.

Po odzyskaniu niepodległości rodzina Wójcików przeniosła się do Poznania – tam Zdzisława skończyła szkołę i obroniła dyplom inżyniera rolnictwa. Wybuch wojny bardzo skomplikował wkraczanie w dorosłość. Na zdjęciu: Zdzisława jako uczennica gimnazjum w Poznaniu, ok. 1930 roku

– *Tak dawaj na stancju.*

Po chwili zwrócił się jeszcze do Mietka, pokazując na mnie palcem.

– *Ona dla tebja kto*?

– Żona – odparł Mietek.

Nie chciał, żeby nas rozdzielono.

Zabrali nas na stację kolejową. Stały tam długie składy bydlęcych wagonów, czekające na ostatnich wyłapanych Polaków. Wkrótce ruszyliśmy. Wieźli nas całkowicie bez głowy, naokoło. Raz do przodu, raz do tyłu. Ta podróż była odzwierciedleniem całego Związku Sowieckiego. Kraju, w którym nic nie działo się zgodnie z logiką. Jechaliśmy przez Kijów, Charków, Połtawę, a potem parę razy przekraczaliśmy Wołgę i Kamę. W końcu przekroczyliśmy Ural i dotarliśmy do Swierdłowska, aby zawrócić z powrotem do Europy i skierować się na północ.

Gdy jechaliśmy przez Ukrainę, kilka razy pociąg zatrzymywał się na krótki postój w szczerym polu. To, co ukazywało się naszym oczom, było szokujące. Jak okiem sięgnąć, nie było widać absolutnie nic. Nawet zboża. Czarna, wypalona ziemia. A przecież Ukraina to najżyźniejsza część Europy, przed rewolucją była spichlerzem kontynentu. To, co zrobili z nią bolszewicy, było niepojęte.

Warunki jazdy były katastrofalne. Mnóstwo ludzi, ściśniętych w jednym wagonie, na piętrowych pryczach. Dzięki postojom mogliśmy rozprostować nogi i zdobyć trochę wody. Dla nas, kobiet, było to niezwykle ważne. Dzięki tej wodzie mogłyśmy za prowizoryczną kotarą, rozciągniętą w naszym wagonie, nieco się umyć. Także miejsca intymne. Niektórzy mężczyźni stanowczo się temu sprzeciwiali. Uważali, że to marnowanie wody, która była niezbędna do picia. Zawsze stawiałyśmy jednak na swoim.

Wreszcie pociąg stanął u celu – przy ujściu Piniegi do Dźwiny Północnej w obwodzie archangielskim. Stamtąd już pieszo przepędzono nas do posiołka Ustiliszcze w rejonie wierchnotojemskim. W ten sposób po trzech tygodniach morderczej drogi w połowie lipca 1940 roku dotarliśmy w sam środek sowieckiej tajgi.

Tu się nie da żyć

W posiołku umieszczono nas w rozklekotanych barakach. Były w nich prymitywne prycze. Na obiad dawali nam jedynie rzadką zupę i jakąś nędzną kaszę. Nic więcej. Tylko raz dali nam sowiecki rarytas – potwornie śmierdzącą, zgniłą rybę.

Obydwoje z Mietkiem musieliśmy pracować. Mnie przydzielono do karczowania leśnych ścieżek, którymi miały w przyszłości zostać poprowadzone drogi, a później do koszenia trawy. Mietek podał się za cieślę i pracował przy budowie kolejnych baraków dla zesłańców. Praca w lesie była bardzo ciężka, ogromnie dokuczały nam meszki. Drobne muszki, których były całe chmary.

Kiedy przyszła pierwsza zapłata, okazało się, że dostałam najmniejsze wynagrodzenie z całej brygady. To były jakieś śmieszne grosze. Stało się tak, mimo że brygadier chwalił mnie za dobrą pracę. Poszłam do niego i zapytałam, o co chodzi. Rozłożył ręce i powiedział:

– Tak wyszło.

Zrozumiałam wtedy, że w Związku Sowieckim – mimo szumnych, propagandowych haseł – są równi i równiejsi. Że jest to kraina powszechnej niesprawiedliwości i wyzysku.

Zdaliśmy sobie sprawę, że przy tak niskich racjach żywnościowych i katorżniczej pracy nie będziemy w stanie tam długo przetrwać. Że umrzemy z głodu lub wycieńczenia. Tam po prostu nie dało się żyć. Dlatego – było to w końcu sierpnia 1940 roku – podjęliśmy decyzję: uciekamy!

To był pomysł głównie Mietka. Zgodziłam się, mimo że obawiałam się ryzyka i trudów marszu. Przekonał mnie jednak, że musimy spróbować. Że nie możemy się poddać bez walki. Zaczęliśmy więc gromadzić prowiant. Suszyliśmy chleb, robiąc suchary. Udało się zdobyć kilka kostek cukru. Plecaki z naszym marnym dobytkiem Mietek ukrył w krzakach, żebyśmy, wychodząc z posiołka, nie mieli niczego ze sobą i nie wzbudzali podejrzeń. Ze Lwowa zabraliśmy mały szkolny atlas Romera. Była tam mapka Związku Sowieckiego i dzięki niej – nie mając nic lepszego – mieliśmy orientować się w naszym położeniu.

Wreszcie nadszedł ten dzień. Poszliśmy na południe. Droga była przepiękna – lato było przecież w pełni – ale niebywale ciężka. Raz przeprawialiśmy się przez rwącą rzekę rozebrani ze wszystkiego, a woda sięgała nam po szyję. Bagaż trzymaliśmy wtedy na głowach. Innym razem przedzieraliśmy się przez bagna i zwaliska kamieni. W kolejnym miejscu przez piaski. Wieczorami szukaliśmy pagórków porośniętych świerkami – tam było sucho, a schodzące w dół gałęzie drzew chroniły nas przed deszczem.

Ależ się nam wtedy przydało doświadczenie z harcerstwa! Wiedzieliśmy na przykład, że trzeba się kłaść na gałęziach, a nie na gołej ziemi. Momentami wyglądało to jak wielka przygoda. Szerokie przestrzenie, zapierająca dech w piersiach przyroda i my. Para zakochanych młodych ludzi…

Niestety, bardzo szybko do oczu zajrzał nam głód. Zapasy skończyły się niemal od razu. Dożywialiśmy się borówkami, których było nieprawdopodobnie dużo. Zbierałam je szybciej niż

Czasami ucieczka z łagru przypominała harcerskie wyprawy sprzed wojny – zdani tylko na siebie, Zdzisia i Mietek 4 tygodnie wędrowali przez syberyjską tajgę. Na zdjęciu: wycieczka koleżeńska w okolice Poznania, Zdzisława pierwsza z lewej, obok Mieczysław Stein, 1937 rok

Mietek – kobiety są w takich czynnościach zręczniejsze – brałam jedną garść dla siebie, a drugą dla niego. Same borówki to jednak było za mało. Tylko na początku od czasu do czasu udawało nam się ugotować trochę grzybów. Byliśmy ustawicznie głodni, przemęczeni po ciężkim fizycznym wysiłku. Z dnia na dzień, a potem z godziny na godzinę opadaliśmy z sił.

Pierwszy zaczął słabnąć Mietek. Najpierw on niósł większy plecak, a ja mniejszy. Potem się zamieniliśmy. Ja niosłam większy, a on mniejszy. A wreszcie ja niosłam już oba. Mój ukochany słaniał się na nogach, znikał w oczach. Przeraźliwie się o niego bałam, ale on zapewniał, że wszystko jest w porządku. Że nic mu nie będzie. Gdy wieczorem kładliśmy się spać, mówił, że jakoś razem z tego wyjdziemy. Wrócimy do Polski, weźmiemy ślub, będziemy mieli dzieci i dożyjemy razem późnej starości. Uśmiechałam się wtedy do niego, gładziłam po włosach. Tak bardzo w to wierzyłam…

Szliśmy tak cztery tygodnie. Nie pamiętam już, która to była noc naszej wspólnej ucieczki. Jak zwykle spaliśmy pod prześcieradłem, mocno przytuleni, gdyż noce były już bardzo chłodne. O wschodzie słońca obudziło mnie jakieś dziwne przeczucie. Wiedziałam, że stało się coś złego. Powiedziałam coś do Mietka. Odpowiedziała mi cisza. Dotknęłam jego ramienia. Nie poruszył się. Był całkiem zimny. Zorientowałam się, że obok mnie leży martwy człowiek. Mój ukochany zmarł.

Długi czas siedziałam przy nim, otępiała z bólu. Po prostu nie mogłam uwierzyć w to, co się stało. Mój narzeczony... Mężczyzna, z którym chciałam założyć rodzinę, dom... Moja jedyna miłość. Wszystko to było teraz skończone. W jednej chwili zawalił się mój cały świat. Był 1 października 1940 roku.

Najpierw chciałam umrzeć. Przytulić się do niego i zostać z nim już na zawsze. Nagle zmieniłam zdanie. Postanowiłam, że się nie poddam. Że nie dam się tak łatwo pokonać. O to przecież

Mieczysław chciał zostać podróżnikiem – z pasją opowiadał o egzotycznych krajach, które miał zamiar odwiedzić. Zdzisława myślała o jego niezrealizowanych marzeniach, kiedy sama przemierzała Afrykę w kilka lat po jego śmierci. Na zdjęciu: Mieczysław Stein we Lwowie w 1940 roku. Na rewersie fotografii znajduje się adnotacja z 29 czerwca 1942 roku – „skonfiskowano przy aresztowaniu"

chodziło bolszewikom. Żeby nas wykończyć. Obiecałam sobie wtedy, że choćby nie wiem, co się działo – przetrwam i wyrwę się z tego piekła. Że zrobię to dla niego. Wstałam i chwiejąc się na nogach, poszłam szukać ludzi, którzy mogliby mi pomóc w pochowaniu Mietka. Sama nie miałam na to siły. Szłam wzdłuż strumienia, potem wzdłuż rzeczki, do której on wpadał, i dalej do dużej rzeki. Liczyłam, że w ten sposób dotrę do jakiejś wioski. Tak też się stało. Wiedziałam, że – przy powszechnym w Sowietach donosicielstwie – sprowadzę sobie na kark bezpiekę, że mnie aresztują. Nie mogłam jednak zostawić ciała Mietka na pastwę dzikich zwierząt. Na rzece zobaczyłam łódź. Człowiek, który nią płynął, zabrał mnie do najbliższego kołchozu. Tam mnie od razu zatrzymano i przesłuchano. Mieszkający w kołchozie ludzie na drugi dzień poszli jednak ze mną do lasu i pomogli mi pochować ukochanego. Potem zostałam wydana w ręce NKWD.

Byli tam jednak i dobrzy ludzie. W nocy kobiety podrzuciły mi coś do jedzenia i dużą chustę, którą mogłam się okryć. To byli głównie zesłańcy albo ich potomkowie. Rozumieli, w jak ciężkim położeniu się znalazłam.

Przez siedem więzień

Próba ucieczki z katorgi była traktowana przez bolszewików jak zbrodnia. Zaczęła się więc moja wędrówka przez kolejne areszty tymczasowe i trzy więzienia – w Kotłasie, Wołogdzie i Archangielsku. Łącznie było ich siedem. Trasy między nimi pokonywałam wspólnie z innymi aresztowanymi pieszo, na mrozie, na ogół po zamarzniętych rzekach. A ja przecież byłam lekko ubrana.

W więzieniach nocami poddawano mnie długotrwałym i męczącym przesłuchaniom. Wszystko to przyjmowałam z odrętwieniem, obojętnie, cały czas nie mogłam się otrząsnąć po śmierci narzeczonego. Byłam głodna, zmarznięta, zrozpaczona. Ale jednocześnie młoda i silna. Dlatego to wszystko zniosłam i przetrzymałam.

W jednym z aresztów o mało nie umarłam. Siedziałam tam w izolatce z powybijanymi oknami. W środku panował straszliwy mróz, cela była nieopalana. Nie było nawet siennika. Nie miałam już jednak siły i położyłam się na lodowatej, zamarzniętej podłodze. Jak długo na niej leżałam – nie wiem. Byłam nieprzytomna, bezwładna. Musiało jednak minąć sporo czasu. Nagle obudziłam się i zdałam sobie sprawę, że zaczynam tracić czucie w nogach. Zaczęło się od stóp, a potem poszło w górę. Łydki, kolana, uda. Zamarzałam żywcem! Wiedziałam, że jeżeli to zimno dojdzie do klatki piersiowej, dostanę zawału serca i będzie ze mną koniec. Próbowałam się podnieść, nie byłam jednak w stanie. Rzęziłam. W tym momencie drzwi otworzyły się z hukiem i do celi wpadło dwóch strażników. Wrzeszczeli jak dzikie zwierzęta, kazali mi natychmiast wstawać. Nie byłam jednak w stanie się ruszyć. Gdyby ktoś odrąbał mi wtedy nogę, nawet bym tego nie poczuła. Wzięli mnie więc pod ręce i zawlekli do innej celi. Tam było ciepło, odtajałam, powoli zaczęło mi wracać czucie w nogach. Ci strażnicy uratowali mi życie.

Nie ominął mnie też sowiecki szpital. Było to w Wierchniej Tojmie w *archangielskiej obłasti*. Musiałam zostać poddana operacji, bo nabawiłam się z zimna i brudu ogromnych ropni i niesamowicie popuchły mi gruczoły limfatyczne pod pachami. Były wielkości dojrzałej śliwki, całe granatowe. Bolało mnie to potwornie.

Na szczęście trafiłam na dobrego lekarza. Rosjanina, ale zesłańca. Kiedy zaczął wycinać gruczoły – oczywiście bez znieczulenia, bo nie było odpowiednich leków – za wszelką cenę starałam się nie krzyczeć. Ściskałam dłońmi metalową poręcz łóżka, aż dłonie całkowicie mi zbielały. Żarliwie modliłam się, żeby to przetrzymać.

Jedynym narzędziem chirurgicznym tego lekarza był skalpel. Na szczęście nie wdało się zakażenie i rana zaczęła się szybko goić. Lekarz trzymał mnie jednak w szpitalu jeszcze długo. Nie chciał, żebym wracała do aresztu śledczego.

Tak, w Związku Sowieckim można było spotkać przyzwoitych ludzi. Niestety, wkrótce pojawił się inny lekarz, który natychmiast zorientował się, że jestem już zdrowa, i odesłał mnie z powrotem do aresztu.

W archangielskim NKWD przesłuchania odbywały się na piątym piętrze. Tamtejsi oficerowie śledczy byli bardzo przebiegli, niektórzy mówili po polsku. Od początku postanowiłam, że będę mówić prawdę. Nie widziałam powodu, żeby czegokolwiek się wypierać. Uważałam, że nie było nic złego w tym, co zrobiłam. Poza tym bałam się, że jeżeli podam jakąś zmyśloną wersję wydarzeń, a podczas kolejnych przesłuchań pomylę szczegóły, to cała sprawa i tak się wyda.

Zwolniono mnie w marcu 1941 roku. Z nakazu NKWD pracowałam fizycznie w przedsiębiorstwie zarządzającym skwerami i ogrodami Archangielska (Sad-Ziem-Triest). Musiałam się jednak raz w tygodniu meldować w siedzibie bezpieki.

Wkrótce Niemcy zaatakowali Związek Sowiecki. Wehrmacht zaczął bombardować Murmańsk, a bolszewicy musieli pospiesznie budować drogi od tego miasta w kierunku frontu fińskiego, skąd rozwijała się ofensywa państw Osi. Chodziło o to, aby można tam było przerzucić jednostki Armii Czerwonej i odeprzeć atak.

Za zbrodnię, jaką była ucieczka z łagru, Zdzisława przeszła przez piekło 7 więzień. Nawet po wypuszczeniu nie odzyskała wolności – najpierw pracowała w przedsiębiorstwie zajmującym się zielenią miejską w Archangielsku, potem pod niemieckim ostrzałem budowała drogi na Półwyspie Kola.
Na zdjęciu: Zdzisława po opuszczeniu więzienia w Archangielsku, w 1941 roku

Murmańsk był strategicznym miejscem dla Związku Sowieckiego – był bowiem jedynym niezamarzającym portem na północy, w którym odbierano pomoc od aliantów zachodnich.

Znowu pozbawiono mnie wolności. Wraz z grupą kobiet z Archangielska wysłano mnie na roboty na Półwysep Kola. Pracowałam tam przy budowie dróg pod niemieckim ostrzałem. To była prawdziwa katorga. Musiałam nosić deski znad jeziora – były do niego spławiane rzeką – na plac budowy. Deski te były bardzo długie i ciężkie. Trzeba było je sobie zarzucić na ramię i oprzeć w ten sposób, żeby z przodu i z tyłu wystawały po tyle samo. Następnie uginając się pod ich ciężarem i z trudem łapiąc równowagę, taszczyć je kawał drogi. Kazano nam również układać duże kamienie, rozbijane z litej skały przez mężczyzn. Wszystko to rozgrywało się w scenerii kwitnącej północnej tundry.

Po pół roku tej męczarni, na początku grudnia, wróciłam do pracy w ogrodach Archangielska. Dopiero wtedy dowiedziałam się, że Związek Sowiecki podpisał umowę z Polską, że ogłoszono amnestię dla Polaków. Nikt mnie oczywiście wcześniej o tym nie poinformował. Gdybym wiedziała, mogłabym wystąpić o zwolnienie, uniknęłabym budowania tych nieszczęsnych dróg.

W Archangielsku działała już wówczas delegatura polskiej ambasady w Moskwie. W marcu 1942 roku zostałam w niej zatrudniona, prowadziłam korespondencję, ewidencję ślubów i zgonów. Delegatura starała się pomagać rozsianym po naszym obwodzie polskim zesłańcom. Tam zaprzyjaźniłam się z Reginą Majdańską, moją rówieśniczką. Szukała w Delegaturze pomocy. Straciła już w Sowietach jedno dziecko – córeczkę, oraz rodziców. Bardzo chciała uratować dwóch małych synków i młodszego brata. Praca w delegaturze trwała jednak bardzo krótko. W końcu czerwca 1942 roku aresztowano bowiem wszystkich pracowników polskich delegatur na terenie Związku Sowieckiego. W tym oczywiście mnie. Było to wtedy, gdy zapadła decyzja o ewakuacji armii generała Andersa na Bliski Wschód, co rozsierdziło Moskwę.

Znowu trafiłam do więzienia. Całe szczęście, że tym razem przesiedziałam niecałe dwa tygodnie. Wypuścili nas, ale kazali podpisać zobowiązanie, że czym prędzej wyjedziemy ze Związku Sowieckiego i już nigdy do niego nie wrócimy. Dokument ten podpisałam oczywiście z największą rozkoszą. Przecież o niczym innym nie marzyłam! Niezwłocznie wyruszyliśmy w stronę granicy perskiej.

Przed wyjazdem zdążyłam jeszcze posłać Reginie moje ciepłe ubrania i część pieniędzy które dostałam na podróż. Moja przyjaciółka nie miała bowiem tyle szczęścia, co ja. Nie uzyskała pozwolenia na opuszczenie *archangielskiej obłasti*. Już nigdy się nie zobaczyłyśmy. Dopiero w latach dziewięćdziesiątych przypadek zrządził, że los zetknął mnie w Polsce z jednym z jej synów. Ona już nie żyła.

Nigdy nie zapomnę tej daty: 5 sierpnia 1942 roku. Tego dnia opuściłam granicę „raju robotników i chłopów". Kraju, który złamał mi życie.

Występ Ordonki

Trafiłam do Iranu. W Meszhedzie zgłosiłam się do Polskiego Czerwonego Krzyża. Chciałam się na coś przydać, pomóc. Otrzymałam zadanie przewiezienia dwudziestoosobowej grupy polskich dzieci do obozu dziecięcego w Teheranie.

Podróż, którą odbyliśmy ciężarówką, była straszna. Dzieci wymiotowały od wstrząsów, płakały, były przerażone brawurową jazdą przez niebezpieczne góry i widokami przepaści. Prowadził oczywiście jakiś niefrasobliwy Pers. Naprawdę nie wiem, jak udało mu się dowieźć nas szczęśliwie na miejsce.

Teheran. Cóż za niesamowite, egzotyczne miasto! Po ulicach chodziły wielbłądy. Na bajecznie kolorowych bazarach sprzedawano nieznane mi owoce, orzechy i przyprawy. Malowniczy ludzie, orientalne zapachy i dźwięki. Byłam urzeczona.

Obozy dla polskich dzieci uratowanych z Sowietów były zorganizowane wzorcowo. Czyste, z dobrą infrastrukturą i opieką. W każdym był szpital. Niestety, pacjentów leżało w nich bardzo wielu. Te biedne dzieci padały w Iranie jak muchy. Syberyjska gehenna okazywała się często ponad ich siły. Do dziś w Teheranie i innych irańskich miastach świadczą o tym polskie cmentarze.

Mam stamtąd również miłe wspomnienia. Choćby koncert Hanki Ordonówny w teherańskiej kawiarni. Jej piosenka *Miłość ci wszystko wybaczy* była największym szlagierem II Rzeczpospolitej. A teraz mogłam słuchać jej na Bliskim Wschodzie. Popularna Ordonka również została deportowana przez Sowietów. Siedziała w łagrze gdzieś w Uzbekistanie.

Pamiętam ten wieczór, kiedy widziałam jej występ. Na głowie miała kapelusz z ogromnym rondem. Śpiewała głównie żołnierskie piosenki, oczywiście przy akompaniamencie gwizdów i krzyków naszych zachwyconych wojskowych.

Herbatę w tej kawiarni podawała miła blondynka o bardzo smutnych oczach. Dopiero po pewnym czasie ją rozpoznałam. To była Hanka Korzeniewska. Siostra mojej koleżanki sprzed wojny, Oli Korzeniewskiej. To ja nadawałam Hani stopień ochotniczki w naszej poznańskiej drużynie harcerskiej.

Tragiczne losy jej rodziny zostały opisane później przez Melchiora Wańkowicza w książce *Dzieje rodziny Korzeniewskich*. Z całej zacnej familii sowiecką katorgę przeżyła tylko ona. Gdy po latach przeczytałam tę książkę, zrozumiałam, dlaczego wtedy w Teheranie miała w oczach tak wielki smutek.

Szybko okazało się, że czeka mnie kolejne wyzwanie. Stanisław Kot, były ambasador Polski w Moskwie, a wówczas minister pełnomocny na Wschód w rządzie Władysława Sikorskiego, wezwał mnie na rozmowę do polskiego poselstwa w Teheranie. Gdy przeglądał listy pracowników delegatur, jego uwagę przykuło moje nazwisko. Był profesorem Uniwersytetu Jagiellońskiego, znał mojego ojca sprzed wojny. Po długiej rozmowie zaproponował mi pracę. Miałam objąć komendę nad harcerstwem polskim w Afryce.

Na początku byłam tym pomysłem przerażona. Nigdy nie miałam pod swoją komendą dużych grup młodzieży. Byłam dotąd instruktorem programowym, nie zajmowałam się natomiast sprawami organizacyjnymi. Wyraziłam więc swoje obawy. Jak ja sobie z tym poradzę?!

– Jak na wojnie ginie oficer – powiedział mi na to profesor – komendę obejmuje podoficer. A jak nie ma podoficera, to szeregowiec. Poza tym potrzebna jest mi do tej pracy kobieta. Miejsce mężczyzn jest w wojsku. Wśród kobiet tu, na Wschodzie, ma pani najwyższy stopień harcerski.

Cóż było robić, zgodziłam się.

– Pojedzie pani do Nairobi w Kenii – ciągnął profesor. – Organizuje się tam nasza delegatura. Tam się pani zgłosi. A potem proszę wybrać sobie jakieś drzewo na sawannie i przybić do pnia tabliczkę z napisem „Komenda Harcerstwa Polskiego w Afryce".

Na Czarnym Lądzie

Do Afryki podróżowałam statkiem wraz z dużą grupą polskich uchodźców. Trwało to bardzo długo, bo prawie dwa miesiące. Mieliśmy wiele postojów. Za każdym razem musieliśmy czekać, aż Brytyjczycy dadzą nam pozwolenie na dalszą podróż – na wodach Oceanu Indyjskiego grasowały niemieckie i japońskie okręty podwodne.

18 grudnia 1942 roku nasz statek przybił wreszcie do Mombasy. Stamtąd wraz z grupą Polaków skierowanych do pracy w tamtejszej

delegaturze pojechałam pociągiem do Nairobi. Pierwszy raz w życiu widziałam kokosowe palmy. Były jak z gumy – pod ciężarem kokosów uginały się niemal do ziemi. W miarę jak oddalaliśmy się od oceanu, krajobraz się zmieniał. Zaczynała się bezkresna sawanna z coraz niższymi, karłowatymi drzewami. Powietrze falowało od gorąca. W pewnym momencie nasz pociąg stanął w środku tego pustkowia. Wychyliłam się przez okno, żeby zobaczyć, co się dzieje. Moim oczom ukazał się niesamowity widok. Na torach stało… siedem żyraf. Wyglądały majestatycznie, w spokoju skubały trawę, nie zwracając uwagi na sapiącą i gwiżdżącą lokomotywę. Musieliśmy poczekać, aż sobie pójdą, aby kontynuować podróż. Co ciekawe, żaden z pasażerów nie miał o to pretensji. Nikt się nie denerwował. Wkrótce miałam przekonać się, że w Afryce nikt czasu nie liczy. Wszystko na Czarnym Lądzie toczy się swoim własnym rytmem.

Do Afryki – do krajów będących koloniami brytyjskimi – trafiło wielu polskich cywilów, którzy wyszli ze Związku Sowieckiego z armią Andersa, głównie kobiety, dziewczęta i dzieci. Starsi chłopcy zostali na Bliskim Wschodzie w szkołach junackich. Dla tych blisko dwudziestu tysięcy Polaków utworzono siedemnaście stałych osiedli i kilka obozów przejściowych w sześciu krajach – Kenii, Tanganice (obecnie Tanzania), Ugandzie, Rodezji Północnej (Zambia) i Południowej (Zimbabwe) oraz w Związku Południowej Afryki (RPA). Moim zadaniem było opiekowanie się tamtejszymi drużynami i hufcami harcerskimi, troska o wychowanie młodzieży w patriotycznym duchu.

Wśród przedwojennych działaczek Związku Harcerstwa Polskiego, które znalazły się w Iranie wraz z polskim wojskiem, Zdzisława miała najwyższy stopień. Została powołana na funkcję komendantki harcerstwa w Afryce, gdzie spędziła 5 lat, pracując z młodzieżą. Na zdjęciu: Zdzisława w mundurze harcerskim w 1943 roku

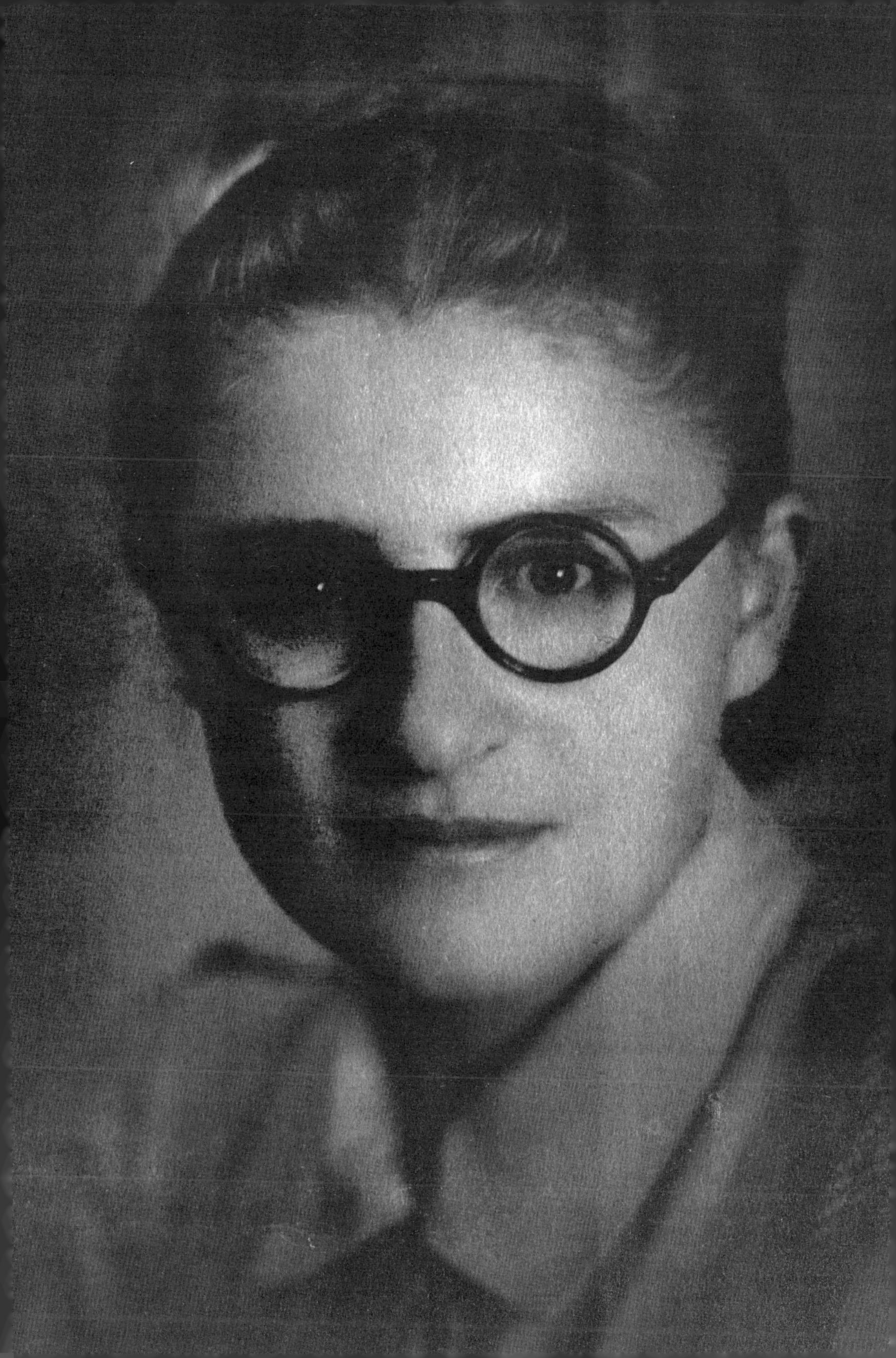

Pokonywałam więc setki i tysiące kilometrów od osiedla do osiedla, zjeździłam Brytyjską Afrykę Wschodnią wzdłuż i wszerz. Samochodami, pociągami, statkami po jeziorach i rzekach, a nawet awionetką. Przed wejściem do tej ostatniej trzeba było się zważyć – gdy waga była bliska regulaminowemu limitowi, wpuszczano tylko najlżejszych. Ja, po przejściach w Sowietach, kwalifikowałam się bez problemu.

Z góry, z samolotu, Afryka zapierała dech w piersiach. Lecieliśmy nad jeziorami, nad bezkresnymi sawannami i ciemnozielonymi pasami dżungli. Słysząc warkot samolotu, stada dzikich zwierząt rozbiegały się na wszystkie strony. Zebry, antylopy, żyrafy. Myślałam wtedy o Mietku, o tym, że on tak bardzo chciał to wszystko zobaczyć. Niestety, nie udało mu się zrealizować marzenia, o którym z takim przejęciem opowiadał w dniu, kiedy go poznałam. Jego grób znajdował się wiele tysięcy kilometrów stąd, w lodowatej sowieckiej tajdze. Gdy o nim myślałam, ściskało mi się serce.

Praca z polskimi dziećmi nadała wtedy sens mojemu życiu. Nie zawsze jednak było łatwo, życie rzucało mi nieraz kłody pod nogi. Wielu kierownikom osiedli – przed wojną byli to ważni ludzie: dyplomaci, urzędnicy – nie podobało się, że na stanowisku kierowniczym pracuje kobieta. Raz nawet zostałam oskarżona o działalność polityczną prowadzoną „pod płaszczykiem pracy harcerskiej". Na szczęście śledztwo zostało szybko umorzone. Był to oczywiście absurd, a ja przekonałam się, że ludzka zawiść nie ma granic.

Jak wyglądały polskie osiedla, w których pracowałam? Każde inaczej. Największe nazywało się Tengeru, znajdowało się w Tanganice. Położone było w bardzo malowniczym miejscu – u stóp wygasłego wulkanu Meru i w pobliżu Kilimandżaro. Tengeru składało się z kilku kolonii małych, okrągłych domków ze szpiczastymi dachami z palmowych liści. Mieszkało w nim blisko pięć tysięcy ludzi. Pośrodku osiedla był plac, od którego rozchodziły się małe uliczki. Znajdowały się tam szkoły, szpital, kościół, nawet własna farma. Gotowaliśmy zawsze na zewnątrz, nigdy w domkach. Przy takich dachach trzeba było niezwykle uważać z ogniem. Układaliśmy więc przed domem kilka kamieni albo cegieł i na takiej połowej kuchni stawialiśmy garnek.

Inne duże osiedle nazywało się Masindi i znajdowało się w Ugandzie. Jego kierownikiem był Jerzy Skolimowski, znany przedwojenny architekt. Główną ulicę Masindi wytyczył według kompasu w kierunku na Warszawę. Był on później jednym z głównych projektantów polskiego cmentarza na Monte Cassino. Domki tam były inne – podłużne, jak nasze wiejskie chaty.

W roku 1943, tuż przed porą deszczową, odwiedziłam osiedle Kondoa. Musiałam jednak szybko stamtąd wracać, bo rzeka, która płynęła przez osiedle, z małego strumyka lada chwila miała zamienić się w szerokie jezioro. Zamówiono więc dla mnie ciężarówkę, która przyjechała o umówionej godzinie, co było w Afryce rzadkością. Odprowadził mnie doktor Julian Zamenhof, naczelny lekarz i kierownik osiedla, bratanek słynnego Ludwika Zamenhofa, twórcy języka esperanto. Okazało się jednak, że na moim miejscu – w szoferce obok kierowcy – siedzą dwie Murzynki. Kierowca zaproponował, żebym jechała na platformie ciężarówki. Ale tam siedzieli już pijani murzyńscy żołnierze i piszczące z uciechy Murzynki. Doktor zaczął więc tłumaczyć kierowcy – wysokiemu Hindusowi w liliowym turbanie – że to miejsce jest zarezerwowane dla mnie. Było już zresztą zapłacone. Na nic się to jednak zdało. Hindus się uparł. Ja miałam jechać na platformie z żołnierzami, a on z Murzynkami. Doktor Zamenhof wtedy strasznie się zdenerwował, zaczął kląć i krzyczeć na kierowcę. A był to bardzo kulturalny, dystyngowany mężczyzna i pierwszy raz widziałam go w takim stanie. Najpierw klął po polsku, potem po angielsku, wreszcie zaczął kląć po hebrajsku. Dopiero wtedy przyniosło to skutek. Hindus się przeraził i ustąpił. Murzynki przeniosły się na platformę do reszty swojego towarzystwa, a ja zajęłam miejsce w szoferce. Jechałam z duszą na ramieniu, ale, o dziwo, podczas podróży nic złego się nie wydarzyło. Hindus był już bardzo potulny.

Podobnych przygód miałam sporo. W drodze do Lusaki w Rodezji Północnej popsuł się nam samochód. Stało się to w samym środku pustyni. Upał był straszny, wody mało. Nasz kierowca, Murzyn, gdy poprosiliśmy go, żeby poszedł i sprowadził pomoc, aż podskoczył z przerażenia i zatrzasnął się od wewnątrz w samochodzie. Powiedział, że nie ruszy się nawet na krok, bo boi się lwów. Nie mieliśmy więc innego wyjścia. Musieliśmy ruszyć sami. Ja i towarzyszący mi lekarz Wiktor Bincer. Należało się spieszyć, żeby dotrzeć do jakiegoś osiedla przed zapadnięciem zmroku. Gdyby noc zastała nas na pustyni – bylibyśmy zgubieni. Wyszukiwaliśmy w piasku śladów kół, w ten sposób trzymaliśmy się „drogi". Wreszcie dotarliśmy do osady. Pracowała w niej polska siostra, która poinformowała nas, że wśród namiotów poprzedniej nocy rzeczywiście pojawił się wygłodniały lew. Porwał i pożarł Murzyna. Nie zmrużyliśmy oka przez całą noc.

Co w Afryce najbardziej mnie zafascynowało? Bez wątpienia przyroda. Kiedyś na stokach wulkanu Meru oglądałam z bliska pasące się nosorożce. Innym razem obóz, w którym nocowałam, odwiedziło w nocy stado słoni. Całe szczęście nikogo nie zadeptały.

W Afryce spędziłam pięć długich lat. Myślę, że dzięki ciężkiej pracy i temu, że znalazłam się nagle w tym bajecznym miejscu – tak innym od szarego, zimnego i głodnego Związku Sowieckiego – udało mi się jakoś pozbierać. Dojść do siebie po śmierci Mietka. Nie oznacza to jednak, że o nim zapomniałam. To nie nastąpiło nigdy.

Lata spędzone w Afryce pozwoliły Zdzisławie otrząsnąć się po tragedii, która spotkała ją na zesłaniu, i odnaleźć sens życia. Na zdjęciu: harcerze żegnają swoją ukochaną hufcową na stacji kolejowej w Tengeru, największym polskim osiedlu na Czarnym Lądzie

TENGE

Nie do złamania

Po skończeniu wojny polskie osiedla w Afryce stopniowo były likwidowane. Polacy zaczynali rozjeżdżać się po świecie. Większość jechała do Wielkiej Brytanii i jej kolonii, niektórzy wracali do Polski, inni czekali na rozwój wypadków. Zdecydowałam się przyjąć zaproszenie mojego brata, który osiedlił się w Kanadzie.

Na stację kolejową w Tengeru odprowadziła mnie duża grupa polskich harcerzy. Ciężko mi było się z nimi pożegnać. Wyjeżdżałam do portu w Mombasie ze ściśniętym sercem. Mój statek odbił od afrykańskich wybrzeży w lutym 1948 roku. Zostawiałam za sobą kolejny etap życia. Do Afryki nigdy już nie wróciłam.

Kiedy Niemcy zaatakowali Polskę, a my z Mietkiem zmierzaliśmy na wschód Polski, moi dwaj bracia byli w wojsku. Obaj walczyli w Armii „Poznań" generała Tadeusza Kutrzeby w bitwie nad Bzurą. Była to największa batalia kampanii wrześniowej. Młodszy z moich braci, Leszek, poległ w walce. Drugi, Witold, po ucieczce z transportu do oflagu przedarł się na Zachód i walczył dalej w Wojsku Polskim we Francji i Wielkiej Brytanii. Brał udział między innymi w bitwie o Anglię. Był artylerzystą i miał niesamowity zmysł do tego rodzaju broni. Kiedy dawał komendę do salwy, niemiecki samolot zawsze spadał trafiony.

Po wojnie Witold wyjechał do Kanady i tam do niego dołączyłam. Dostałam pracę w Departamencie Botaniki Uniwersytetu w Toronto, miałam poważnie brzmiące stanowisko – *research assistant*. Nie wytrzymałam tam jednak długo. Nie mogłam dłużej żyć z dala od Polski. W kraju miałam mamę i siostrę, które tam przetrwały wojnę. Poza tym byłam w ciąży.

Poznałam go na statku, w długiej drodze do Kanady. Był oficerem marynarki. Bardzo przypadliśmy sobie do gustu, mieliśmy wspólne plany. On jednak nie przestał pływać. Po pewnym czasie dowiedziałam się, że zginął śmiercią tragiczną. Pewnie w jakimś wypadku na otwartym morzu. Szczegółów nigdy nie poznałam.

Znowu byłam sama. Postanowiłam wtedy, że urodzę i wychowam dziecko wśród swoich, w domu. Wiedziałam, że Polska jest krajem komunistycznym, i obawiałam się tego, jak zostanę tam przyjęta. Tęsknota za bliskimi i ojczyzną okazała się jednak zbyt silna. Pod koniec 1948 roku przypłynęłam do kraju. Moja córka Bożenna urodziła się po dwóch miesiącach.

Życie w PRL okazało się bardzo ciężkie. Miasta były spalone, infrastruktura zniszczona. A na domiar złego pod rządami komunistów mój kraj upodabniał się do Związku Sowieckiego. Był szary, ponury, ludzie bali się mówić głośno to, co myślą.

Ponieważ pełniłam wysoką funkcję w Afryce w prawdziwym polskim harcerstwie, władze uznały mnie za osobę podejrzaną. Nie mogłam długo dostać pracy, nie pozwolono mi pracować z młodzieżą. Poświęciłam się więc nauce. Zrobiłam doktorat, później habilitację. Nigdy nie wyszłam za mąż.

Redagowałam czasopisma i książki ekologiczne, napisałam wiele prac naukowych. Na początku lat dziewięćdziesiątych uczestniczyłam w tworzeniu Fundacji „Archiwum Fotograficzne Tułaczy". Teraz współpracuje z nią moja córka, która jest geografem. Instytucja ta zajmuje się dokumentowaniem losów tak zwanych tułaczych dzieci – polskich dzieci uratowanych z Syberii.

Po odzyskaniu niepodległości Ministerstwo Edukacji odznaczyło mnie w 1993 roku za pracę z polską młodzieżą w Afryce Medalem Komisji Edukacji Narodowej. Do tej pory myślę o tych wszystkich dzieciach jak o własnych, mimo że przecież wszystkie są już dziś w podeszłym wieku, a wiele z nich dawno nie żyje. Zawsze się cieszę, jak odzywają się do mnie, nieraz z odległych krajów, czy przychodzą w odwiedziny.

Często wracam myślami na Syberię. Do Mietka, do naszej dramatycznej ucieczki. Do tego czasu, który spędziliśmy razem w tajdze, pod gałęziami świerków i rozgwieżdżonym niebem. Do tych krótkich chwil wolności. Tak dobrze pamiętam, jak wtedy wyglądał i co mówił.

Długo zastanawiałam się, dlaczego to akurat on wtedy umarł. Dlaczego nie ja. Kiedy pracowałam później w delegaturze w Archangielsku i przeglądałam ewidencję zgonów, zwróciłam uwagę na zaskakującą prawidłowość. Najczęściej na zesłaniu umierały dzieci, starzy ludzie i właśnie młodzi mężczyźni. Kobiecych nazwisk na listach było mniej. Dało mi to dużo do myślenia, ale wszystko zrozumiałam dopiero po wielu latach, kiedy patrzyłam wstecz na swoje życie. Zesłanie, śmierć ukochanego, siedem sowieckich więzień, a potem czterdzieści lat ciężkiej pracy w siermiężnym PRL. Mimo tych wszystkich dramatycznych przeżyć dożyłam stu lat. I wcale nie uważam swojego życia za zakończone. Jest jeszcze tyle do zrobienia. To dowód na to, że kobiety wcale nie są płcią słabą. Są silniejsze, bardziej wytrzymałe od mężczyzn.

Na zesłaniu widziałam wiele kobiet, które każdego dnia z zaciśniętymi zębami toczyły walkę o przetrwanie. Swoje, swoich dzieci, mężów, rodziców. Wiele z nich tę walkę wygrało. Nie było takich przeciwności i przeszkód, których nie mogły pokonać. Nic, ale to nic nie było w stanie nas złamać.

Zdzisława Wójcik (rocznik 1915)

Indeks osób

Źródła ilustracji

Archiwum Fotografii Ośrodka KARTA: s. 200

Dokumenty i pamiątki – zbiory własne:
Janiny Kwiatkowskiej: s. 16, 22, 28, 33, 37, 39
Stefanii Szantyr-Powolnej: s. 44, 47, 51, 55, 65, 69, 74
Danuty Kamienieckiej: s. 81, 85, 89, 93, 96, 99
Aliny Chodkowskiej: s. 106, 110, 115, 118, 121, 124, 127
Natalii Zarzyckiej: s. 134, 138, 141, 144, 147, 151, 154
Danuty Hewanickiej: s. 163, 165, 169, 173, 175
Weroniki Sebastianowicz: s. 185, 189, 196, 204, 207
Grażyny Jonkajtys-Lubej: s. 213, 215, 220, 223, 227, 232
Barbary Litwiniuk: s. 239, 242, 245, 246, 252, 255, 261
Zdzisławy Wójcik: s. 267, 271, 275, 277, 281, 287, 291

Fotografie dokumentów i pamiątek wykonał Rafał Guz